U0872746

酒店餐饮
服务与管理

杜建华◎主编

JIUDIAN CANYIN
FUWU YU GUANLI

北京·旅游教育出版社

策　　划：李荣强
责任编辑：陈　志

图书在版编目（CIP）数据

酒店餐饮服务与管理 / 杜建华主编. -- 北京 ：旅游教育出版社，2021.1(2022.1重印)
ISBN 978-7-5637-4199-1

Ⅰ. ①酒… Ⅱ. ①杜… Ⅲ. ①饭店－商业服务－高等职业教育－教材②饭店－商业管理－高等职业教育－教材 Ⅳ. ①F719.2

中国版本图书馆CIP数据核字(2020)第267910号

酒店餐饮服务与管理

杜建华　主编

出版单位	旅游教育出版社
地　　址	北京市朝阳区定福庄南里 1 号
邮　　编	100024
发行电话	（010）65778403　65728372　65767462（传真）
本社网址	www.tepcb.com
E - mail	tepfx@163.com
排版单位	北京旅教文化传播有限公司
印刷单位	唐山玺诚印务有限公司
经销单位	新华书店
开　　本	710 毫米 × 1000 毫米　1/16
印　　张	16.75
字　　数	217 千字
版　　次	2021 年 1 月第 1 版
印　　次	2022 年 1 月第 2 次印刷
定　　价	49.00 元

（图书如有装订差错请与发行部联系）

编委会名单

主　编：杜建华

副主编：黄宏伟　田启利

参　编：刘　冰　邹丹丹　张群燕

前言

本书是高等职业院校酒店管理专业的核心课程教材，在内容编排上根据高等职业教育人才培养目标和高职学生的认知规律，充分吸取其他教材之所长，按照饭店餐饮部的运营与管理实际以及岗位职业能力要求，将全书设计为基础篇、服务篇和管理篇三大模块，共12章；每章内容基本按照“知识目标”“能力目标”“实训任务”“教学方法”“准备工作”“操作要点”“知识链接”“案例分析”“思考题”格式进行编写。

参与本书编写工作的人员既有多年从事职业院校酒店管理专业教学工作的教师，也有长期从事饭店运营与管理工作、直接参与校企合作的企业人员；本书编写既有丰富的理论知识总结，又有酒店实战和校企合作经验，从而保证了教材编写的质量。

本书由杜建华任主编，黄宏伟、田启利任副主编，具体编写分工如下：

杜建华（陕西工商职业学院）负责编写第1章、第2章、第11章；黄宏伟（陕西工商职业学院）负责编写第5章、第6章、第9章；田启利（陕西工商职业学院）负责编写第8章、第10章、第12章；刘冰（陕西工商职业学院）负责编写第4章；邹丹丹（陕西工商职业学院）负责编写第7章；张群燕（陕西安康汉江文化旅游发展有限公司安康瑞斯丽酒店）负责编写第3章。最后由杜建华对全书进行了统稿和定稿。

本书既是高等职业院校酒店管理、餐饮管理及相近专业的教材，也可作为饭店在岗人员培训与自学的参考书。

由于编者认识水平以及实际工作环境所限，书中难免有疏漏和不妥之处，敬请广大读者批评指正。

编　者

2020年10月23日

目录

一、基础篇

二、服务篇

三、管理篇

一、基础篇

第1章

初识餐饮部

知识目标

1. 了解餐饮部在饭店中的地位和作用；
2. 了解和掌握餐饮部的基本任务；
3. 熟知餐饮部的组织结构；
4. 了解并掌握餐饮服务人员的基本素质要求。

能力目标

1. 能正确掌握餐饮部直接对客服务岗位的名称；
2. 能知道餐饮部包括的职能部门；
3. 能了解餐饮服务对员工的基本要求，并努力使自己符合和满足这些要求。

实训任务

1. 调查当地1~2家五星级饭店，了解其餐饮部收入在酒店收入中的占比；
2. 调查当地1~2家五星级饭店，了解其餐饮部岗位设置及人员配备；
3. 调查当地1~2家五星级饭店，了解其餐饮部的组织架构。

教学方法

理论讲授+饭店案例

准备工作

本次课所需教学用具包括教案、课件、饭店案例等。

操作要点

餐饮部作为饭店中一个重要的职能部门，它在为客人提供满足客人需要的、优质的食品、酒水饮料和高质量服务的同时，还可为饭店创造较好的经济效益。

第一节　餐饮部在饭店中的地位和作用

20世纪以来，随着社会生产力的发展，旅游业得以迅猛发展，旅游业在国民经济中的地位日益突出，作为旅游业重要支柱的饭店业也得到了迅猛发展；伴随着世界经济的发展，人们的生活水平不断提高，越来越多的人们选择在饭店、餐厅用餐，从而给餐饮业的发展提供了条件；同时，伴随着饭店业竞争的加剧，饭店经营者往往通过餐饮产品和服务的特色吸引客人，以增强和提高饭店的竞争力。所有这些都极大地促进了餐饮业的发展，使餐饮部在饭店中的地位和作用日趋重要。

一、餐饮部在饭店中的地位和作用

1. 是现代饭店的重要组成部分

现代饭店的主要功能是满足客人的住宿和饮食需求，而餐饮部则是通过提供菜肴、酒水和服务，来满足客人饮食方面的需求，是客人经常活动的地方，是客人在饭店的活动中心，因此餐饮部是现代饭店的重要组成部分。

2. 为饭店创造可观的经济效益

饭店通过提供相应的产品和服务来满足客人的住宿和饮食需求，以此获取经济收益。作为饭店重要收入来源的餐饮收入一般要占饭店总收入的1/3，有些地方的饭店甚至超过了1/2，而且还有上升的趋势。与客房收入相比，餐饮收入具有更大的弹性，因此，餐饮部可以通过宣传促销、开发创新有特色的餐饮产品等，吸引更多的客人，不断提高餐饮收入和盈利水平。

3. 餐饮服务直接影响饭店声誉

餐饮部员工，特别是餐厅、酒吧、宴会厅服务人员直接为客人提供面对面的服务，其服务态度、服务技能、服务效率等都会在客人心目中产生深刻的印象，客人则可根据餐饮部为他们提供的产品质量、服务质量来评判饭店服务质量的优劣和管理水平的高低。因此，餐饮服务质量的优劣不仅关系到饭店的声誉和形象，而且直接影响到饭店的客源和经济效益。

4. 餐饮部规模大、工种多、用工量大

餐饮部的业务环节众多而复杂，从原料的采购、验收、储存、发放到厨房的生产加工、再到餐厅等的服务销售，需要各岗位员工的通力配合和协调，才能发挥其作用。餐饮服务业还是劳动密集的服务业之一，餐饮部是饭店中用工量最大、最多的部门，因此，餐饮部需要妥善调度人力资源，配合人力资源部做好人员定岗、定编工作。

二、餐饮部的任务

随着社会经济的发展和人们生活价值观念的改变，人们对饮食的需求日益多样化，对餐饮产品的质量、用餐环境与就餐气氛、餐饮服务质量的要求越来越高，人们消费更加注重卫生、环境、服务、特色等，追求品牌店、特色店和名牌餐饮企业的势头更加明显。为了满足消费者的这些需求，餐饮管理人员必须明确餐饮部日常工作中的核心任务所在，这是搞好餐饮服务与管理的基础。具体来说，餐饮部的核心任务主要包括以下几个方面：

1. 提供满足客人需要的优质食品和酒水饮料

客人的口味需求各异，对菜点、酒水的质量评判以适口为准。为此，餐饮管理者应了解市场需求及客人的消费趋向，供应的菜点、酒水品种应符合目标市场的需求，在菜点的特色性、营养性、艺术性上下功夫，保证菜品的色、香、味、形、质、器、名的和谐统一。

2. 提供恰到好处的服务

优质的食品和酒水饮料，只有配以优质的、恰到好处的对客服务，才能真正满足客人的餐饮需要。为此，服务人员的对客服务必须做到有良好的服务态度、丰富的服务知识、娴熟的服务技能和较高的服务效率。

同时，在“宾客至上”这一最高准则的指导下，对客服务应将规范服务和超常服务有机结合起来，针对不同客人的饮食需求，采用个性化的服务，从而保证为客人提供及时的、有针对性的、能洞察客人心理的服务。

3. 扩大营业收入，提高创利水平

餐饮部通过提供优质的食品、酒水饮料和服务以不断提高餐饮收入水平的同时，还应在保证餐饮质量的前提下，加强餐饮成本的控制与核算，降低劳动消耗，只有这样，才能保证和提高餐饮部的盈利水平。

4. 为饭店树立良好的社会形象

餐饮部在追求和保证经济效益的同时，还应关心、关注社会效益。社会效益是指餐饮经营给饭店带来的知名度和美誉度，它可为饭店餐饮部赢得客源，并增强饭店的竞争能力。

同时，餐饮部也应关心、关注环境效益，它是指饭店具备可持续发展的能力，也是饭店社会责任感的具体体现。

5. 弘扬中华民族灿烂的饮食文化

我国是“世界三大烹饪王国”之一，中华民族饮食文化源远流长，很多外国游客到中国来，除游览中国的名山大川外，还有一个重要目的就是为了品尝中国各地的地方小吃，了解和体验中国的饮食文化。餐饮服务人员在满足外国客人饮食需求的同时，也应向其宣传、介绍中华民族饮食文化，使客人得到精神上的享受和满足。

三、餐饮部的组织结构

由于饭店的规模、设施、档次不同，餐饮部的组织结构也不尽相同，但每家饭店餐饮部管理的范围和职能大致相似。饭店餐饮部包括的职能部门主要有：

1. 餐厅部

餐厅是为客人提供食品、酒水和服务的公共场所。一般来说，餐厅必须具备三个条件：①一定的场所，即具有一定的接待就餐客人的餐饮设施；②提供食品、酒水和服务；③以盈利为目的。

2. 酒吧部

酒吧是为客人提供酒水和服务的公共场所，主要供应中、西式酒类饮料和小吃。

3. 厨房部

厨房部是饭店的主要生产部门，负责整个饭店中、西式菜点的准备与烹制，其目标是烹制出各种美味可口的菜点来满足不同宾客的需要。

4. 宴会部

高档次大型饭店通常设有宴会厅，宴会厅根据宾客的需求和委托，组织各种类型的宴会、酒会、冷餐会等活动，并根据宾客的需求制定菜单、准备布置宴会厅、提供宴会服务等。

5. 采购部

采购部是餐饮部的物资供应部门，它根据实际需要量以最有利的采购价格按时、保质、保量地为餐饮部组织和采购所需的各类餐饮原材料和物品，然后将采购回来的餐饮原材料送入仓库，分别妥善保管，随时补充餐饮部的消耗，保障餐饮部正常营业的需要。

6. 管事部

管事部负责厨房、餐厅、酒吧等处的卫生保洁工作，以及所有餐具、器皿的洗涤、消毒、存放、保管和控制。

第二节　餐饮服务人员的基本素质要求

随着饭店业竞争的日趋激烈以及消费者自我保护意识的增强，客人对餐饮服务质量的要求越来越高。餐饮服务质量的高低很大程度上有赖于餐饮服务人员素质的高低。因此，餐饮部应加强对餐饮服务人员的管理，严把用人关，通过多种途径和方式，强化培训与考核，不断提高服务人员的职业素养。

餐饮服务人员的基本素质要求主要有以下几个方面：

一、思想素质要求

1. 确立正确的价值观

一个人的行为是受其思想影响和支配的，餐饮服务人员只有具备了正确的世界观、人生观和价值观，才能把理想和现实结合起来，脚踏实地地做好本职工作，在自己平凡的工作岗位上为社会做出应有的贡献，从而实现自己的人生价值、理想与抱负。

2. 树立稳固的专业思想

“干一行，爱一行，专一行”，餐饮服务人员必须热爱自己的专业，充分认识到餐饮服务工作的重要性和价值所在，有意识地培养自己对餐饮服务的浓厚兴趣，树立正确的服务观念，唯有这样，才能保证对客服务质量。

二、服务态度要求

餐饮服务人员服务态度的好坏直接影响到客人的心理感受，是进一步做好服务工作的基础。因此，服务人员要用良好的服务态度取得客人的好感和信任。主动、耐心、热情、周到是餐饮服务人员必须具备的基本服务态度。

1. 主动

客人到餐厅、酒吧等营业场所，服务人员应主动问候客人，主动为客人服务，主动观察和了解客人的需求，尽可能将服务做在客人开口之前。

主动服务的基本要求是：①主动当好宾客的参谋；②主动服务，遵守程序；③主动满足宾客用餐的特殊要求。

2. 耐心

餐饮服务工作繁杂琐碎，而客人的要求又不尽相同，因此，要求餐饮服务人员必须有耐心，不能有急躁情绪，不能对客人表现出不耐烦和不情愿。

耐心服务的基本要求是：①解答问题要有耐心；②化解矛盾要有耐心；③对待客人要有耐心。

3. 热情

餐饮服务人员必须牢记“顾客就是上帝”“客人第一”的经营原则和理念，热情接待每一位前来消费的客人，以热情周到的服务赢得客人的信任和好感，使更多的客人成为饭店的回头客。

热情服务的基本要求是：①生人、熟人一样热情；②本地人、外地人一样热情；③内宾、外宾一样热情。

4. 周到

餐饮服务工作要求服务人员做有心人，时时处处替客人着想，在服务细微之处体现服务质量。

周到服务的基本要求是：①服务语言周到；②就餐服务周到；③超常服务周到。

三、服务知识要求

1. 不断提高自身的文化修养

具有良好的文化素养和广博的社会知识，不仅是做好服务工作的前提和需要，还有助于服务人员形成高雅的气质。餐饮服务人员需要了解和掌握的服务知识涉及的面较广，如语言知识、社交知识、旅游知识、烹饪知识、菜点知识、酒水知识、营养卫生知识、民俗与宗教知识等。

2. 熟练掌握专业操作技能

餐饮服务人员是借助于操作技能为客人服务的，熟练掌握专业操作技能是做好服务工作的基本条件。餐饮服务工作手工性强、技艺性高，每一项服务工作、每一个环节都有其操作规范、操作标准和操作要求，因此，服务人员必须努力学习，刻苦训练，熟练掌握专业操作技能，掌握其操作程序、规范、标准和要求，最终达到服务规范化、标准化。

四、能力要求

1. 语言能力

服务人员具有较强的语言能力和交际能力，则有助于准确表达所要表达的内容，促进与客人的沟通、交流，避免因沟通不畅而引起各种矛盾和投诉，有助于服务工作的顺利进行。

此外，对于星级较高的饭店，餐饮服务人员还应掌握至少一门外语，以满足对外宾服务的需要。

2. 应变能力

对客餐饮服务过程中，客人的需求不尽相同，服务过程中各种意外事件随时都有可能发生。因此，要求服务人员应具备较强的应变能力，能及时解答客人提出的各种问题，及时处理和解决突发事件、应急事件和客人的投诉，将突发事件、应急事件和客人投诉对饭店声誉和服务质量的影响降低到最低。

3. 推销能力

推销能力是餐饮服务人员综合素质的重要内容。餐饮服务人员的推销能力直接影响饭店企业的经济效益和社会效益，服务人员要有招徕客人、促其消费的能力，要有满足和引导客人需求的功夫，要有促使客人主动交易的招法，还要有使客人再次光临的推销技巧。服务人员唯有通过学习、实践、积累，才能达到这样的能力。

4. 技术能力

技术能力即技能。餐饮服务人员在服务过程中需要掌握的操作技能主要包括托盘、斟酒、口布折花、摆台、上菜、分菜等。服务人员只有通过加强学习，刻苦训练，才能掌握这些技能。

5. 观察能力

在为客人服务前，服务人员应了解客人的心理和需求，这就需要服务人员细心观察，捕捉客人无意流露或有意传递的每一个信息，运用各种服务心理策略和灵活的服务接待方式来满足客人的消费需要，把服务工作做在客人开口之前，变被动服务为主动服务。

6. 记忆能力

良好的记忆能力对做好服务工作是十分重要的。服务人员具有良好的记忆能力，有助于及时掌握服务中所需的专业知识和专业技能，做到业务娴熟，保证对客服务质量；服务人员具有良好的记忆能力，还有助于熟记客人的相关信息，如姓名、饮食爱好、需求特点、忌讳等，从而保证为客人提供有针对性的个性化服务。

7. 自律能力

为保证对客服务质量，饭店运营过程中制定和实施了许多的管理制度，对服务人员也提出了具体的规定和要求，如上下班打卡制度、工服管理规定、操作规范要求、仪表仪容要求、纪律方面的规定等。服务人员只有具备了较强的自律能力，才能做到自觉遵守饭店的规章制度和员工守则，认真完成本职工作。

8. 服从与协作能力

餐饮服务人员应自觉接受上级领导分派的各项工作，服从上级领导的指挥与工作安排，按照岗位职责的要求，保质保量完成各自的工作；同时，还需要有团队意识，在分工的基础上，服务人员之间要相互配合，加强合作，保证对客服务质量。

五、身体素质要求

1. 身体健康，体格健壮

餐饮服务是一种劳动强度较大的工作，需要服务人员具有健康的体魄才能胜任。此外，餐饮服务人员向客人提供饮食产品，为防止“病从口入”，要求服务人员定期体检，确保没有传染性疾病（如肝炎、皮肤病和其他传染病），必须持有卫生防疫部门颁发的健康证才能上岗工作。

2. 体态好，五官端正

餐饮服务人员体态好，五官端正，会给客人留下美好的印象。因此要求服务人员仪表端庄大方、和蔼可亲、面带微笑，举止大方得体，服务动作敏捷，服务时要精神饱满、充满活力，服饰、仪容等符合饭店规定的要求。

六、职业习惯要求

1. 礼貌习惯

礼貌服务是对客人的尊重和友好，是使客人在精神上感到满意的服务。因此，餐饮服务人员需要养成良好的礼貌习惯，做到礼貌待人，使用礼貌用语，以体现饭店应有的服务水准。

2. 守时习惯

严格的组织纪律是做好餐饮服务工作的前提和重要保证，餐饮服务人员应具有严格的纪律观念，养成良好的守时习惯，宁可早到十分钟不晚到一秒，提前到岗，提前做好服务的各项准备工作。

3. 保持个人清洁卫生的习惯

为保证对客服务质量，满足客人对卫生的需求，餐饮服务人员应养成良好的卫生习惯，常洗澡，勤更衣，经常修剪指甲，保持口腔的卫生和清新。

4. 培养为他人服务的习惯

饭店业属于服务行业，餐饮服务人员只有树立正确的服务理念，养成乐意为客人服务的习惯，才能做到主动服务、微笑服务、热情待客，才能保证对客服务质量。

5. 培养吃苦耐劳的习惯

餐饮服务工作劳动强度大、工作任务多、工作时间长，需要服务人员具有不怕吃苦、乐于奉献的精神，需要服务人员培养吃苦耐劳的敬业精神，这样才能胜任和完成服务工作。

知识链接

餐厅种类

1. 中餐厅

供应中式菜肴，采用传统的中餐服务或中餐西吃服务，突出我国饮食特色和风味，环境布置与服务体现中华民族的传统文化和地方特色。

2. 西餐厅

供应西式菜肴，包括法式、俄式、美式等，突出西方国家的饮食特色和风味。

3. 自助餐厅

具有自助性质，菜品丰富，陈列静美，价格适中，服务员只提供简单的服务（如添加菜点、饮料、撤盘等）。

4. 宴会厅

是酒店为举行宴会而准备的餐饮场所，菜品多，气氛隆重热烈，消费标准高，就餐人数多，就餐时间长，讲究服务礼仪，利润高。

5. 咖啡厅

是一种大众化的西餐厅，通常设在酒店一楼，其特点是：主题鲜明，风格迥异；讲究效率，轻松愉快；餐娱结合，消费经济。

6. 扒房

是体现饭店最高菜肴质量及服务水准的豪华西餐厅，其特点是：突出主题，经典浪漫；豪华享受，高档消费。

思考题

1. 简述餐饮部在饭店中的地位和作用。
2. 餐饮部的任务是什么？
3. 餐饮服务对员工的基本要求都有哪些？

第2章

掌握操作技能

第一节 托盘

知识目标

1. 知道托盘的种类；
2. 了解并掌握托盘的操作要领；
3. 了解托盘的操作要求。

能力目标

1. 能熟练掌握托盘的操作要领，并符合操作要求；
2. 掌握装盘的基本方法。

实训任务

1. 熟练完成托盘装盘；
2. 熟练掌握托盘技能。

教学方法

理论讲授＋课堂示范＋学生训练＋技能比赛＋学生自评＋教师点评

准备工作

本次课所需教学用具有托盘10个、酒瓶若干

操作要点

正确地使用托盘，不仅能体现餐厅服务的规范性，而且能省时、省力，提高服务效率。

一、托盘概述

1. 托盘定义

托盘是餐厅服务人员在席间为宾客端送物品的常用工具之一。正确地使用托盘，不仅能体现餐厅服务的规范性，而且能省时、省力，提高服务效率。托盘操作是作为一名合格餐厅服务人员必须掌握的一项基本技能，是餐厅服务中具有一定艺术价值的服务活动。

2. 托盘的种类和用途

①从制作材料上分，有木托盘、金属托盘、胶木托盘等。

②按形状分，有方形托盘、长方形托盘、圆形托盘等。

③按尺寸分，有大、中、小三种规格。

一般长方形或圆形大托盘用于传菜和搬运较重物品使用，可以采用双手或重托方法托盘。中圆形托盘一般用于摆台、酒水服务、撤换餐具和换烟灰缸等。小圆形托盘主要用于递送账单、收款、递送信件或高档酒品。

目前，餐厅使用的较为普遍的是胶木托盘，它具有轻便耐用、防滑防腐、使用方便的特点。

二、托盘的操作要领

托盘的操作方式，一般按盘内物品的重量区分，有轻托和重托两种。

1. 轻托

又称胸前托，一般使用中、小型圆盘，用于运送少量的酒水饮料、餐具及传菜、斟酒、摆台、撤换餐具等，所托物品重量为5公斤以内。轻托一般在客人面前操作。因此，该项技能的熟练程度显得十分重要，它是评价餐厅服务人员技能水平高低的一个重要指标。

（1）理盘

根据所托物品选择合适的托盘，将托盘洗净擦干。如果不是防滑托盘，则在盘内垫上洁净的垫布。

（2）装盘

根据托送物品的体积、形状、使用的先后顺序合理装盘，以安全稳当和方便操作为宜，一般是重物、高物放在托盘内侧，轻物、低物放在外侧；先上桌的物品在上、在前，后上桌的物品在下、在后；托盘内物品重量分布均衡，重心靠近身体。

（3）起盘

先将托盘一端拖至服务台外，保持托盘的边有 15 厘米搭在服务台上；左手掌心向上，五指分开，左手托住托盘底部，右手握住托盘边；如果托盘较重，则先屈膝，利用腿部直起的力量将托盘托起。

（4）托盘行走

行走时要头正肩平，收腹挺胸，上身挺直，目视前方，脚步轻快稳健，精力集中，随着步伐移动，托盘在胸前自然摆动，但以菜肴、酒水不外溢为标准。

（5）卸盘

将托盘平稳地放在工作台上，再安全取出物品；用轻托方式给客人斟酒时，要随时调节托盘重心，勿使托盘翻倒。

2. 重托

又称肩上托，一般使用的是质地坚固的大、中矩形托盘，用来运送量多的菜肴和较重的物品，所托物品重量基本上在 5 公斤以上。重托不仅要求有较强的臂力，而且需要有熟练的技术。因盘较大，托物较重，一般不适合在餐桌旁使用，多用于传菜员在厨房与餐厅之间传菜。目前，在餐厅内运送重物时，大部分采用各类餐车推送。

知识链接

托盘的操作要求

无论是轻托还是重托，在操作时都应尽量做到平、稳、松。

1. 平

就是掌握好托盘的重心，做到托盘平，双肩平，眼平视。

2. 稳

即装盘要合理稳妥，做到托盘平稳不晃动，行走步稳不摆动，转让灵活不碰撞，给人以身稳踏实的感觉。

3. 松

在托重物的情况下，面部表情要显得轻松自然，行走动作要有一定的节奏感，使整个托盘服务给人一种优雅轻松之感。

思考题

1. 简述托盘的种类。
2. 轻托的操作要领包括哪 5 个步骤?
3. 托盘的操作要求是什么?

第二节　口布折花

知识目标

1. 知道口布的作用;
2. 了解口布折花的种类;
3. 了解并掌握口布折花的选择原则。

能力目标

1. 能熟练掌握口布折花的基本技法;
2. 能正确摆放餐巾花。

实训任务

1. 熟练掌握口布折花的基本技法;
2. 熟练掌握 10 种杯花、10 种盘花的折叠方法。

教学方法

理论讲授 + 课堂示范 + 学生训练 + 技能比赛 + 学生自评 + 教师点评

准备工作

本次课所需教学用具有口布 20 条、水杯 20 个、筷子 20 支、托盘 10 个

操作要点

口布折花可以装饰、美化席面,渲染气氛;可标出宴席的座次。

一、口布的作用

口布(napkin),又名餐巾、茶巾、席巾,是宴会酒席及用餐过程中使用的保洁用品,也是一种装饰、美化餐台的艺术品。餐巾的主要作用有:

1. 餐巾是餐饮服务中的一种卫生用品

客人用餐时，把餐巾放在膝盖上，一方面可以用来擦嘴，另一方面也可防止汤汁油污弄脏衣服，起到清洁、卫生的作用。

2. 餐巾可以装饰、美化席面，渲染气氛

服务人员用灵巧的双手、精心的折叠，可以把小小的餐巾折叠成栩栩如生的鱼、虫、鸟和形形色色的花卉以及其他造型，摆在餐桌上可起到点缀、美化席面的作用，能给宴会增添热烈、欢快的气氛，给宾客以一种艺术美的享受。

3. 用无声的语言传递和表达宾主之间的情谊，起到独特的沟通作用

如摆设“迎宾花篮”以示对来宾的欢迎；在结婚喜宴上，采用“喜鹊”“玫瑰花”等花形，可表达主人对新人美好的祝愿。

4. 餐巾花的摆放可标出宴席的座次

在折餐巾花时，应选择好主宾的花形，主人花形的高度应高于其他席位以示尊贵。

二、口布折花的种类

1. 按口巾花摆放方式和造型形式，可分为杯花和盘花两大类

（1）杯花

将折好的餐巾插入水杯或葡萄酒杯中，其特点是立体感强、造型逼真，但常用折、捏和卷等复杂手法，并容易污染杯具，不宜提前折叠储存，从杯中取出后即散形并且褶皱感强，目前已逐步被盘花所取代。

（2）盘花

将折叠好的餐巾花直接放在餐盘中或台面上，其特点是手法卫生、简捷，可提前折叠，便于储存，打开后平整，在西餐厅中广泛使用。

2. 按口布花的造型外观分类，可分为动物类、植物类和实物类 3 种

（1）植物类

包括各种花草和果实造型，如月季、荷花、玉米、竹笋、牡丹等。植物类花折花变化多，造型美观，是餐巾花品种中的一个大类。

（2）动物类

包括鱼、虫、鸟、兽造型，如鸽子、海鸥、孔雀、金鱼等。有时取其特征，形态逼真，生动活泼，但折叠方法较为烦琐，难度较大。

（3）实物类

以自然界和日常生活用品中各种实物形态为原形，进行模仿而折成的餐巾花，如花篮、折扇、帽子、领带等。

三、口布折花的基本技法

1. 叠

叠是最基本的餐巾折花手法，几乎所有的造型都要使用。叠就是将餐巾一折为二，二折为四，或折成三角形、正方形、菱形、梯形、锯齿形等形状。叠有折叠、分叠两种。

叠的要领是：要熟悉造型，看准折缝线和角度一次叠成，避免反复，否则就会在餐巾上留下痕迹，使餐巾不挺，影响美观。

2. 折

折是打褶时用的一种方法，就是将餐巾叠面折成褶裥的形状，使花形层次丰富、紧凑、美观。褶裥时，双手的拇指和食指捏住餐巾，两个大拇指相对成一线，指面向外，中指控制好下一个褶裥的距离，食指的指面握紧餐巾向前推折到中指处，中指再腾出去控制下一个褶裥的距离。

折分为直线折和斜线折两种方法，两头一样大小的用直线折，一头大一头小或折半圆形或圆弧形的用斜线折。

折的要领是：折出的褶裥均匀整齐。

3. 卷

卷是用大拇指、食指、中指三个手指相互配合，将餐巾卷成圆筒状。卷分直卷和螺旋卷。直卷时，餐巾两头一定要卷平。螺旋卷分两种：一种是先将餐巾叠成三角形，餐巾边参差不齐；另一种是将餐巾一头固定，卷另一头，或一头多卷，另一头少卷，使卷筒一头大一头小。

无论采用哪种卷法，餐巾都要卷得紧凑、挺括，否则会因松软无力、弯曲变形而影响造型。

卷的要领是：卷紧、卷挺。

4. 翻

翻大多用于折花鸟造型。操作时，一手拿餐巾，一手将下垂的餐巾翻起一角，翻成花卉和鸟的头颈、翅膀、尾等形状。翻花叶时，要注意叶子对称、大小一致、距离相等。翻鸟的翅膀、尾巴或头颈时，一定要翻挺，不要软折。

翻的要领是：注意大小适宜，自然美观。

5. 捏

捏主要用于折鸟的头部造型。操作时，先将餐巾的一角拉挺做颈部，然后用一只手的大拇指、食指、中指三个指头捏住鸟颈的顶端，食指向下，将巾角尖端向里压下，用中指与大拇指将压下的巾角捏出尖嘴状，作为鸟头。

捏的要领是：棱角分明，头顶角、嘴尖角到位。

6. 穿

穿是指用工具（主要是筷子）从餐巾的夹层折缝中边穿边收，形成皱褶，使造型更加逼真、美观的一种方法。

穿时，左手握住折好的餐巾，右手拿筷子，将筷子细的一头穿进餐巾的夹层折缝中，另一头顶在身子或桌子上，用右手的拇指和食指将餐巾慢慢往回拉，把筷子穿过去，直至把筷子穿出餐巾为止。穿好后先将餐巾花插入杯子内，然后再把筷子抽掉，否则容易松散。遇到双层穿裥时，一般应先穿下面，再穿上面。

穿的要领是：穿好的褶裥要平、直、细小、均匀。

7. 拉

拉一般在餐巾花半成形时进行，把半成形的餐巾花攥在左手中，用右手拉出一只角或几只角来。

拉的要领是：大小比例适当，造型挺括。

8. 掰

掰一般用于花，如月季花的制作等。将餐巾做好的褶用右手一层一层掰出层次，呈花蕾状。掰时，不要用力过大，以免松散，掰出的层次或褶的大小距离要均匀。

掰的要领是：层次分明，间距均匀。

四、口布折花的选择与应用

1. 选择原则

餐巾花的选择，一般应根据餐厅或宴会的性质、规模、规格、季节及来宾的宗教信仰、风俗习惯等因素来考虑，以取得布置协调、美观的效果。其选择的原则是：

（1）根据宴会的性质确定花形的类别和总体造型特点

如婚礼可用玫瑰花、并蒂莲、鸳鸯、喜鹊等；祝寿可选用仙鹤、寿桃等；圣诞节可选用圣诞靴和圣诞蜡烛等。

（2）根据宴会的规模来选择花形

大型宴会可选用简单、快捷、挺括、美丽的花形，且种类不宜过多，每桌可选主位花和来宾花形两种。小型宴会可在同一桌上使用各种不同的花形，形成既多样又协调的布局。

（3）根据客人身份、宗教信仰、风俗习惯和爱好选择花形

如果客人信仰佛教，宜选择植物类、实物类造型花，不用动物类造型花。如果是信仰伊斯兰教的，不用猪的造型。

美国人喜欢山茶花，忌讳蝙蝠图案；日本人喜爱樱花，忌讳荷花、梅花；法国人喜欢百合，讨厌仙鹤；英国人喜欢蔷薇、红玫瑰，忌讳大象，而且把孔雀看成是淫鸟、祸鸟。

（4）根据宾主的席位安排、选择花形

宴会主人座位上的餐巾花称为主花。主花要选择美观而醒目的花形，其目的是使宴会的主位更加突出，且主花应高于其他席位花。

（5）根据时令季节选择花形

如春天可选用迎春、春芽等花形，夏天宜选用荷花、玉米花等花形，秋天宜选用枫叶、海棠、秋菊等花形，冬天则可选用冬笋、仙人掌、企鹅等花形。

（6）根据花式冷拼图案选择相匹配的花形

如用荷花图案做冷盘的宴会，应配以花类的折花，营造“百花齐放”的氛围；以鱼翅为主的宴会，则可配以各种鱼虾造型的餐巾花。

（7）根据接待环境特点选择花形

开阔高大的厅堂，宜用花、叶、形体高大一些的品种；小型包厢则宜选择小巧玲珑的品种。餐巾的色泽要和台面的色彩和席面的格调相协调。

（8）根据工作忙闲选择花形

工作较闲、时间充裕，可折叠造型复杂的花形；如顾客较多，时间紧，

可折叠造型较简单的花形。

2. 餐巾花的摆放要求

（1）插入杯中的餐巾花要恰当掌握深度

插杯时，要保持花形完整不散形，杯内的餐巾也应线条清楚、整齐。插时要慢慢顺势插入，不能乱插乱塞或硬性塞入。插入后要将餐巾花整理成形，摆正摆稳，使之挺立。

（2）主花要摆在主位

摆放餐巾花时，主位花最高，要摆在主人的位置上，副主位为次高花，一般花则摆放在其他宾客的席位上，使整个台面上的花形高低均匀，错落有致。

（3）不同的花形在同桌摆放时，要将形状相似的花错开并对称摆放，一般不宜将形状相似的花形挤在一起

（4）摆花时要将花形的观赏面朝向宾客席位

适合正面观赏的餐巾花，如孔雀开屏、白鹤、和平鸽等，要将头部朝向客人。适合侧面观赏的餐巾花，如金鱼、三尾鸟等，要将头部朝向右侧，选择一个最佳观赏的角度摆放。

（5）摆放餐巾花时，要间距一致，摆放整齐，长台上的花要摆在一条直线上

五、口布折花注意事项

①选择好餐巾，餐巾要干净、熨烫平整、无破损，并根据餐饮的具体情况选定餐巾；既能点缀台面，方便来宾观赏使用，又不能遮住餐具和台上用品，且要方便服务员值台操作。

②在折花操作前，要洗净双手（不准留长指甲）；操作中不能用嘴咬餐巾，也不要多说话，以防唾沫玷污餐巾。

③折花操作时要在干净的工作台或托盘上操作，并准备好辅助工具（筷子）。

④折花时，要姿态正确，手法灵活，用力得当；角度要算准，折裥要均匀，力争一次折成；折花要正确使用叠、折（推）、卷、穿、翻、拉、捏掰 8 种方法。

⑤折花要简单美观，拆用方便，造型生动，形象逼真。

● 知识链接

口布的种类

1. 全棉和棉麻混纺的正餐口布

这类口布的特点是：吸水性强，触感好，色彩丰富，但易褪色，不够坚挺，每次洗涤需上浆，平均寿命 4~6 个月。其规格为 50~65cm 边长的正方形。

2. 化纤口布

这类口布的特点是：使用寿命较长，色彩丰富，不易褪色，洗后挺括，但触感和吸水性较差。正餐用的口布规格为 50~60cm 边长的正方形。一次性使用的的确良薄型口布规格一般只有 35cm 边长。

思考题

1. 口布的作用是什么？
2. 口布折花的种类有哪些？
3. 常用的口布折花的基本技法有哪些？
4. 口布折花的选择原则是什么？
5. 如何摆放餐巾花？
6. 口布折花应注意哪些问题？

第三节　摆台

知识目标

1. 知道摆台的概念和要求；
2. 掌握中、西餐摆台的基本程序和要求；
3. 了解和掌握西餐摆台要领。

能力目标

1. 能按规范铺台布；
2. 能按规范进行中餐摆台；

3. 能按规范进行西餐摆台。

实训任务

1. 熟练完成铺台布操作；
2. 熟练完成中餐摆台的操作；
3. 熟练完成西餐摆台的操作。

教学方法

理论讲授＋课堂示范＋学生训练＋技能比赛＋学生自评＋教师点评

准备工作

本次课所需教学用具包括中餐圆桌5个、餐椅50把、台布5条、装饰台布5条、中餐摆台所用餐酒具5套，西餐餐桌5个、西餐餐椅20把、台布5条、西餐摆台所用餐酒具5套。

操作要点

摆台的具体要点有：布置餐桌、安排席位、准备用具、铺台布、摆放餐具、美化席面等工作。

一、摆台

摆台又称餐台设计、餐桌布置、铺台，是指为宾客就餐摆放餐桌，确定席位，并将就餐过程中所需要的餐具用具及其他物品按一定的标准和要求摆设在餐桌上的过程。

摆台的具体内容有：布置餐桌、安排席位、准备用具、铺台布、摆放餐具、美化席面等工作。

摆台是餐厅服务工作中一项技术性较高的技能，是宴会设计的重要内容，也是餐饮服务人员必须掌握的一门基本功。

二、中餐摆台

1. 中餐摆台的基本要求

由于各地的饮食习惯不同、宾客的就餐形式和规格不同，所摆放餐具的种类、件数及台面的造型都有所不同，而且各饭店具有各自独特的摆台方式，不可能完全统一。但是摆台的基本要求是相同的。其具体要求是：

（1）餐具洁净，完整无缺

摆在台面上的餐具应该是无污迹、水迹、油迹，消毒指标达到国家的有关标准，无缺口、裂纹，品种、花色一致，整体搭配协调。

（2）手法卫生

摆台时，要求盘碗拿边，杯盏拿底，刀、叉、匙、筷拿柄，手持餐具时尽量不要接触餐具的入口处部分。

（3）间距恰当

中餐摆台一般是以骨碟定位，因此，要求定位餐具之间的距离均匀，每组餐具的摆放要相对集中。

（4）便于进餐和席间服务

中餐摆台习惯骨碟靠桌边对客位，汤碗在左，酒具在前，筷子在右，茶具在筷子的右边。摆放餐具的顺序是：骨碟定位，然后按先左后右、先里后外、先中心后两边的原则来摆放。餐桌、餐椅的排列要整齐协调，井然有序，每个客位所占有的桌边距应为60cm左右，既便于客人就餐、活动，又确保服务工作的顺利进行。

（5）装饰适宜

台面的装饰要符合餐厅整体布置的风格，富有艺术性。普通宴席的装饰不能过于华丽，以免与菜肴相比，形成喧宾夺主的局面，同时也提高了经营成本。高档宴席不能布置得过于简单，否则无法体现宴会的主题、规格及高雅、隆重的宴请气氛。

（6）台面清洁，整齐美观

摆台时，台面上所有的布件、餐具、用具、装饰品都要洁净。餐具、用具的摆放要有规律，整体布局要整齐统一。

（7）符合各国、各民族的生活习惯和社交礼仪

在酒席宴会上，席位的安排、餐具的摆放可根据对方的生活习俗、就餐形式和规格而定。

2. 中餐零点摆台

（1）中餐零点摆台用具

主要有骨碟、汤碗、汤勺、酒杯、筷架、筷子、公用餐具、台面小件等。

（2）中餐零点早餐摆台

见表 2–1。

表 2–1　中餐零点早餐摆台程序与标准要求

程序	操作标准与要求
铺台布	按中餐铺台布的方法铺好台布
放转盘	要求转盘居中摆放，注意检查转轨旋转是否灵活
骨碟定位	骨碟摆在席位正中，距桌边 1.5cm
摆放汤碗、汤勺	汤碗摆在骨碟左侧 1cm 处，中心线在一条直线上。汤勺置于汤碗中，勺把向左
摆放筷架、筷子	筷架摆在骨碟右侧，筷架在筷子上部 1/3 处。筷子放在筷架上，距骨碟 1cm，筷尾距桌边 1.5cm
摆放茶碟及茶杯	茶碟摆在筷子右侧 1cm 处，下沿距桌边 1.5cm。茶杯反扣在杯碟内，杯耳朝右与筷架平行
摆放公用餐具	将花瓶放在餐桌中心，台号摆在花瓶前，正面朝餐厅大门。牙签筒放在花瓶的左侧，烟灰缸放在右侧
摆放餐巾花	将折叠好的盘花置于骨碟内

（3）中餐零点午晚餐摆台

见表 2–2。

表 2–2　中餐零点午晚餐摆台程序与标准要求

程序	操作标准与要求
铺台布	按中餐铺台布的方法铺好台布
放转盘	要求转盘居中摆放，注意检查转轨旋转是否灵活
骨碟定位	骨碟摆在席位正中，距桌边 1.5cm
摆放汤碗、汤勺	汤碗摆在骨碟左侧 1cm 处，中心线在一条直线上。汤勺置于汤碗中，勺把向左
摆放筷架、筷子	筷架摆在骨碟右侧，筷架在筷子上部 1/3 处。筷子放在筷架上，距骨碟 1cm，筷尾距桌边 1.5cm
摆放水杯	水杯摆在骨碟正前方 3cm 处
摆放茶碟及茶杯	茶碟摆在筷子右侧 1cm 处，下沿距桌边 1.5cm。茶杯反扣在杯碟内，杯耳朝右与筷架平行
摆放公用餐具	将花瓶放在餐桌中心，台号摆在花瓶前，正面朝餐厅大门。牙签筒放在花瓶的左侧，烟灰缸放在右侧
摆放餐巾花	将折叠好的盘花置于骨碟内，或将折叠好的杯花置于水杯内

3. 中餐宴会摆台

由于各地饮食习惯和宴会标准的不同，摆台的程序和要求也不尽相同。下面列举的是2019年全国职业院校技能大赛中职组酒店服务赛项中的中餐宴会摆台程序与评分标准（含服务现场实操），见表2–3。

（1）摆台的基本要求

餐具图案对正，距离均匀、整齐、美观、清洁大方，为宾客提供一个舒适的就餐位置和一套必需的就餐餐具。

（2）摆台的顺序和标准

①铺装饰布、台布。拉开主人位餐椅，在主人位铺装饰布、台布；装饰布平铺在餐桌上，正面朝上；台布铺在装饰布上，正面朝上；定位准确，中心线凸缝向上，且对准正、副主人位；台面平整；台布四周下垂均等。

②餐碟定位。从主人位开始一次性定位摆放餐碟，餐碟边沿距桌边1.5厘米；每个餐碟的间隔要相等；相对的餐碟与餐桌中心点三点呈一直线；操作要轻松、规范、手法卫生。

③摆放汤碗、汤勺和味碟。汤碗摆放在餐碟左上方1厘米处，汤勺放置于汤碗中，勺把朝左，与餐碟平行。味碟摆放在餐碟右上方。汤碗与味碟之间距离的中点对准餐碟的中点，汤碗分别与味碟、餐碟间相距1厘米。

④摆放筷架、席面更、牙签、筷子。筷架摆在餐碟右边，其横中线与汤碗、味碟横中线在同一条直线上；筷架左侧纵向延长线与餐碟右侧相切。席面更、筷子搁摆在筷架上，筷子与对座餐碟中心线平行，筷尾的右下角距桌沿1.5厘米，筷套正面朝上。牙签位于席面更和筷子之间，牙签套正面朝上，底部与席面更齐平。

⑤摆放葡萄酒杯、白酒杯、水杯。葡萄酒杯摆放在餐碟正上方（汤碗与味碟之间距离的中点线上）；白酒杯摆在葡萄酒杯的右侧，水杯位于葡萄酒杯左侧，杯肚间隔1厘米，三杯杯底中点连线成一直线，该直线与相对两个餐碟的中点连线垂直；水杯待餐巾花折好后一起摆上桌，杯花底部应整齐、美观，落杯不超过2/3处，水杯肚距离汤碗边1厘米；摆杯手法正确（手拿杯柄或中下部）、卫生。

⑥折餐巾花。折10种不同造型杯花，每种餐巾花3种以上技法；花形突出正、副主人位；有头尾的动物造型应头朝右，主人位除外；巾花观赏面向

客人，主人位除外；巾花挺拔，造型美观，款式新颖；操作手法卫生，不用嘴咬、下巴按、筷子穿；手不触及杯口及杯的上部。

⑦摆放公用餐具。公用筷架摆放在主人和副主人餐位水杯正上方，距水杯肚下沿切点 3 厘米，公勺、公筷置于公用筷架之上，勺柄、筷子尾端朝右。

⑧上花盆、桌号牌和菜单（2 个）。花盆摆在台面正中；桌号牌摆放在花盆正前方，面对副主人位；菜单摆放在正、副主人的筷子架右侧，位置一致，菜单右尾端距离桌边 1.5 厘米。

⑨拉椅让座。先拉第一主宾（主人位右侧第 1 位）、次拉第二主宾（主人位左侧第 1 位）、再拉主人位，然后按顺时针方向逐一定位，示意让座；座位中心与餐碟中心对齐，餐椅之间距离均等，餐椅座面边缘距台布下垂部分 1 厘米；让座手势正确，体现礼貌。

表 2–3　中餐宴会摆台与服务现场实操评分标准（70 分）

项目	操作程序及标准	分值	扣分	得分
台布及装饰布（6 分）	可采用抖铺式、推拉式或撒网式铺设装饰布、台布，要求一次完成，两次扣 0.5 分，三次及以上不得分	2		
	拉开主人位餐椅，在主人位铺装饰布、台布	1		
	装饰布平铺在餐桌上，正面朝上，台面平整，下垂均等	1		
	台布正面朝上，铺在装饰布上；定位准确，中心线凸缝向上，且对准正、副主人位；台面平整；台布四周下垂均等	2		
餐碟定位（7 分）	从主人位开始一次性定位摆放餐碟，餐碟间距离均等，与相对餐碟、餐桌中心点三点一线	5		
	餐碟边距桌沿 1.5cm	1		
	拿碟手法正确（手拿餐碟边缘部分）、卫生、无碰撞	1		
汤碗、汤勺、味碟（4 分）	汤碗摆放在餐碟左上方 1cm 处，味碟摆放在餐碟右上方，汤勺放置于汤碗中，勺把朝左，与餐碟平行，汤碗、味碟的横向直径和汤勺柄呈一条直线	2		
	汤碗与味碟之间距离的中点对准餐碟的中点，汤碗分别与味碟、餐碟间相距均为 1cm	2		
筷架、席面更、筷子、牙签（4 分）	筷架摆在餐碟右边，其横中线与汤碗、味碟横中线在同一条直线上。筷架左侧纵向延长线与餐碟右侧相切	1		
	席面更、筷子搁摆在筷架上，筷尾的右下角距桌沿 1.5cm	1		
	筷套正面朝上	1		
	牙签位于席面更和筷子之间，牙签套正面朝上，底部与席面更齐平	1		

续表

项目	操作程序及标准	分值	扣分	得分
葡萄酒杯、白酒杯、水杯（6分）	葡萄酒杯在餐碟正前方（汤碗与味碟之间距离的中点线上）	1		
	白酒杯摆在葡萄酒杯的右侧，水杯位于葡萄酒杯左侧，杯肚间隔1cm，三杯杯底中点呈一水平直线。水杯待杯花折好后一起摆上桌，杯花底部应整齐、美观，落杯不超过2/3处	3		
	摆杯手法正确（手拿杯柄或中下部）、卫生	2		
公用餐具（2分）	公用筷架摆放在主人和副主人餐位水杯正上方，距水杯杯肚下沿切点3cm。先摆放杯花，再摆放公用餐具	1		
	按先勺后筷顺序将公勺、公筷搁摆于公用筷架之上，勺柄、筷子尾端朝右	1		
餐巾折花（14分）	花形突出正、副主人位，整体协调	1		
	有头、尾的动物造型应头朝右（主人位除外）	1		
	巾花观赏面向客人（主人位除外）	1		
	巾花种类丰富、款式新颖	3		
	巾花挺拔、造型美观、花形逼真	3		
	操作手法卫生，不用嘴咬、下巴按、筷子穿	1		
	折叠手法正确，一次性成形。杯花折好后放于水杯中一起摆上桌	3		
	手不触及杯口及杯的上部	1		
菜单、花盆和桌号牌（2分）	花盆摆在台面正中。桌号牌摆放在花盆正前方，面对副主人位	1		
	菜单摆放在正、副主人的筷子架右侧，位置一致，菜单右尾端距离桌边1.5cm	1		
拉椅让座（2分）	拉椅：从第一主宾位开始，座位中心与餐碟中心对齐，餐椅之间距离均等，餐椅座面边缘距台布下垂部分1cm	1		
	让座：手势正确，体现礼貌	1		
托盘斟酒（9分）	将酒水装盘，从第一主宾位开始，连续5个餐位，每个餐位换瓶斟酒。顺时针方向前行，在客人右侧斟酒，先斟葡萄酒后斟白酒，共10杯	2		
	左手托盘，右手持瓶斟酒，酒标朝向客人，斟酒时瓶口不碰杯口	2		
	斟酒量均匀，葡萄酒1/2杯、白酒2/3杯，斟倒时做到不滴不洒（每滴一滴扣0.3分，每滴一摊扣1分）	3		
	服务操作时托盘展开姿势正确、保持平衡、位置合理	2		
上菜（2分）	站在副主人位右侧上菜，上菜时姿势、动作正确、自然	1		
	报菜名或菜肴介绍准确、音量适中。上菜过程讲究卫生、礼貌	1		

续表

项目	操作程序及标准	分值	扣分	得分
分菜（4 分）	将菜盘撤回，在备餐车（或工作台）上用分菜叉、勺分菜，分 5 人分量，剩余 1 人分量，分量均匀	2		
	从第一主宾位开始，连续 5 个餐位，为客人上菜。上菜姿势、动作正确、自然，讲究卫生、礼貌	2		
托盘（2 分）	用左手胸前托法将托盘托起，托盘位置高于选手腰部，姿势正确	1		
	托送自如、灵活	1		
综合印象（6 分）	台面摆台整体美观、便于使用、具有艺术美感	2		
	操作过程中动作规范、娴熟、敏捷、声轻，姿态优美，能体现岗位气质	4		
合计		70		
操作时间：　分　秒　　超时：　秒　　扣分：　分				
物品掉落、物品碰倒、物品遗漏：　件　　逆时针：　次　　扣分：　分				
实际得分				

三、西餐摆台

1. 西餐餐台

西餐餐台通常用的是方桌或长桌。西餐宴会使用的餐桌可由方桌、长方桌、半圆桌拼接而成。拼接的大小、形状可根据西餐宴会的人数，西餐宴会厅的形状、面积，服务方式、客人的要求等因素来确定。

2. 西餐摆台要领

①按照一垫盘、二餐具、三酒具、四调味用具、五艺术摆设的程序进行。

②餐具的摆放应遵照垫盘正中，先外后里，左叉右刀，刀口朝盘，叉、勺面朝上，酒具在右上方的原则进行。

③餐具要与菜肴配套、酒具要与酒品配套摆放。

3. 西餐摆台程序与要求

（1）西餐早餐摆台

见表 2-4。

表 2–4　西餐早餐摆台程序与标准要求

程序	操作标准与要求
铺台布	按西餐铺设台布的方法铺好台布
摆展示盘	餐位正中摆放展示盘，展示盘距餐台边 1cm
摆放餐刀、餐叉	①餐刀摆放在展示盘右侧，刀刃向左，刀柄下端距餐台边 2cm ②餐叉摆放在展示盘左侧，叉齿向上，叉柄下端距餐台边 2cm
摆面包盘、黄油刀	①面包盘摆在餐叉的左侧，距餐叉 1cm，距桌边 2cm，也可与展示盘中心成一直线 ②黄油刀放在面包盘中轴线右侧，刀刃朝左
摆咖啡杯具	咖啡碟摆在餐刀右侧，咖啡碟上摆咖啡杯和咖啡勺，杯把和勺把向右
摆公共用具	椒盐盅、奶缸、糖缸、烟灰缸等摆在餐台靠中心或餐厅规定的位置
摆餐巾花	①将折叠好的盘花置于展示盘内 ②餐巾花正面朝向客人

（2）西餐正餐摆台

见表 2–5。

表 2–5　西餐正餐摆台程序与标准要求

程序	操作标准与要求
铺台布	按西餐铺设台布的方法铺好台布
摆展示盘	餐位正中摆放展示盘，展示盘距餐台边 1cm
摆餐刀、餐叉、汤匙	①从展示盘右侧由里向外依次摆放餐刀、汤匙，刀口朝盘 ②在展示盘的左侧摆放餐叉，叉尖向上 ③餐具距桌边 2cm，距展示盘 1cm ④如有鱼类菜肴，需加摆鱼刀和鱼叉
摆面包盘、黄油刀	①面包盘摆在餐叉的左侧，距餐叉 1cm，距桌边 2cm，也可与展示盘中心呈一直线 ②黄油刀放在面包盘中轴线右侧，刀刃朝左 ③如果摆放黄油碟，将黄油碟置于面包盘上方，碟上放黄油刀
摆甜品匙、叉	展示盘上方平行横放甜品匙、叉，甜品叉在上，甜品匙在下，叉尖、匙把朝右
摆水杯	水杯摆在餐刀正上方 3cm 处
摆放花瓶、烛台、椒盐盅等用具	①花瓶摆放在餐台正中，花必须鲜艳 ②烛台只能在晚餐时使用，烛台摆放于台布中鼓缝距花瓶 10cm 处 ③摆椒盐盅时，椒盐盅在左，胡椒盅在右 ④烟灰缸摆在台布中鼓缝距烛台 10cm 处，将火柴摆放在烟灰缸上，磷面向里，店徽向上
摆餐巾花	①将折叠好的盘花置于展示盘内 ②餐巾花应形象逼真，折叠挺括

（3）西餐宴会摆台

见表 2–6。

表 2–6　西餐宴会摆台程序与标准要求

程序	操作标准与要求
铺台布	①按西餐铺设台布的方法铺好台布 ②台布中鼓缝向上，不倾斜，四周下垂均匀，台布平整、无皱和无突起
拉椅定位	①椅子之间距离相等 ②椅子与下垂台布距离 1cm ③每个餐位最小宽度 60cm
摆放展示盘	展示盘放置于餐椅正前方，距离餐台边 1cm
摆放刀、叉、匙	①摆放顺序由里往外 ②用托盘托起刀、叉、匙，注意拿餐具手柄，餐具上不留手指印 ③主菜刀放于展示盘右侧，与餐台垂直，刀柄向下，与餐台边距离 1cm，刀刃向左，与展示盘相距 0.5cm ④主菜叉放在展示盘左侧，距餐台边 1cm，与展示盘相距 0.5cm ⑤鱼叉放在主菜叉左侧，距主菜叉 0.5cm，距餐台边 5cm ⑥头盘叉放在鱼叉左侧，距鱼叉 0.5cm，距餐台边 1cm ⑦鱼刀摆在主菜刀右侧，距主菜刀 0.5cm，距餐台边 5cm ⑧汤匙摆在鱼刀右侧，距鱼刀 0.5cm，距餐台边 1cm ⑨头盘刀摆在汤匙右侧，距汤匙 0.5cm，距餐台边 1cm
摆面包盘、黄油刀、黄油盘	①面包盘摆放在餐叉的左侧，面包盘的中心与展示盘的中心连线平行摆放，面包盘距餐叉 0.5cm ②黄油刀置于面包盘右 1/3 处，刀刃向左，柄端向下，悬空部分相等 ③黄油盘摆放在面包盘的上方，黄油盘的左侧与面包盘的中心线在一条直线上，距黄油刀 3cm
摆甜品叉、匙	①甜品叉、匙摆放在展示盘前方，平行摆放，甜品叉靠近展示盘，叉柄向左，距展示盘 1cm ②甜品匙摆在甜品叉外侧，匙柄向右，距甜品叉 1cm
摆酒杯	①水杯摆在主菜刀尖前方垂直位置，相距约 5cm ②红酒杯摆在水杯右后方，两杯相距 1cm ③白酒杯摆在红酒杯右后方，两杯相距 1cm ④三杯呈一直线，并与餐台边约呈 45 度角
摆花瓶，烛台、牙签筒、椒盐盅、烟灰缸、火柴	①花瓶置于餐台正中 ②将两个烛台分别摆放在花瓶左右两侧，距花瓶 20cm ③牙签筒两套，分别摆在烛台两侧，距烛台 10cm 中线上 ④椒盐盅两套，分别摆放在烛台两侧，距烛台 12cm，分别置于中线两侧，左盐右椒，间距 1cm ⑤烟灰缸摆放在椒盐盅前方 2cm，火柴在烟灰缸上放外侧，磷面向里，店徽向上
摆餐巾花	①将折叠好的盘花摆放于展示盘内 ②餐巾花应形象逼真、折叠挺括

知识链接

中餐零点餐桌规格与就餐人数

方桌规格与适宜就餐人数

方桌台规格（厘米 × 厘米）	适宜就餐人数（位）
90 × 90	1~2
100 × 100	3~4
110 × 110	4
80 × 120	5~6

圆桌规格与适宜就餐人数

圆桌台规格（直径：厘米）	适宜就餐人数（位）
150	4~5
160	6~7
170	8~9
180	10
200	12
220	14
240	16
260	18

常用台布规格与适用餐台

台布规格（厘米 × 厘米）	适用餐台（厘米）
140 × 140	90 × 90
160 × 160	100 × 100 和 110 × 110
180 × 180	150（直径）和 160（直径）
200 × 200	170（直径）
220 × 220	180（直径）
240 × 240	200（直径）
260 × 260	220（直径）

思考题

1. 什么是摆台？
2. 中餐摆台的基本要求有哪些？
3. 试述中餐宴会摆台的程序与要求。
4. 西餐摆台要领是什么？
5. 试述西餐摆台的程序与要求。

第四节　酒水服务

知识目标

1. 知道斟酒的概念；
2. 了解斟酒前的准备工作；
3. 了解和掌握冰镇酒水与温酒的方法。

能力目标

1. 掌握冰镇酒水与温酒的方法；
2. 掌握各类酒水的开瓶方法；
3. 掌握示酒的操作要领；
4. 能熟练斟倒各类酒水。

实训任务

1. 熟练掌握各类酒水的开瓶方法；
2. 熟练掌握各类酒水的斟倒方法。

教学方法

理论讲授 + 课堂示范 + 学生训练 + 技能比赛 + 学生自评 + 教师点评

准备工作

本次课所需教学用具包括餐桌 5 个、餐椅 50 把、托盘 10 个、餐巾 10 条、水杯 50 个、红酒杯 50 个、白酒杯 50 个、酒瓶若干。

操作要点

具体要点有：冰镇酒水与温酒、酒水的开瓶、示酒、斟倒酒水。

一、概述

1. 斟酒

是指酒水在饮用前，服务人员将其进行一定的处理，并根据不同的要求斟入客人酒杯中的服务过程。

2. 斟酒前的准备工作

餐饮服务人员在为客人斟倒酒水前，需提前做好以下准备工作：

（1）备酒

从库房领取酒水，将瓶身擦净，注意观察商标是否完整；从外观上检查酒水质量——酒水内有无沉淀物、悬浮物、浑浊现象等，瓶身有无破裂；将酒水分类，合理摆放。

（2）冰镇酒水

一些酒水的最佳饮用温度低于室温，所以要求在为客人斟倒酒水前需要对其进行冰镇降温处理。冰镇酒水的方法有两种，即冰箱冷藏冰镇和冰块冰镇。

①冰箱冷藏冰镇。

是提前将酒水放入冰箱冷藏柜内，使其缓缓降至最佳饮用温度，如啤酒、软饮料等。

②冰块冰镇。

是将制冰机制成的冰块放入冰桶内，再将酒瓶插入冰块内，一般 10 分钟左右达到冰镇效果，如白葡萄酒、香槟酒等。

此外有些酒水要对杯具进行降温处理（即冷酒用冷杯），其方法有：

①在冰箱内冷藏杯具。即将酒杯放入冰箱冷藏柜内，达到降温的要求。

②溜杯。即在酒杯内放入一块冰块，用手拿住酒杯的杯柄部分，轻轻旋转酒杯，使冰块在杯内转动，当杯壁有雾气时，即达到了降温的要求。

（3）温酒

一些酒水加热后口感更好，常用的温酒方法有：

①水烫。即把酒放在热水之间升温。

②烧煮。把酒倒入容器中放在火源上进行烧或煮，达到升温的目的。

③燃烧。即用火柴点燃烈性酒，使酒温升高。

④冲泡。即将热饮料冲入酒液中，或将酒液注入热饮料中，使酒温升高。

（4）示酒（验酒）

示酒的方法是：服务人员站在点酒人的右侧，左手持折叠好的餐巾包托着瓶底，右手扶瓶颈，酒标朝向客人，让客人认可（非冰镇的酒水在示酒过程中，也可以不使用餐巾）。

示酒的作用是：表示对客人的尊重；核实一下有无误差；证明一下酒品的可靠。

（5）开瓶

开瓶的工具主要有：

①启盖扳手。常用于开启啤酒瓶等的瓶盖。

②酒钻。常用于开启葡萄酒、香槟酒等软木塞。

③酒刀。属于多功能开瓶器，又称万能刀，有启盖扳手和酒钻等多种功能。

开瓶前服务人员需用口布将瓶身擦净，检查酒水包装是否完好，是否在有效期内，是否有悬浮物或沉淀物。

普通酒品开启瓶盖较容易，但葡萄酒和香槟酒的开启应注意掌握一定的方法。在开启葡萄酒、香槟酒时，要尽量减少瓶体的晃动，先用酒刀将瓶口凸出部分的铅封割除，再用餐巾将瓶口擦净后，将酒钻慢慢钻入瓶塞，动作要准确、敏捷、果断。开启软木塞时，万一软木塞有断裂迹象，可将酒瓶倒置，利用内部酒液的压力顶住木塞，然后再旋转酒钻，开拔瓶塞越轻越好，防止发出突爆声。拔出瓶塞后需检查瓶中酒是否有质量问题，检查的方法主要是嗅辨瓶塞插入瓶内的那部分。开启瓶塞以后，用干净的餐巾仔细擦拭瓶口，香槟酒要擦干瓶身。擦拭时，注意不要让瓶口积垢落入酒中。

二、斟酒

斟酒的方法按操作要求的不同，分为徒手斟酒和托盘斟酒两种，其操作方法和要求是：

1. 徒手斟酒

（1）桌斟

桌斟是指顾客的酒杯放在餐桌上，餐厅服务员右手持瓶向杯中斟倒酒水的一种方法。此种方法又分为托盘斟酒和徒手斟酒，是餐厅斟酒最常用的一种方法。

（2）捧斟

捧斟是指餐厅服务员站立在客人右后侧，右手握瓶，左手将客人酒杯握在手中，向杯中斟满酒后绕向客人左侧，再将装有酒水的酒杯放回原来位置的一种斟酒方法。捧斟的动作要求是轻、稳、准、优雅大方，多用于非冰镇酒品。此种方法适用于酒会和酒吧服务，适用于非冰镇处理的酒。

2. 托盘斟酒

服务人员左手托盘，右手进行斟酒服务，其操作要求是：左手托盘，右手持瓶，握住瓶下端，左手向后拉（以不碰触客人为限）；服务人员站在客人身后右侧，右脚向前一步，身体侧向客人，上身略微前倾；将酒标朝向客人，示意一下，待客人认可后再行斟酒；斟酒时，瓶口不要碰触酒杯，应高于杯口 1~2cm，斟完后将酒瓶抬高，旋转一下后收走，使最后一滴酒均匀分布于瓶口，以免滴洒在桌上；酒不可斟得太满，中餐斟酒以八成满为宜；斟发泡酒时，倒酒的速度应慢些，可让酒沿杯壁流下。

3. 斟酒量的控制

红葡萄酒入杯为 1/3，白葡萄酒入杯为 2/3，白兰地入杯为 1/2；香槟每次 3 至 4 盎司（90 至 120 毫升），斟入杯中时，应先斟倒 1/3，待酒中泡沫消退后，再往杯中续斟至七分满即可。

4. 斟酒顺序

①服务人员按以下顺序进行斟酒服务，即先宾后主，先女后男；中餐宴会斟酒从主宾开始，按顺时针方向依次进行；若两名服务员同时操作，则分别从正、副主宾开始，按顺时针方向进行。

②西餐服务中，斟酒时，应先斟给主人品尝，在主人表示满意后再为他人斟酒。

③西餐服务中，在嘉宾入座之前，先给他们倒上一杯起泡酒，然后是鸡尾酒。香槟过后依次是酒体轻盈的白葡萄酒、丰满浓郁的白葡萄酒、桃红葡

萄酒、酒体轻盈的红葡萄酒，然后就是高单宁的红葡萄酒，最后才是甜葡萄酒。

④葡萄酒斟酒顺序原则是：先上酒质较轻的葡萄酒，后上酒质较重的葡萄酒；先上干葡萄酒，后上甜葡萄酒；先上新酒，后上老酒。

5. 斟酒时机

在宴会开始前 5 分钟之内要将酒或饮料斟入每位宾客杯中。在宴会开始后，应在客人干杯后及时为客人添斟，每上一道新菜后同样需要添斟，客人杯中酒液不足时也需要添斟。不过当客人掩杯或用手遮挡杯口时，说明客人已不想喝酒，此时则不应该再为其斟酒。

知识链接

斟酒要点提示

1. 斟酒时，要随时注意瓶内酒量的变化情况，以适当的倾斜度控制酒液的流速，学会巧用腕力。瓶内酒量越少，酒液的流速越快，越容易溅出杯外。

2. 斟酒时，不要站在客人左侧，不准站在一个位置为左右两位客人斟酒，不准隔位斟、反手斟。

3. 如果由于操作不慎，将酒杯碰翻，应向客人表示歉意，并立即将酒杯扶起，检查有无破损，同时用干净的餐巾将酒液吸干，重新斟酒。

4. 瓶内酒水不足一杯时，不宜为客人斟酒，瓶底朝上有失礼貌。切忌一杯酒用两只酒瓶同斟，宾客会误以为自己是多余的。

5. 斟倒啤酒或发泡酒时，因为泡沫较丰富，极易沿杯壁冲出杯外，所以斟酒的速度要慢些，可以沿酒杯的前壁流入杯内，也可以分两次斟倒。

6. 开启瓶盖或易拉罐时，不要冲着客人，避免气体喷溅到客人。

7. 酒液、汽水混合在一只杯中时，应先斟汽水后斟酒液，以防汽水对酒液的冲击。

8. 零点客人的酒水在斟第一杯后，全部放回客人餐桌上，若有空瓶、罐则及时撤走。

9. 斟酒时尽量注意不要打扰客人交谈，以免影响客人。

思考题

1. 什么是斟酒服务?
2. 斟酒前的准备工作包括哪些?
3. 冰镇酒水和温酒的方法有哪些? 分别适合哪类酒水?
4. 如何示酒? 其作用是什么?
5. 试述托盘斟酒的操作要领。

第五节 菜肴服务(上菜)

知识目标

1. 知道上菜的操作位置;
2. 了解中、西餐的上菜的顺序;
3. 准确把握中餐的上菜的时机;
4. 了解中餐的摆菜原则;
5. 掌握中餐的上菜要领;
6. 了解上菜的注意事项。

能力目标

1. 能准确把握上菜的操作位置;
2. 能按正确的上菜顺序进行上菜服务;
3. 能有效把控上菜时机和上菜节奏;
4. 能正确摆放菜品;
5. 能准确掌握中餐的上菜要领。

实训任务

1. 熟练完成中餐上菜服务且上菜时机、菜品摆放等符合规范要求;
2. 熟练完成西餐上菜服务，操作规范符合要求。

教学方法

理论讲授+课堂示范+学生训练+技能比赛+学生自评+教师点评

准备工作

本次课所需教学用具包括中餐餐桌 5 张、餐椅 50 把、托盘 5 个、菜盘 30 个，西餐餐桌 5 张、餐椅 20 把、各类菜盘各 20 个。

操作要点

具体要点有：上菜的操作位置、上菜顺序、上菜时机和节奏、摆放菜品。

一、上菜位置

上菜的位置俗称“上菜口”，中餐服务的上菜位置要求是：

①零点或团体包餐的上菜位置多选在不打扰客人或干扰客人最少的地方。

②外宾宴会的上菜位置一般选在陪同与翻译之间。

二、上菜的顺序

1. 中餐上菜顺序

中餐上菜顺序一般应坚持“七先七后”的原则，即：先冷菜，后热菜；先佐酒菜，后下饭菜；先优质、名贵、风味菜，后一般菜；先咸味菜，后甜味菜；先本地、本店名菜、特色菜，后其他品种菜；先荤菜，后素菜；先菜后点。

2. 西餐上菜顺序

西餐一般是按以下顺序上菜：头盘（开胃品，Appetizer）→汤（Soup）→沙拉（Salad）→主菜（Main Course）→餐后甜品（Dessert）→咖啡或茶（coffee or tea）

三、中餐上菜的时机

准确把握上菜时机和上菜节奏，是提高客人满意度的关键因素之一。中餐上菜时机和节奏的一般原则是：

①中餐宴会一般在开宴前 15 分钟左右摆上冷盘，当冷盘吃到一半左右时上第一道热炒菜，其他热菜的上菜时机要随宾客的用餐速度而定。

②团体包餐的进餐时间较短，因此要在进餐前摆好冷盘，待客人入座后，快速将热菜、汤、点心全部送上。

③零点客人点菜完毕后，要马上送上酒水饮料及冷盘，其他热菜则根据

主人的要求、菜肴的烹制特点等及时送上。

四、摆菜原则

菜品的摆放直接影响桌面的美观度和客人的视觉效应。菜品摆放的基本原则是：

1. 易于观赏

即摆有图案造型的菜时，其图案的观赏面要朝向主人、主宾，以尊重主宾，供其观赏。

2. 造型美观

即按照一中心、二平放、三三角、四四方、五梅花的原则摆放菜肴。

3. 尊重主宾

即每上一道新菜，需将新上的菜肴转至主宾面前。

4. 方便取用

即上个别菜肴时，应同时配备相应的餐用具，以方便客人食用。

5. 操作礼貌

即上菜之前应提醒、告知客人，以防客人不慎碰翻菜盘。

五、上菜要领

服务人员在进行上菜服务时，应注意和把握以下操作要领，即：

①仔细核对台号、品名和分量，避免上错菜。

②整理台面，留出空间。如果满桌，可以大盘换小盘、合并或帮助分派。

③先上调味品，再用双手将菜肴端上。

④报菜名，特色菜肴应作简单介绍。

⑤大圆桌上菜时，应将刚上的菜肴用转盘转至主宾面前。

⑥餐桌上严禁盘子叠盘子，应随时撤去空菜盘，保持台面美观。

⑦派送菜肴应从主宾右侧送上，依次按顺时针方向绕台进行。

六、注意事项

1. 上菜要核对

服务人员要事先了解客人的用餐菜单，上菜前要仔细核对，避免上错菜肴。

2. 认真把关

上菜前，服务人员要认真把关，看色、香、形、卫生、数量等是否符合标准，原料是否新鲜，盛器是否合适等，发现问题应立即采取措施，避免客人对菜品的投诉。

3. 注意台面摆放格局

按照摆菜的原则进行菜肴台面摆放，荤素要错落开来，要讲究造型艺术。

4. 注意速度与节奏

服务人员与后厨密切配合，根据客人用餐速度合理把握上菜的速度与节奏。

5. 上菜时应跟上作料

菜肴需要配备作料时，服务人员应将菜肴与作料一并跟上。

七、西餐上菜

西餐的上菜方法与要求，详见第四章相关内容。

知识链接

“服务（SERVICE）”的含义

在饭店服务行业里，“服务”常用英语“SERVICE”这个单词的每一个字母所代表的含义来解释说明：

项目 字母	单词	中文	释义
S	Smile	微笑	世界各国客人都理解的欢迎语言 与客人友好交流的最基本的手段
E	Excellent	杰出的	员工优秀，服务卓越，产品一流
R	Ready	准备	最佳的、最有效的姿态
V	Viewing	观察	时刻关注，及时发现，第一时间提供服务
I	Inviting	诱人的	产品具有吸引力的
C	Creating	创造	个性化需求、创造性服务
E	Eye	眼神	眼光交流，及时发现，主动问询，采取措施

思考题

1. 上菜的位置要求是什么？
2. 简述中、西餐的上菜顺序。
3. 如何把握中餐上菜的时机？
4. 菜品摆放的原则是什么？
5. 上菜过程中应注意的事项有哪些？

第六节　菜肴服务（分菜）

知识目标

1. 知道分菜的概念；
2. 了解和掌握分菜的方法；
3. 了解分菜的注意事项。

能力目标

1. 能准确掌握分菜的方法；
2. 能准确进行分菜服务。

实训任务

1. 熟练掌握分菜的方法；
2. 熟练完成中餐分菜的操作。

教学方法

理论讲授＋课堂示范＋学生训练＋技能比赛＋学生自评＋教师点评

准备工作

本次课所需教学用具包括餐桌5张、餐椅50把、托盘10个、餐碟20个、分菜叉10个、分菜勺10把。

操作要点

具体要点有：分菜方法、分菜服务。

一、分菜概述

1. 分菜（派菜、让菜）

是由服务人员将已经端送上桌的菜肴、点心分派给每位宾客的服务过程。

2. 分菜前的准备工作

分菜服务前的准备工作做的充足与否，直接影响到分菜的效率与效果，为此，服务人员应做好以下准备工作：

（1）熟练掌握分菜技术

分菜服务是宴会服务中使用最为频繁、要求最为严格的技能之一，是衡量宴会服务质量的重要因素之一。因此，宴会服务人员应不断加强训练，努力掌握分菜的技术，做到分菜动作优美、方法得当、高效快捷。

（2）准备好分菜工具、餐具

中西餐使用的分菜工具有所不同，中餐宴会的分菜工具主要有服务叉（分菜叉）、服务勺（分菜勺）、公用勺、公用筷、长柄汤勺等；西餐分菜使用的工具主要是服务叉、服务匙、切肉刀、切肉叉等。

（3）清洁分菜台

实际分菜前，需将操作台面清洁干净，以保证菜品卫生。

二、分菜方法

1. 餐位分菜法

从上菜口将菜肴送上餐桌，展示菜肴、报菜名后撤离餐桌。服务员站在客人左侧依次分派菜肴，可以边分让边向客人介绍菜点的名称、口味。要求给每位客人分让菜肴的数量、色彩要搭配均匀。

2. 餐台分菜法

有单人分菜式和两人合作式两种，具体操作方法是：

（1）单人分菜式

将客人用过的上一道菜的餐碟或汤碗撤下，再用托盘送上新的餐具，摆放在靠近身边的转盘上；在上菜口将菜肴送上餐桌，展示菜肴并报菜名；用公用筷、长柄勺将菜点分至餐碟中，拨动转盘；按先宾后主的顺序，将菜肴送到客人的面前，逐个请宾客自取，服务人员也可协助宾客端取。

（2）两人合作式

常用于高档宴会服务，其操作方法是：

在上菜口将菜肴送上餐桌，展示菜肴并报菜名。一名服务员站在上菜口，右手持公用筷、左手持长柄公用勺为客人分菜，另一位服务员绕台将每位客人的餐碟移到分菜服务员近处，从客人左侧将菜肴送上。

3. 旁桌分菜法

服务员从上菜口将菜肴送上餐桌，报菜名，展示、介绍菜肴，客人观赏后撤离餐桌；在备餐桌上将菜分到餐碟内，然后用托盘从客人右侧送上。

4. 厨房分菜法

常用于分餐制和比较高档的炖品、汤类等菜肴，其操作方法是：厨房做好的菜肴直接在厨房或备餐间分派好，服务人员用托盘从客人右侧上菜。

三、分菜的注意事项

1. 手法卫生

分菜是在客人面前进行的，因此手法一定要卫生，用具要清洁，最好戴上白手套，分菜时卤汁不能弄出盘外。

2. 动作利索

服务人员要在保证分菜质量的前提下，以最快的速度完成分菜工作，不可在分完菜时，菜已冰凉。因此，服务人员熟练掌握分菜技术就显得尤为重要。

3. 分量均匀

分菜时服务人员事先要计划好，分给每位客人的菜肴要大致相同；两种以上原料的菜肴，要搭配均匀。

4. 跟上作料

对于有作料的菜肴，分菜时要跟上作料；在用作料时，应在征求客人意见后由客人自行添加；有卤汁的菜肴应在分好后浇上卤汁。

知识链接

清蒸鱼的分法

分清蒸整鱼时，应左手握餐叉将鱼头固定，右手用餐刀从鱼中骨由头顺切至鱼尾，然后将切开的鱼肉分向两侧脱离鱼骨，待鱼骨露出后，将餐刀横于鱼骨与鱼肉之间，刀刃向鱼头，由鱼尾向鱼头处将鱼骨与鱼肉切开。当骨、肉分离后，用刀、叉轻轻将鱼骨托起放于鱼盘靠桌心一侧的盘边处，再将上片鱼肉与下片鱼肉吻合，使之仍呈一整鱼状（无头尾）；同时餐叉与餐刀配合，将鱼肉切成 10 等份（按 10 人用餐），并用餐叉、餐勺将鱼肉分别盛于餐碟中送与客人。

思考题

1. 什么是分菜?
2. 分菜前的准备工作有哪些?
3. 分菜的方法有哪些?
4. 分菜服务中应注意什么问题?

二、服务篇

第3章

走进中餐厅

知识目标

1. 了解中国菜的特点；
2. 知道班前会的作用；
3. 了解和掌握中餐零点服务程序及服务标准；
4. 知道零点服务结账的方式并掌握结账服务工作流程；
5. 了解团体包餐的特点。

能力目标

1. 会做餐前准备工作；
2. 按规范做好迎宾服务；
3. 会接受客人点菜并适时推销。

实训任务

1. 熟练完成餐前准备工作；
2. 成功组织一次班前会；
3. 按规范迎宾；
4. 熟练接受客人点菜；
5. 熟练完成现金和信用卡的结账。

教学方法

理论讲授＋酒店案例＋模拟练习

准备工作

本次课所需教学用具包括教案、课件、饭店案例、饭店常用餐饮服务表单等。

操作要点

中餐厅是餐饮部的一个重要职能部门，是饭店向国内外客人宣传中国饮食文化和展示饭店服务水准的重要场所，主要为客人提供中式菜点、酒水饮料和服务，其建筑装潢突出中国民族风格，体现东方人民的热情、友好。

第一节　中餐零点服务

一、中国菜的特点

1. 原料丰富，菜品繁多

我国地大物博，物产丰富，可用的中式烹饪原材料丰富多样，品种繁多，为中式烹饪提供了坚实的物质基础和原材料保证。

中式烹饪技法多种多样，同样的原材料采用不同的烹饪方法，可以烹制出不同的菜品；中国是一个多民族的国家，不同民族的饮食习惯、烹饪方法不同，从而使得中国菜品繁多。

2. 选料严谨，因材施艺

中国菜品对原材料的产地、季节、部位、营养、卫生的选择和要求十分严格和讲究，而且会根据原材料各自的特点而采用不同的烹饪技法，以保证菜品的质量。

3. 刀工精湛，善于调味

中国烹饪的刀法有数十种之多，在对原材料进行初加工、切配的过程中，采用不同的刀法，使得菜品千姿百态、栩栩如生；中国菜调味用料广泛，注重突出原料的本味，使菜肴口味变化无穷。

4. 盛器考究，艺术性强

为保证中国菜品装盘的艺术效果，中国菜品注重盛器的选择与使用，美食与美器的完美结合，使中国菜更显雅致、精美和强烈的民族、地域风格，给客人以视觉上的美感和享受。

二、中餐零点服务程序

中餐零点服务程序包括餐前准备、迎宾服务、就餐服务、餐后结束工作四个环节，其服务规范与要求是：

1. 餐前准备工作

餐前准备工作做得充分与否，直接影响到后面几个环节的对客服务质量，因此，餐前准备工作应该做到充分、细致、周到，并应在客人到达餐厅之前全部到位。餐前准备的具体工作主要有：

（1）着装上岗

餐厅服务人员按照规定的上班时间提前到达饭店，经员工通道打卡后，到更衣室更衣，并整理自己的妆容，以饱满的精神状态进入工作岗位。

对服务人员着装上岗的具体要求是：着装整洁，无破损，穿职业装，鞋袜整齐；发式大方，女士不留披肩长发，男发不过耳，梳理整齐、美观；面部清洁，女士淡妆，男士不留胡须，口腔清洁无异味；指甲修剪整齐、清洁，不留长指甲，不涂有色指甲油；发自内心地微笑，亲切和蔼，落落大方。

（2）任务分配

为做到责任到人、保证对客服务质量，餐厅通常采用分区域包干制，每个服务人员具体负责某一区域的所有工作。餐厅服务人员应事先了解自己的服务区域，以便做好该区域的准备工作。

（3）打扫卫生

按要求做好餐厅各处卫生准备工作，如对餐厅墙壁、地面、服务工作台的清洁等。

（4）熟悉菜单

餐厅服务人员应熟悉当日菜单，了解当天供应品种，牢记当日特选菜肴及沽清品种，做好推销准备。

（5）准备物品

提前备好调味品、开水、茶叶、洗手盅、小毛巾等开餐用品，整理工作台，摆好各种服务用具，如点菜单、笔、托盘、服务巾、打火机等。

（6）摆台

按饭店中餐摆台规范摆好台。

（7）调节好室温与灯光

根据季节和天气情况，调节好空调温度与灯光。

（8）参加班前会

准备工作就绪后，当班的管理人员会组织召开班前会，班前会的主要作用是：①检查所有员工的仪表仪容；②使员工在意识上进入工作状态，形成营业气氛；③再次强调当天营业的注意事项、VIP 客人的接待工作以及提醒已知客人的特殊要求。

班前会结束后，服务人员各就各位，以良好的精神状态恭候客人的光临。

2. 迎宾服务

迎宾服务质量关系到客人对餐厅的第一印象，因此，迎宾服务必须保证质量。

（1）热情迎宾

餐厅服务人员按标准站姿站位，并始终保持微笑；当客人到达餐厅时，迎宾员使用规范的服务用语问候客人，询问客人就餐人数，根据客人人数为客人引位、安排座位；接挂客人衣帽时，应注意客人衣物口袋里面的东西，最好挂在客人视线之内。

（2）引宾入座

客人到达餐桌后，服务人员按女士优先或主宾优先的原则主动为客人拉椅让座。

在为客人安排座位时，应遵循以下原则：

①一张餐桌只安排同一批客人；

②按照一批客人的人数安排合适的餐桌；

③爱说话的大批客人安排在包房或餐厅靠里面的地方；

④老年人或残疾人尽量安排在靠门口的地方；

⑤年轻情侣安排在安静或景色优美的地方；

⑥服饰漂亮的客人安排在餐厅引人注目的地方。

（3）呈递菜单

迎宾员根据客人的人数准备相应数量的菜单，当客人入座后，打开菜单的第一页，站在客人的右后侧，按先宾后主、女士优先的原则，依次将菜单送至客人手中。

（4）端茶递巾

客人入座后，服务人员应主动为客人提供茶水和毛巾服务。

服务茶水时，应先询问客人喜欢饮用何种茶，适当做介绍并告知价位；按照先宾后主的顺序为客人倒茶水；在客人的右侧倒第一杯礼貌茶，以八分满为宜；为全部客人倒完茶水后，将茶壶填满水后，放在转盘上，壶柄朝向客人，供客人自己添茶。

服务毛巾时，应根据客人人数从保温箱中取出小毛巾，放在毛巾篮中，用毛巾夹服务毛巾；服务毛巾时站在客人右侧；按女士优先、先宾后主的原则依次送上；客人用过的毛巾需在征询客人同意后方可撤下；毛巾要干净、无异味，热毛巾一般保持在40℃。

（5）餐巾服务

服务员依据先宾后主、女士优先的原则为客人铺餐巾。一般情况下应在客人右侧铺餐巾，如不方便，也可在客人左侧为客人铺餐巾。铺餐巾时应站在客人右侧，拿起餐巾，将其打开，注意右手在前，左手在后，将餐巾轻轻铺在客人膝盖上或将餐巾打开压在骨碟下面，注意不要将胳膊肘送到客人的面前（左侧服务相反）。如有儿童则根据家长的要求，帮助儿童铺餐巾。

（6）去筷套服务

服务人员在客人的右侧，用右手拿起带筷套的筷子，交予左手，用右手打开筷套封口，捏住筷子的后端并取出，然后摆在桌面原来的位置上。将每次脱下的筷套握在左手中，最后一起收走。

3.就餐服务

就餐服务是持续时间最长、对服务人员业务水平和技能要求最高的一个环节，其主要工作有：

（1）接受点菜

点菜步骤包括接受点菜、提供建议、记录内容、复述内容、礼貌致谢5个方面，其具体要求是：

客人看过菜单并示意点菜后，服务人员应立即上前询问，并主动介绍；点菜时，服务人员站在客人的右后侧约30厘米处，左手持点菜单于身前，右手握笔，身体稍前倾，面带微笑；客人所点的菜，要尽量做到荤素、口味、汤、主食、颜色、器皿的搭配，避免雷同，并适时给客人一些建议；点完菜后，要主动为客人复述一遍，以便核对。

（2）填写点菜单

接受完客人点菜后，服务员应及时填写点菜单。填写点菜单时要书写清楚、符合规格，点菜单上要注明用餐日期、开单时间、台号、人数、分量、值台员签名等，酒水、冷菜、热菜和点心要分开填写。点菜单一式四份，收款台、厨房（酒吧）、传菜员、服务员各一份。送到厨房的一联要根据客人订餐情况分别送到冷菜间、热菜间和面点间，以便厨师照单准备。

如果顾客所点的菜是菜单上没有的，应在点菜单上注明符号，以便收款、制作和定价；顾客对某个菜肴有任何要求都应写在菜单上；如顾客分开两桌点同样的菜，应在点菜单上注明“双上”；如是穆斯林宾客或素食宾客，也要在点菜单上注明。

填写完点菜单后，应再次核对一下，以防出现差错。然后要迅速交给传菜员，通知厨房，尽量缩短顾客的等候时间。

现在越来越多的饭店使用电子点菜系统，服务员把点菜记录输入计算机系统（掌中宝），通过自动传递，厨房就能从屏幕上看到显示出的菜肴名称、日期时间、顺序。

（3）传菜服务

接受完客人点菜后，服务员按要求在第一时间传送菜单，传菜部接单后，根据所点菜品准备调味品以及辅助餐具；传菜部负责掌握出菜的节奏，根据出菜台号夹的号码，在划单板上相应台号的点菜单上将已出的菜品划掉，同时检查菜品质量；菜品准备好之后，传菜员迅速将菜传交给餐厅服务员，清晰地报出菜名和台号，由餐厅服务员上菜；传菜过程中，需规范地使用托盘，走姿稳重大方，遇见客人要微笑点头致意；传菜员返回时，如备餐柜上有撤下的脏餐具，应及时带回洗碗间。

（4）上菜服务

上菜服务的工作流程包括接受菜肴、上菜到桌、报菜名、派菜和菜肴服务，其具体要求是：

上菜前要整理餐台上的菜肴，待移出位置后再上菜肴；在上菜口将菜肴送上餐台，报菜名时声音要明亮、清晰；上带壳的菜肴时，要跟上洗手盅和小毛巾；特殊菜肴在上菜前要先上专门的餐具和调料；上汤时，将汤上到餐台后，要向主人询问是否需要分汤服务。

（5）餐中巡台

餐中巡台的工作流程包括更换烟灰缸、更换骨碟、斟倒酒水和茶、整理台面、二次推销以及解决疑难问题，其具体要求是：

随时为客人添加酒水、推销饮料，撤去空盘、空饮料瓶，整理台面，保持台面清洁美观，及时撤换烟灰缸，及时递送小方巾，解决客人就餐中的突发事件。客人席间离席时，主动替客人拉椅，询问客人是否将多余的菜品打包。若需要迅速替客人打包，根据客人用餐情况，及时做好二次推销。

4. 餐后结束工作

为使客人满意而归，服务人员应做好餐后结束工作，避免因工作失误、服务不周而引起客人的投诉，使前面三个环节的工作前功尽弃。

（1）结账收款

客人用餐完毕，要求结账买单，服务员应迅速为客人提供结账服务。结账服务工作流程包括接受宾客结账、核对账单、为宾客结账、解释账目、感谢宾客等。

通常客人的结账方式有现金结账、信用卡结账、支票结账、签单 4 种，具体操作要求是：

①做好结账准备。

在给客人上完菜后，服务员要到账台核对账单；当客人要求结账时，请客人稍等，服务员立即去收银处，告诉收银员台号，取回账单并核对账单上的台号、人数、菜肴及酒水消费是否准确无误；将账单放入账单夹内，并确保账单夹打开时，账单正面朝向客人；准备好结账用笔。

②递交账单。

将取回的账单夹在账单夹内，走到客人右侧，打开账单夹，右手持账单夹上端，左手托账单夹下端，递至客人面前，请客人检查，同时用手势将消费金额示意给客人。

③客人现金结账。

客人支付现金时，服务员礼貌地在餐桌旁当面清点钱款，请客人等候，将账单及现金交给收银员；核对收银员找回的零钱及账单联是否正确；服务员站在客人右侧，将账单上联及所找零钱夹在账单夹内送给客人；现金结账应注意唱收唱付，并真诚感谢客人。

④客人信用卡结账。

如客人使用信用卡结账，服务员将信用卡和账单送至收银员处；收银员开好信用卡收据，服务员检查无误后，将收据、账单及信用卡夹在账单夹内，将账单、收据交给客人，请客人在账单和信用卡收据上签字，并检查签字是否与信用卡上的一致；将账单第一页、信用卡收据和信用卡递还给客人，并真诚感谢客人，将账单第二联及信用卡收据以及另外三联送回收银处。

④客人签单结账。

服务员在为住店客人送上账单的同时，应礼貌地要求客人出示房卡；礼貌地示意客人写清房号，用楷书签名；客人签好账单后，服务员将账单重新夹在账单夹内；真诚地感谢客人，迅速将账单送交收银员，以查询客人的名字与房间号码是否相符。

（2）拉椅送客

客人起身离座，服务员应主动上前拉椅，帮助客人穿外套，提醒客人带上随身物品或打包食品，向客人诚恳致谢并道再见。

（3）收台检查

客人离开餐厅，服务员要迅速检查客人是否有遗留物品，如有，立即归还客人或交餐厅经理处理；整理餐椅，清点餐巾和小毛巾，按撤台服务程序（口布、玻璃器皿、瓷器、其他类餐具的顺序）进行清理；并按规范将所有餐具送至工作台或洗碗间；换上干净的台布，按要求重新摆台，迎接下一批客人的到来。

（4）整理餐厅、桌椅

餐厅所有客人用餐完毕后，服务员要检查设施设备是否完好无损，有无未熄灭的烟头，关闭所有电器开关，做最后的检查与巡视，关好门窗、电源后方可离开餐厅。

（5）清洗、消毒餐具，按规定存放餐具

管事部工作人员按饭店要求清洗、消毒餐具，分类存放于餐具柜内。

第二节　团体包餐服务

中餐厅除了接待零散客人以外，很多时候还会接待旅游团队、会议客人等团队客人。团队客人人数较多，用餐时间也较集中，其服务流程与零点客人不尽相同。

一、团体包餐的形式及特点

1. 团体包餐的形式

常见的团体包餐有：会议包餐，如交易会、运动会、展览会、鉴定会、政府机关会议包餐等；旅游包餐，如参观团、旅游团、考察团包餐等；学生包餐，指中小学生午餐、春游包餐、夏令营包餐等。

2. 团体包餐的特点

（1）就餐人数多且固定

旅游团或参加会议的客人，少则十几人，多则几十人。有时几个团队同时进餐，所以人数较多。还由于每个旅游团队的人数变化不大，因此就餐人数比较固定。

（2）客人就餐时间相对固定、比较集中

旅游团体或会议都是按照事先排好的日程进行活动，所以就餐时间比较固定，到了开餐时间，客人就集中到餐厅就餐。

（3）菜肴统一，就餐标准固定

无论是旅游团还是会议，每天用餐标准是固定的，每餐的菜肴也是统一的。

（4）要求迅速服务

客人到餐厅就是为了就餐，没有享受的意思，这一点与零点餐厅或宴会的客人的要求有所不同。所以要集中人力、物力做好餐前的服务工作。

（5）人数多，口味差异大

餐厅只能根据包餐客人的国籍、地区、职业、年龄等来制定菜单，照顾到大多数客人的口味和要求。对个别特殊的客人，作特殊情况处理。有些客人在就餐时临时提出饮酒加菜的要求，应从方便客人出发，给予满足，但要提醒客人另外记账收款。会议团体一般在饭店逗留时间较长，包餐的次数多，在服务操作中服务人员要多观察，主动征求客人的意见，配合厨房搞好餐饮质量。团体包餐虽然不是以品尝美味佳肴为主，菜肴也不像宴会那样精致，服务没那么讲究，礼节没那么烦琐，又不像零点餐那样注重推销，但绝不能因就餐标准不高而忽视菜肴质量。虽然每餐菜式不多，但仍应想方设法变换花色品种，确保餐食质量，最大限度地满足各种客人的普遍要求和特殊要求。服务过程中，要集中人力做好餐前准备工作，与厨房密切配合，科学合理地组织供餐服务工作，努力缩短客人候餐时间，做到无论客人什么时候来，都能得到迅速、满意的服务。

团体订餐都需要预订。在接受预订时，必须问清预订人的身份（包括单位、姓名、联系电话或单位地址）、预订的时间、餐次、价格标准、付款方法、就餐对象的身份、就餐的自的（会议包餐还是旅游包餐）、有什么特殊要求等，以利于安排餐厅和制定食谱（菜单）。制定团体订餐食谱，先要根据就餐的标准，尽量照顾到多数客人的饮食习惯和货源情况，做到合乎口味、营养丰富、数量适中、荤素搭配，每一餐的菜式也要力求不同。

3. 团体包餐的就餐形式

团体包餐的就餐形式，分为合食和分食两种。合食是 10 人共用，每桌 6 菜 1 汤或 8 菜 1 汤、10 菜 1 汤不等。分食则每人 1 菜 1 汤、2 菜 1 汤、3 菜 1 汤，汤也可以不分开，用一大碗汤供 10 人共用，具体标准应根据客人另行制定。

要合理调整餐桌布局。餐具清洁卫生，摆放整齐。合食每席摆放 8~10 人餐具，计有餐碟、饭碗、勺、筷，每席公用勺、筷 2 套。分食摆放饭碗、勺、筷，每席大汤勺 1 把。

摆台规格，一要根据早、午、晚餐有所变化。如早餐一般不放饮料杯、色酒杯；碗改放粥碗。二要根据就餐的规格，如午、晚餐是宴会，就要按宴会的要求进行摆台。

二、团体包餐服务程序

1. 早餐服务程序

（1）餐前准备

开餐前，服务员要了解自己所负责接待的团体名称、国籍、身份、职业、生活习惯、人数、开餐时间、用餐标准及特殊要求，按标准和人数摆好餐位及桌上用品、饮料，做好接待前的准备工作。

（2）迎接宾客

宾客到达时，问清其团队或会议的名称，礼貌地将客人引领到准备好的餐台，为客人拉椅让座。待客人就座后，值台员马上递上香巾，为客斟茶。

（3）用餐服务

客人基本到齐后，即可按规定标准送上菜点食品。粤式菜系的早茶即早餐要根据客人人数和就餐标准，通知点心推销员按预订单（通知单）为客人取点心。送上点心时，应向客人介绍点心的名称和风味特点。上中式粥品时要为客人盛到碗中。

客人进餐期间，要勤巡视、勤斟饮料及勤收拾空盘、碟、缸。客人用完点心后送上香巾。

（4）结账送客

如需餐后马上结账的，应根据客人人数、标准累计总数，到收款处填写账单向经办人现收。如客人需统一结账（通过银行转账），应将日期、人数、标准、费用总额填写清楚，签上接待人姓名并请经办人签名以便结账查对。客人离座时主动为其拉椅，并提醒客人携带好随身物品。

（5）清理工作

客人离开后，马上清理台面，按标准重新布置餐台，为下一餐做好准备或继续接待其他客人。

2. 午、晚餐服务程序

（1）餐前准备

①了解客情。

包括团体的名称、国籍、身份、生活习惯和忌讳、人数、开餐时间、用餐标准及特殊要求等，以便有针对性地服务。

②拟定菜单。

餐厅管理人员根据客人的用餐标准、口味特点和具体要求与经办人协商拟定菜单。要求菜点品种搭配合理，具有本地特点，数量适中，口味多样。客人在本店用餐次数较多时，每餐的菜点花色品种都应有其独特的风味，使客人在旅游或会议期间，在饭店住得舒适，吃得满意。

③整理餐厅。

首先要清洁餐厅，排列餐桌。如果同一餐厅同时容纳两个不同标准的团体就餐，要划分就餐区域，最好用屏风作为隔挡，将其分开。清理好餐厅后，准备餐具、用具进行摆台。团体包餐一般不喝酒，餐具以餐碟、汤碗、汤勺、筷子为主，备酒的包餐再增加酒杯。合食制的包餐饭桌还要配备公用餐具、调味品、牙签筒等用品。

④安排桌位。

根据团体的人数、身份和用餐标准，设置专用餐厅或餐桌。在一个餐厅里有几批团体宾客同时用餐时，服务员应按团体的不同标准恰当合理地安排桌位并引导入座，避免造成服务上的混乱。

每餐进餐时，要引导客人入座。如发现坐错座位时，要有礼貌地说明情况，并将其引导到安排好的桌位就座。

⑤摆台。

根据人数、桌数摆好餐台，准备好公用叉、匙，准备物品，准备餐酒茶具和服务用具。备齐酒水饮料，将橘子汁、可乐、矿泉水和啤酒等软饮料，在开餐前放在冰箱里冰镇待用。开餐前几分钟从冰箱取出擦干净瓶身，连同开瓶用具一起整齐地码放在服务桌上。对标准较高的团体客人，如其选用酒品，按酒品服务程序提供服务。如客人饮用中国白酒，要准备好白酒杯；饮用葡萄酒，要准备好葡萄酒杯。酒品该冰镇的要冰镇，该温烫的要准备好温烫器皿。总之，绝不能因为团体餐人数多就简化服务程序，降低服务标准。

⑥开餐前取冷菜。

团体餐进餐标准不同，大部分情况下厨房会准备一些冷菜，10 人一桌的团体餐一般有 4 个冷菜或更多。服务员应在开餐前 10 分钟左右将冷菜取到餐厅，并按宴会摆放冷菜的要求摆放。

⑦备好主食。

在团体餐人数较多的情况下，服务员应在开餐前数分钟将米饭、馒头等主食备好，但应做好保温工作。

⑧其他准备工作。

接待团体客人时，服务员可在开餐前上好毛巾、倒好调料以提高开餐时的服务效率。

（2）迎接宾客

①问候客人。

见到团队客人前来，迎领员应热情招呼，微笑问好。如客人穿戴较多，应为客人提供衣帽存放服务，其要求与点菜服务相同。

②辨识团队。

迎领员应迅速、准确地辨认出团队名称或团队编号（必要时礼貌询问），并及时将客人引入餐厅，以避免大批团队客人拥堵餐厅门口。在团队较多或人数较多时，这一点尤为重要。

③引领入座。

辨识团队后，迎领员应迅速引领客人至预先安排好的餐桌或专用餐厅，与服务员一起及时拉椅请客人入座，以免客人拥堵餐厅通道。

④复位记录。

待客人入座后，迎领员应迅速返回餐厅门口记录团队名称和客人人数，做好迎候下一批客人的准备。

（3）就餐服务

①餐前服务。

迅速递上香巾尤其是对游览回来、未及进房的团队客人更显得重要；准备茶水，迅速给客人斟茶，根据需要，最好应备有冰茶；根据订餐标准，给客人服务酒水，准备出菜。

②上菜服务。

客人到齐或基本到齐后，通知厨房准备出菜，并将茶杯撤走（客人要求保留的可不撤）；将厨师精心烹制的菜肴按桌端上，主动向客人介绍当地的特色菜肴，增添愉悦的气氛，解除疲劳；凡接待外宾团体或重要团体，应按筵席操作规程为客人服务，每上一道菜都要为客人分菜；对不会使用筷子的客人要派给刀叉，但筷子不要撤走。

③席间服务。

在客人进餐过程中，值台员要勤巡视、勤为客人倒饮料。团体包餐费用中有的已包括饮料费及水果费，故饮料和水果均应按标准备足，不要先紧后松造成客人得不到应有的享用或浪费。现在大多数饭店在开团队费时，除自助餐外，其标准中不含酒水费。应保证米饭、馒头等主食的及时、充足供应。如发现客人餐碟中有骨头、烟灰、牙签等脏物，应主动进行撤换。菜上齐时，须向客人道“菜齐”并征询客人有什么需要帮助的事情。餐毕要为客人送上热茶、香巾。

④结账服务。

团体餐的餐后服务工作与零点餐厅的餐后工作大体相同，但团体餐的结账收费程序却与一般零点餐厅有所区别。旅行团和会议的结账方法也有所不同，旅行团队，一般是集中用餐完毕后由旅行团的陪同或团长签账单，由账台转入旅行团在饭店的总账中，最后统一由旅行社结账。会议的团体餐结账工作，一般由大会会议秘书处发给集体用餐券，客人凭餐券用餐。看台服务员在客人入座后按桌次收取餐券，然后根据餐券通知传菜服务员走菜。餐券的形式一般分为早餐券和正餐券。看台服务员清点餐券后交账台收款员，然后由收款员上交饭店总账务室计入会议费用总账。

客人离座时，应主动为客人拉椅让路，并提醒客人携带好随身物品。如发现有遗留物品，应即送还客人或交领导处理。

（4）结束工作

团体用餐后，服务人员应马上按照规定收台、清洗餐具，搞好餐厅环境卫生，做到“三清两不留”（台面清、地面清、工作台清，餐厅中不留食物、不留垃圾），做好下一餐的接待准备工作。

三、团体包餐服务注意事项

①在团体餐服务之前应掌握有关客人的情况，如客人的国籍、民族、风俗习惯和宗教信仰等，以便有针对性地做好服务工作。

②了解客人的特殊用餐要求，掌握是否有用素食、软食的宾客，对老弱病残及儿童，在进餐时给予必要的照顾。

③对团体餐中的清真客人，服务时要尊重其宗教信仰，设立清真席，并派专人服务，菜肴的烹制上要有专人负责，餐具、用具应和其他桌次分开清洗、分开存放。

④团队用餐计划性比较强，一般都是事先确定标准、人数、用餐时间等。

⑤根据旅行路线，掌握旅行团前几站的用餐情况，合理调节菜单。

⑥团队用餐可以摆在一个独立的餐厅，或者有所分隔地相对集中在餐厅的里侧一角。

⑦团队用餐的餐桌事先应根据人数布置好，桌上摆上团队名称卡。

⑧注意饭菜保温，冬天应等客人坐满一桌再上热菜。

⑨清理餐厅的方法与零点服务大致相同。但应注意的是，每桌中若有一个客人尚未离开，就不能收拾台面；当餐厅有一个客人仍在就餐，就不能清扫地面。

知识链接

中国菜系

中国菜系是指中国作为一个餐饮文化大国，长期以来在某一地区由于地理环境、气候物产、文化传统以及民族习俗等因素的影响，形成有一定亲缘承袭关系、菜点风味相近、知名度较高，并为部分群众喜爱的地方风味著名流派。菜系在选料、切配、烹饪等技艺方面，经长期演变而自成体系，其中，粤菜、川菜、鲁菜、淮扬菜、浙菜、闽菜、湘菜、徽菜享称为“八大菜系”。

早在春秋战国时期，中国汉族饮食文化中南北菜肴风味就表现出差异；到唐宋时，南食、北食各自形成体系；发展到清代初期时，鲁菜、苏菜、粤菜、川菜成为当时最有影响力的地方菜，被称作“四大菜系”；到清末时，浙菜、闽菜、湘菜、徽菜四大新地方菜系分化形成，共同构成中国汉族饮食文化中的“八大菜系”；2017 年 4 月 16 日，中国第九大菜系“蒙餐菜系”正式问世。

案例分析

汤汁洒在客人身上

［事件］某日，几位客人来餐厅用餐，服务员小王将客人带到包间，客人就座后开始议论吃什么、点什么，服务员小王按照服务流程，熟练地为客人取筷套、问茶、点菜、下单、上菜。在上菜时，一点儿水煮牛肉的汤汁不小心洒到一位女士胳膊上，客人大怒：“长眼睛干吗呢？看弄脏了我的衣服，你咋这么不小心呢？上菜咋不吭声呢？也不给我打声招呼，把你们经理叫来。”又紧张又害怕的小王给客人赔礼道歉：“女士，实在不好意思，我帮您擦拭一下吧！”说着，便从消毒柜里拿出一条毛巾帮客人做简单的擦拭后，将领班叫来。领班了解情况后，很诚恳地说：“实在不好意思，服务员不小心弄脏了您的衣服，您看要不要紧，我们帮您把衣服清洗一下？”客人说：“这咋洗，算了算了吧！让你们服务员以后小心点，别慌慌张张的。”领班说：“真不好意

思，您的气质这么好，给您服务还真有些紧张。实在抱歉，这样吧，一会儿结账时，给您打个折，实在不好意思……”

［**点评**］餐饮服务员在上菜时一定要注意上菜的方位和手法，尽量避免发生把菜汁洒到客人身上的事件。因为小王的工作疏忽引起客人不悦，给酒店带来不必要的经济损失。

［**建议**］作为服务员，如遇到上述情况时，首先应该迅速地帮助客人处理，派上小毛巾。同时诚恳地向客人道歉，视客人的情绪，用合适的语言艺术缓解紧张气氛，如上述：“真不好意思，您的气质这么好，给您服务还真有些紧张；结账时给相应的折扣”等等。如果严重的话，要及时通知当班管理人员，与客人有一个很好的沟通，帮助客人清洗衣物等。所以在服务中，要严格遵守各项服务程序，避免事故的发生。

思考题

1. 中国菜的特点是什么？
2. 中餐零点服务程序包括哪几个环节？
3. 餐前准备工作都包括哪些工作内容？
4. 班前会的作用是什么？
5. 接受点菜的步骤包括哪些内容？
6. 上菜服务的工作流程包括哪些方面？
7. 客人的结账方式有哪几种？如何为客人提供结账服务？
8. 团体包餐的特点是什么？

第4章
感受西餐厅

知识目标

1. 了解西餐的概念、分类及特点；
2. 熟悉西餐餐具；
3. 熟悉并掌握西餐上菜顺序以及服务；
4. 了解西餐菜肴与酒水的搭配原则。

能力目标

1. 能知道西餐餐具的名称；
2. 能知道西餐分类以及菜肴与酒水的搭配规则；
3. 能正确掌握西餐上菜顺序，并能适时为客人进行西餐服务。

实训任务

1. 调查当地1~2家饭店，了解其西餐厅的环境布置特点；
2. 调查当地1~2家饭店，了解其西餐厅内部岗位设置、岗位职责以及考核体系；
3. 调查当地1~2家饭店，了解其西餐厅的服务流程。

教学方法

理论讲授＋西餐厅案例

准备工作

本次课所需教学用具包括教案、课件、西餐厅案例等。

操作要点

随着生活水平的提高，人们对饮食的要求也趋于多元化。在繁忙的工作之余，与朋友在西餐厅小聚，享受静谧、祥和的就餐氛围，已经成为当下一种潮流的餐饮消费。当然在西餐厅就餐，要讲究一定的就餐礼仪，这也相应要求服务人员要了解西方的饮食文化，以及西餐服务的标准、程序，以便就餐者享受专业的餐饮服务。

第一节　西餐概述

西餐是指地理位置处于西半球国家的菜肴，通常包括欧洲、美洲、东欧各国、澳大利亚、新西兰等的菜肴。西餐一般以刀叉为餐具，以面包为主食，多以长形桌台为台型。

一、西餐的分类

西餐在烹饪过程中注重食品的原汁原味，以嫩、鲜、清、淡为标准，对火候和时间把握得较为严格，不但要保证食品营养不受破坏，还要保证食品的原味。一般来说，欧洲人的牛排只做到四成熟，蔬菜会选择吃生的。西方人比较讲究合理的营养结构，与此同时还尽可能让吃的过程方便、简单、节约精力。

西餐大致可分为欧美式和俄式两大菜系。欧美菜系主要包括英、法、美、意等菜以及少量的西班牙、葡萄牙、荷兰等地方菜。下面具体介绍几个主要菜系。

1. 法式菜

法国人一向以善于吃并精于吃而闻名，法式大餐至今仍名列世界西餐之首。

法国是世界三大烹饪国（中国、法国、土耳其）之一，欧洲的美食以法国为最佳。无论是从视觉上、嗅觉上、味觉上还是触觉上，法国菜都给人以美的享受，并且非常讲究环境与服务的艺术性。精致、优雅和艺术化，是法国菜的突出特征。

法国菜的突出特点是选料广泛。法国菜常选用稀有的名贵原料，如蜗牛、青蛙、鹅肝、黑蘑菇、鸽子、鹌鹑、野兔等，菜品常按季节及时更换。法国是优质葡萄酒、香槟和白兰地的产地之一，在烹调焗蜗牛、大鹅肝、黑蘑菇等菜品时都会放一些酒。法国人对酒在餐饮上的搭配使用非常讲究，吃法国菜如果没有葡萄酒，会是一件令人扫兴的事。法国人爱吃猪肉、牛肉、羊肉（肥嫩的）、鸡、鱼、虾、鸡蛋和各种烧卤、香肠，饭后的布丁、奶酪、水果也是不可缺少的。法国人还喜欢喝浓咖啡。

除了精致可口的美食本身之外，餐桌摆设、用餐着装和举止礼仪等，在法国餐饮文化中也占有重要的地位。法国菜在享用时非常注重餐具的使用，精美的刀、叉、盘或是酒杯，均可衬托出法国菜高贵之气质。

主要的法式名菜名点有：马赛鱼羹、巴黎龙虾、法式蜗牛、红酒山鸡、奶油千层酥等。

2. 英式菜

英国菜比较简单、清淡、喜酥香、不食辣，注重用餐情调与用餐礼仪。简洁与礼仪并重，是英式西餐的典型特征。英国人比较“不精于烹调”，英式早餐却比较丰富，英式下午茶也是格外丰盛和精致。

英国菜的烹调方式较为简单，以烧、煮、烤、焗、烙为主，调料中很少用酒，常常是做菜时什么调味品都不放，盐、胡椒或芥末、辣酱油之类的调味品大都放在餐桌上，吃的时候依个人爱好自由挑选。

英国菜选料比较简单，比较偏爱牛肉、羊肉、禽类等，口味清淡，喜欢原汁原味。对早餐和下午茶的讲究，体现出英国饮食的传统与品位。英式早餐以熏咸肉、烩水果、麦片、橘子酱为常吃品种，午餐一般很随意，下午习惯饮茶或咖啡、吃茶点，晚餐通常比较正式。英国人很爱饮茶，每天会喝晨茶、上午茶、下午茶、晚茶和饭后茶，对茶具及喝茶的艺术都很重视。晚餐也是英国人生活品位的重要组成部分，一般联络感情的宴会及重大宴请活动都会放在晚上，晚餐花上几个小时是常有的事。

主要的英式名菜名点有：炸鳕鱼、炸马铃薯、烤牛肉、鸡丁沙拉、烤大虾苏夫力、薯烩羊肉、烤羊马鞍、冬至布丁、明治排、牛肉腰子派、炸鱼排、皇家奶肉鸡等。

3. 意式菜

意大利烹饪艺术具有悠久的历史，被誉为“西菜烹调艺术之母”。意大利菜味道浓重、朴实，喜欢原汁原味，一般都会直接利用食材内在的鲜味烹制。在烹调技术上，常用炒、煎、炸、红烩、红焖等方法。橄榄油、黑橄榄、干白酪、香料、西红柿与马尔萨拉（Marsala）酒是意大利菜常用的调味料。

意大利菜品种非常丰富，有各种通心粉、比萨饼、海鲜，葡萄酒风味各异、品种繁多。面包、橄榄油是意大利餐桌上不可或缺的食品。比萨原本是为方便外带而制作的，很少出现在高级餐厅里，最多只是以开胃拼盘的形式出现，但是，深受大家喜爱的比萨却是全球通行的美食，据统计，在意大利有超过两万家比萨店。大家都习惯将比萨折起来拿在手上吃，因此，好的比萨必须软硬适中，即使将其折叠起来，外层也不应破裂。上等比萨应当具有以下特质：新鲜饼皮、上好芝士、顶级比萨酱、新鲜馅料。意大利面大部分都用模子做成特定的形状，且名称由其形状决定，常见的有通心面、细通心面、螺旋面、蝴蝶面、宽长面、实心面、贝壳面、细长面、小辫面、车轮面，等等。意大利人将简单的食物做得美味而且富有艺术性。在许多传统的意大利菜谱中，都会放入各种香草，如迷迭香、鼠尾草、罗勒草、花薄荷、百里香、瑕荑葱等。

意大利菜主要的名菜名点有：通心粉素菜汤、铁扒干贝、焗馄饨、奶酪焗通心粉、比萨饼等。

4. 俄式菜

俄罗斯人的食物有“五大领袖”，即面包、牛奶、土豆、奶酪和香肠；有“四大金刚”，即圆白菜、葱头、胡萝卜和甜菜；还有“三剑客”，即黑面包、伏特加和鱼子酱。在俄罗斯，各种花样的甜面包通常用作茶点，而微咸的“罗宋面包”被用作主食。

俄罗斯人的早餐一般比较简单，午餐和晚餐会比较讲究，以面包为主食，菜肴的味道比较重，油水比较足，喜欢酸、甜、咸和微辣。俄罗斯菜多用煎、煮、焗、炸、串烤、红烩等烹调方式，特别喜欢用酸奶油作为调味品，各种菜肴都要烧得比较透，不吃带血水的肉类和毛蚶，但鸡蛋喜欢吃嫩的。

俄罗斯人喜欢各种浓汤和冷盘，对伏特加情有独钟。俄罗斯冷菜特别讲究拼摆艺术，讲究美味与美器的配合。欧洲人视鱼子酱为上等美食，其中又以俄罗斯所产鱼子酱为上品。鱼子酱有口味较重的灰鱼子酱（明太鱼）、腥味较重的红鱼子酱（鲑鱼）和黑鱼子酱（鲟鱼），以黑鱼子酱为最佳。

俄式菜主要的名菜名点有：串烧山鸡、什锦冷盘、鲭鱼饺子、酸黄瓜汤、冷苹果汤、鱼肉包子、白塔鸡卷、果酱酸奶油攀等。

二、西餐餐具

西餐用的刀、叉、勺各有其用，一般用右手拿刀。如果用餐时，有三种不同规格的刀同时出现，一般正确的用法是：带小小锯齿的那一把用来切肉制食品，中等大小的用来将大片的蔬菜切成小片，而那种小巧的、刀尖是圆头的、顶部有些上翘的小刀，则是用来切开小面包，然后用它挑些果酱、奶油涂在面包上面。

在正式场合下，勺有多种，小的是用于咖啡和甜点的，扁平的用于涂黄油和分食蛋糕，比较大的用来喝汤或盛碎小食物，最大的是公用于分食汤的，常见于自助餐。

1. 正餐用刀、叉、匙

（1）正餐刀（Dinner Knife）

正餐刀长约 20cm，与正餐叉搭配，用于吃各种西餐主菜，如图 4–1 所示。

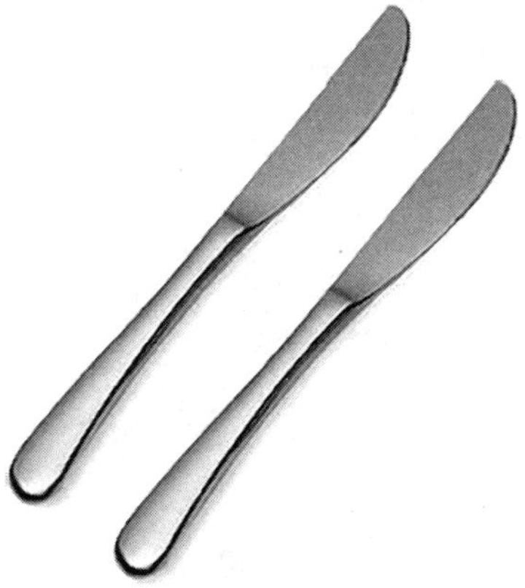

图 4–1　正餐刀

（2）正餐叉（Dinner Fork）

与正餐刀搭配用于吃主菜，与餐匙搭配用于吃意大利面条，如图 4–2 所示。

图 4–2　正餐叉

（3）清汤匙（Clearn Soup Spoon）

又称大餐匙，单独用于食用清汤或米饭，如图 4–3 所示。

图 4–3 清汤匙

2. 甜点用刀、叉、勺

（1）甜点刀（Dessert Knife）

又称小餐刀或水果刀，用于开胃菜、沙拉、水果、奶酪等，如图 4–4 所示。

图 4–4 甜点刀

（2）甜品叉（Dessert Fork）

又称小餐叉或沙拉叉，用于吃主菜和鱼类以外的菜点，如图 4–5 所示。

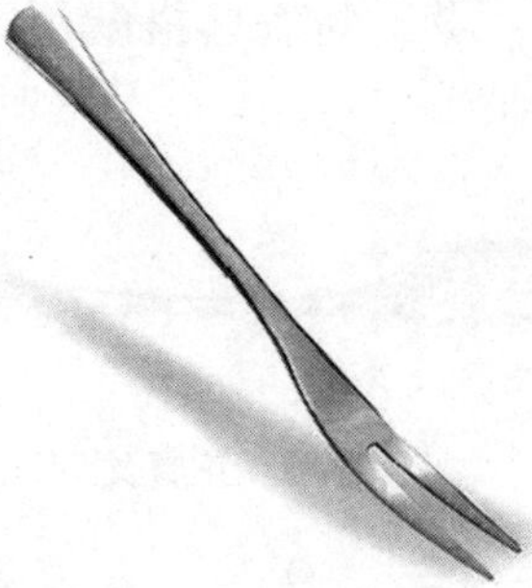

图 4–5 甜品叉

（3）甜品勺（Dessert Spoon）

在食用意大利面时搭配餐叉一同使用，还可与甜品叉合用于取食甜品，如图 4–6 所示。

图 4–6　甜品勺

3. 其他西餐餐具

（1）刀具

①牛排刀（Steak Knife）：刀身细长，刀刃有齿，与正餐叉搭配用于吃牛排，如图 4–7 所示。

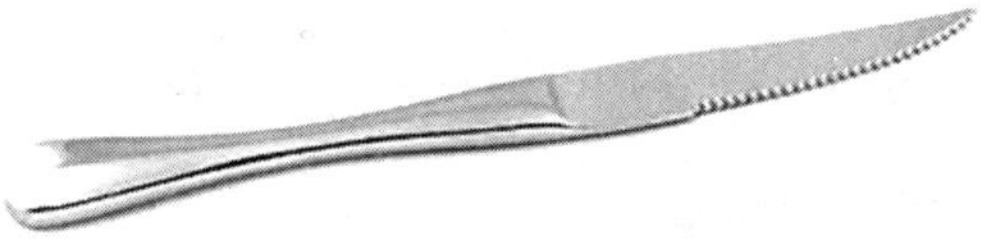

图 4–7　牛排刀

②鱼刀（Fish Knife）：专用于所有热的鱼、虾、贝类等菜肴，如图 4–8 所示。

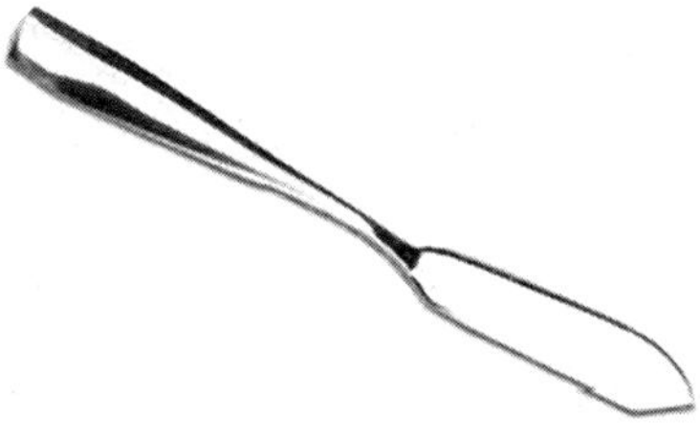

图 4–8　鱼刀

③黄油刀（Butter Knife）：用于涂抹黄油、果酱，可以替代鱼子酱刀或鱼子酱棒，如图 4–9 所示。

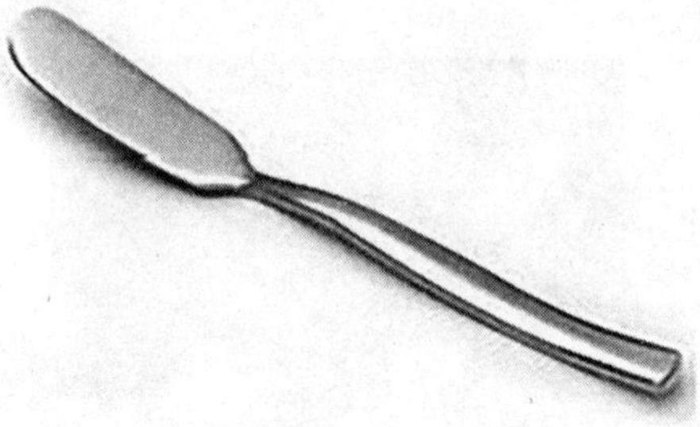

图 4–9　黄油刀

（2）叉类

①鱼叉（Fish Fork）：专用于所有热的鱼、虾、贝类等菜肴，以及部分冷的鱼、贝类，如图 4–10 所示。

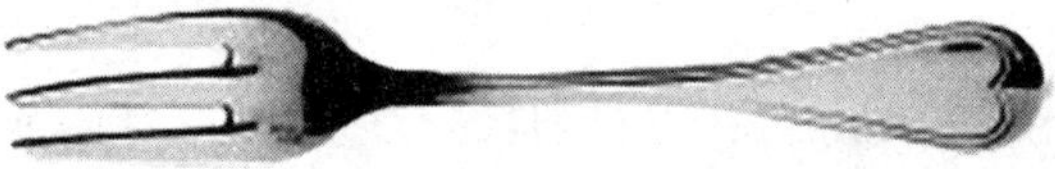

图 4–10　鱼叉

②服务叉（Serving Fork）：用于取食大餐盘内的食品，如图 4–11 所示。

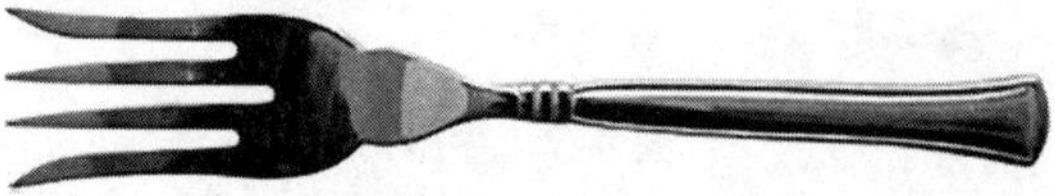

图 4–11　服务叉

（3）勺类

①咖啡勺（Coffee Spoon）：适用于咖啡、茶、热巧克力、贝类、水果类开胃菜、葡萄柚以及冰激凌等餐点，如图 4–12 所示。

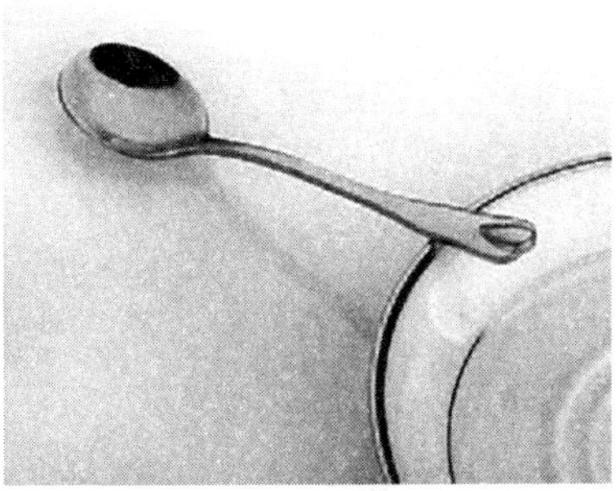

图 4–12 咖啡勺

②冰激凌勺（Ice Cream Spoon）：在食用冰激凌时使用，如图 4–13 所示。

图 4–13 冰激凌勺

③服务勺（Serving Spoon）：用于取食食品时使用，如图 4–14 所示。

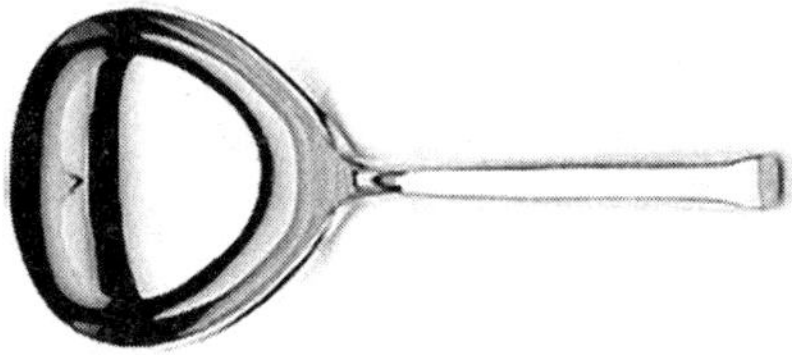

图 4–14 服务勺

4. 刀叉与菜式的搭配

西餐中每道菜应该如何配备刀叉，大致有这样的规律可以遵循，具体如下：

沙拉——甜品刀、甜品叉。

玻璃杯盛装的沙拉——茶勺和鸡尾叉。

汤类——汤勺。

鱼类——鱼叉和鱼刀。

肉类必须使用扒刀代替主餐刀。

三明治、汉堡包、比萨饼一般用手直接食用，但是还是应摆放主餐刀和主餐叉。

面条类、蛋糕类——甜品叉和甜品勺。

冰激凌、咖啡和茶——小茶勺。

5. 餐具的语言

在吃西餐的时候，大多数情况下客人不需要多费口舌，在桌子上进餐时的一举一动就告诉服务人员客人的意图，受过训练的服务员会按照客人的愿望去服务，满足客人的要求，这就是西餐中的“刀叉语言”。

（1）继续用餐

把刀叉分开放，大约呈三角形，那么示意要继续用餐，服务员不会把客人的餐盘收走。

（2）用餐结束

当客人把餐具放在盘的边上，即便盘里还有东西，服务员也认为客人已经用完餐了，会在适当时候把盘子收走。

（3）请再给添加饭菜

客人盘子已空但还想用餐，则把刀叉分开放，大约呈八字形，那么服务员就会再给客人添加饭菜。

需要注意的是，只有在准许添加饭菜的宴会上或在食用有可能添加的那道菜时才适用。如果每道菜只有一盘的话，就没有必要把餐具放成这个样子。

（4）客人已用好餐

当餐盘已空、客人也不再想用餐时，则把刀叉平行斜着放好，那么服务员会在适当时候把盘子收走。

三、西餐上菜顺序

西餐的上菜顺序应遵循以下原则：先冷菜后热菜，最后再到冷菜；从鲜美到甜味；口味从清淡到浓重，再到清淡；从生到熟。其上菜顺序为：头盘、汤、沙拉、主菜、甜品、咖啡或茶。

1. 头盘（Appetizer）

头盘就是开餐的第一道菜，旨在开胃，所以又称开胃品或开胃菜，一般数量较少。头盘又分为冷头盘和热头盘。头盘常用中、小型盘子或鸡尾酒杯盛装，色彩鲜艳，装饰美观，以增进宾客食欲为目的。

冷头盘由冷制食品制成，如熏三文鱼、黑鱼子酱、生蚝等。热头盘由热制食品制成，如法式焗田螺、串烧海虾、奶油鸡酥盒、酿班戟。

2. 汤类（Soup）

西餐中的汤类花色品种很多，大致可分为冷汤类和热汤类，一般要求原汤、原色、原味。热汤中有清汤和浓汤，如牛尾清汤、鸡清汤、奶油汤、法式洋葱汤等。冷汤较少，比较有名的有西班牙冻汤、德式杏仁汤、格瓦斯冷汤（Cold Cucumber Soup）。

3. 沙拉（Salad）

沙拉的英文意思为凉拌食品，具有开胃、助消化和增进食欲的作用。沙拉可分为水果沙拉、蔬菜沙拉和荤菜沙拉 3 大类，前两种清淡、爽口，适用于中、晚餐伴随主菜一起食用；后一种多用于冷盘，可单独作为一道菜。常见的沙拉有什锦沙拉（Mixed Salad）、厨师沙拉（Chef's Salad）、海鲜沙拉（Seafood Salad）、水果沙拉（Fruit Salad）。

4. 主菜（Main Course）

主菜又名主盘，通常是甜品前的一道菜，是全套菜的灵魂。制作主菜相当考究，既要考虑色、香、味、形，又要考虑菜肴的营养价值。主菜多用海鲜、禽畜做主要原料，采用炸、焗、烘、烤、煮、蒸、烧等方法制作而成，如大虾吉列、法式烧鸡、古巴式煎猪肉、法式烤羊腿等。

5. 奶酪（Cheese）、甜点（Dessert）

吃奶酪要配黄油、面包、克力架（苏打饼）、芹菜条、小萝卜等，调味品用胡椒、盐。吃奶酪时常配葡萄酒（Wine）。

甜点有冷热之分，是宾客的最后一道餐食，常有冰激凌、布丁、梳芙厘（Souffle）、派（Pie）、啫喱冻（Jelly）、蛋糕、水果等。

6. 咖啡（Coffee）或茶（Tea）

客人用餐完毕，先问清客人喝咖啡还是茶，随后送上糖缸、奶壶或柠檬片，准备咖啡具、茶具。

四、西餐菜肴与酒水的搭配原则

西餐菜肴与酒水有一定的搭配原则，总的来说，色、香、味淡雅的酒应与色调冷、香气雅、口味纯、较清淡的菜肴搭配，如头盘、海鲜应配以白葡萄酒（需冰镇）；香味浓郁的酒应与色调暖、香气浓、口味杂、较难消化的菜肴搭配，如禽类配红葡萄酒。另外，咸食选用干、酸型酒类，甜食选用甜型酒类，在难以确定时，则选用中性酒类。

下面介绍几种较为推崇的菜肴与酒水的搭配方法。

①餐前酒（又称开胃酒）一般选用具有开胃功能的酒品，如鸡尾酒（Cocktail）和软饮料（Soft Drink）等。

②汤类一般不用佐餐酒，如需要可配雪利葡萄酒（Sherry）或白葡萄酒。

③头盘大都是些较清淡、易消化的食品，可选用低度、干型的白葡萄酒。

④海鲜选用白葡萄酒、玫瑰露酒，在喝前一般需要冰镇。一般来说，红葡萄酒不与海鲜类菜肴相配饮。

⑤肉、禽、野味选用度数为 12°~16° 的干红葡萄酒。其中，小牛肉、猪肉、鸡肉等白色肉类最好选用度数不太高的干红葡萄酒，牛肉、羊肉、火鸡等红色、味浓、难以消化的肉类，则最好配以度数较高的红葡萄酒。

⑥食用奶酪时一般配较甜的葡萄酒，也可继续使用配主菜的酒，有时也选用波特酒（Port Wine），配蓝芝士（Blue Cheese）或羊奶芝士（Goat Cheese）。

⑦吃甜点时选用甜葡萄酒或葡萄汽酒。

⑧用餐完毕，可选用甜食酒、蒸馏酒和利口酒（Liqueurs）等，也可选用白兰地（Brandy）、爱尔兰咖啡等。香槟酒和玫瑰葡萄酒则在任何时候都可配任何菜肴饮用。

第二节　西餐服务

一、西餐服务方式

西餐服务源于欧洲贵族家庭，经过多年的演变，各国各地区的服务方式及摆台方式都不尽相同。目前，饭店中常见的服务方式有法式服务、俄式服务、美式服务。除了某些特色餐厅为追求一种别具一格的风格而采用某种特殊服务方式外，大多数餐厅都采用两种以上的服务方式。

1. 法式服务

法式服务是在欧洲国家，特别是在法国、英国的高级餐厅里一代代沿袭下来的一种服务方式，它是由西查·里兹在 20 世纪初创造的一种豪华服务方式，因此，这种服务也被称为“里兹服务”。

传统的法式服务对餐厅服务人员的要求非常严格，专业服务人员必须受过专门的训练，这种训练包括服务人员在职业学校接受科班训练，并要经过几年的实习之后才能升为助理服务人员。助理服务人员不能单独从事服务工作，必须与首席服务人员或服务人员一起工作两年后才可能成为正式服务人员。目前，法式服务仅见于一些保持传统的饭店餐厅。

（1）服务原则

法式服务要求将所有食品、菜肴放在手推车上，在客人面前加热或烹调后服务给客人。手推车放在靠近客人餐桌处，车上放有火炉以保持食品温度。

（2）服务人员分工

法式服务是由首席服务人员和助理服务人员相互协作共同服务的，二者的任务分工不同。

首席服务人员的主要任务有：领班不在时，安排客人入座；接受并帮助客人点菜并做记录；为客人服务酒水；在手推车上完成菜肴的客前烹制；提供结账收款服务。

助理服务人员的主要任务是：把首席服务人员记录的点菜单送到厨房；用手推车将厨房出菜推到客人餐桌旁；将首席服务人员烹调好的菜品送到客

人面前；收餐具、收台；听从首席服务人员指挥，协助首席服务人员服务。

（3）服务方法

法式服务的基本服务方法是：

①由首席服务人员把厨房初步烹调过的菜肴（即成品或六七成熟的食品）在餐厅当着客人面完成最后阶段的烹调。助理服务人员在厨房将菜肴放在大银盘上后，端进餐厅或用手推车推进餐厅，将其放在火炉上保持温度，然后由首席服务人员加工，除去骨刺、加调味品以及必要的装饰。

②首席服务人员用双手把客人挑选的菜肴从大银盘放入客人餐盘时，助理服务人员应用手端着客人餐盘。当助理服务人员不在时，首席服务人员也可用一只手持客人餐盘，用另一只手持汤匙和餐叉来将菜装入手中的餐盘内。

③待客人餐盘盛好菜，助理服务人员用右手端盘，从客人右侧端上（首席服务人员应注意装盛菜肴的分量，注意避免因供应太多，降低了客人食欲）。

需要说明的是，在法式服务中，除了面包、黄油碟和配菜以外，其他菜品和汤均必须从客人的右侧端上。

（4）服务特点

法式服务是一种最讲究礼节的豪华服务，注重表演，服务周到，每位客人都能得到充分的照顾；但服务节奏缓慢，浪费人力，对服务人员要求高，用餐费用昂贵，并且餐厅空间利用率和餐位周转率比较低，很多饭店都不采用法式服务。

2. 俄式服务

俄式服务起源于俄国的贵族与沙皇宫廷中，在拿破仑战争中第一次出现在欧洲，它以其简便、迅速的服务优势，很快超出当时占统治地位的英式服务和法式服务，成为当时欧洲王室里最流行、最时髦的服务方式，至今被大多数豪华餐厅所采用。

（1）服务要求与技巧

①每桌配备一名服务人员对客人服务。

②菜品送上之前，服务人员从客人右侧、按顺时针方向沿餐桌将空盘摆在客人面前。

③菜品全部在厨房烹制好后装在大银盘中，由服务人员端到客人餐桌边

准备派菜，然后根据客人需要，在客人的左边将菜品分派到客人盘中。

④派菜之前应先向客人介绍并展示银盘内的菜肴，使客人有机会欣赏到厨师的手艺。装饰漂亮的菜肴还能增进客人食欲。

⑤从主人右边的女士开始进行派菜。分派菜肴时，服务人员在客人左边，用左手托餐盘，右手分派。派菜时应灵活掌握其数量，分派的数量应符合客人的需要，银盘中剩余的食物退还给厨房。

⑥分派菜肴时，要注意分菜叉、匙的拿法。一般是匙在下、叉在上。右手的中指、无名指、小指夹匙，拇指和食指控制叉，五指配合，夹取菜肴。

⑦汤的服务分两种，如果汤是用汤杯盛放，则直接将汤杯端到客人面前；如果汤盛在大餐碗里，则用派菜类似的方法，从大餐碗直接用汤勺舀到客人汤盘里。

⑧服务人员用右手、在客人右侧撤脏盘和服务酒水。

（2）服务特点

俄式服务讲究优美、文雅的风度，服务效率和空间利用率较高，节省人力，大量的银器能增添餐桌的气氛，且每位客人都能得到较周到的服务；由于采用桌边分菜，未分完的食物可以回收，以减少不必要的浪费。但在俄式服务中，银器使用量很大，投资较高，若使用、保管不当会影响餐厅的经济效益；最后分到菜的客人，会看到大银盘中菜肴所剩无几，会有不悦感；如果用餐人数较多，最后分派的菜不能保证规定的食用温度，影响菜品质量。

俄式服务是一种受欢迎的服务方式，目前欧美各国的豪华饭店大多采用这一服务方式。但由于零点餐厅的客人所点菜肴不同，无法装在一个大银盘中，所以俄式服务主要用于西餐宴会服务，尤其是大型宴会。

3. 美式服务

美式服务是餐厅服务中最普遍、最有效的服务方式之一。美式服务是餐厅服务人员根据客人的点菜，将装有已烹调、装饰好的菜肴的餐盘直接送到客人面前的西餐服务方式，故也称为“盘式服务”。

（1）服务原则

①传统的美式服务是将装有菜点的餐盘用左手从客人左侧端到客人面前。因为以前的餐盘较重，服务人员又同时给不同的客人服务，上菜时服务人员用力气大的右手同时端三个餐盘更容易保持平稳，故用左手从客人左侧上菜。

目前欧美各国均习惯从客人右侧上菜，并使用托盘上菜。

②所有酒水用右手从客人右侧上。

③在送下一道菜之前，必须先用右手从客人右侧撤掉用过的餐具和杯子。

（2）服务程序

①当客人进入餐厅时，引领客人入席，并撤走多余餐具。

②递菜单给客人，用右手从客人右侧将冰水倒入水杯。

③询问客人喜欢的餐前饮料，并在客人考虑点菜时，去酒吧取所点饮料。

④服务人员取回饮料后从客人右侧送上。

⑤服务人员接受并协助客人点菜和选择酒水。

⑥上菜前，服务人员从客人左侧供应面包和黄油。

⑦用托盘依次上开胃菜、汤、配菜、主菜、甜品，并在上每一道菜品之前先上搭配的酒水。

（3）服务特点

美式服务简单明了，服务效率高，餐具成本低，人工成本低，餐厅空间利用率和餐位周转率高。由于各项成本低，用餐费用经济。除缺乏表演性服务、餐厅气氛不足外，美式服务广泛流行于西餐厅和咖啡厅，也常用于西餐宴会服务。

4. 英式服务

英式服务是一种非正式的、用于餐厅包间或家庭的服务方式。食品和配菜盛放在大方盘中或大碗中送到餐桌上，由男主人从大方盘中把菜肴分到客人的餐盘里，然后递给站在男主人左边的服务人员，再服务给女主人、声望高的客人及其他客人。这种服务也称主人服务。

英式服务的要求是：

①服务人员把热汤盘放在男主人面前，男主人盛满每一个汤碗，再由站在左边的服务人员根据男主人的吩咐送给每一个客人。英式服务中通常是将第一碗汤递给女主人。

②盛满食品的餐盘可由服务人员递给每一个客人挑选，也可由客人自己拿取后再挑选自己喜爱的菜；肉则是由男主人切分后放在餐盘里，蔬菜和其他配菜是由女主人分到盛有肉菜的餐盘里。

③甜点由女主人分好、服务人员进行装饰后再递给客人。

④所有饮料都由男主人来调和与服务。

⑤英式服务从右边开始，清理盘碗从左边开始。

5. 大陆式服务

所谓大陆式服务是一种融合了法式、俄式、美式服务的综合服务方式，它其实没有统一、固定的程序，其特色是根据不同的菜肴特点来选择服务方法。当前的西餐服务中普遍采用大陆式服务，因而在使用大陆式服务的餐厅，可能是用美式服务上开胃菜，用俄式服务上汤或甜品，用法式服务上主菜。不同餐厅或不同餐次选用的服务方式组合不同，可能会没有法式或俄式服务，但通常少不了美式服务。对于具体的服务方式的选择，所遵循的原则是方便客人就餐、方便员工操作，每种菜肴选用的服务方式必须由管理人员事先确定，统一标准。

二、西餐服务程序

1. 西餐早餐服务

（1）西餐早餐套餐种类

常见的西餐早餐套餐有欧陆式早餐、美式早餐和自助早餐。

①欧陆式早餐（Continental Breakfast）。

欧陆式早餐包含的品种有：精选冻果汁（橙汁、番茄汁、柠檬汁）；水果沙拉；丹麦包、牛角包或多士配牛油、果酱或蜂蜜；咖啡或茶。

②美式早餐（American Breakfast）。

美式早餐包含的品种有：精选冻果汁（橙汁、番茄汁、柠檬汁）；水果沙拉；丹麦包、牛角包或多士配牛油、果酱或蜂蜜；精选蛋类；焓、煎、炒、煮、拌烟肉、火腿或香肠；咖啡或茶。

③自助早餐。

自助餐是指宾客在预先布置好的食品台上自己动手，任意选择菜肴、食品，自己取回座位上就餐的一种近似于自我服务的用餐方式，服务员的主要任务是餐前布置食品陈列台及餐中提供简单的服务，如斟酒水、撤脏盘、收脏杯及补充食品台上的食物等，其特点是节省人力，价格便宜。

西餐自助早餐大致由果汁类、水果类、谷类、蛋类、肉类、面包类、热饮类组成。

（2）西餐早餐服务

①餐前准备。

餐厅开餐前，服务员应做好餐厅清扫、卫生工作，擦拭所需餐具，备足开餐所需调味品，按饭店要求摆台。如有客人预订，可在餐桌上放置预订卡，并根据客人预订要求摆放餐具。

②客人抵达餐厅。

客人抵达餐厅后应主动问候客人并询问客人房间号，如果客人的房间不包括早餐时，询问客人是用自助早餐还是零点；根据客人人数安排就座，得到客人确认后，根据客人人数将其带至合适的餐台；到餐台旁后，询问客人对餐台的意见，得到客人认可后，拉椅，让座，给客人口布（放在客人的左侧），提醒客人保管好随身物品并祝客人用餐愉快；与当区服务员交接，告知客人用零点早餐。

③提供点菜服务。

客人入座后，服务员主动上前向客人问好，并递上菜单；在正式开始点菜前应询问客人意见，准备好笔和纸，画好台图；接受客人点菜时，要了解和照顾客人的需求，介绍相应的食品；点完后要重复客人的点单，收回菜单。

在接受客人点菜时需要注意以下几点：

A. 点菜时要注意询问所有的细节，如鸡蛋的做法等。

B. 如果客人只点了一份食品，应询问客人要不要配面包、果汁等。

C. 如果客人点了一些需较长时间烹制的菜，要告知客人该菜需要等候的时间。

D. 如果客人不从菜单上点菜，应请客人稍等，马上询问厨师能否满足客人要求，并尽快回复客人；如果不能满足客人要求，应介绍类似的品种。

④将点菜单输入电脑。

服务员应迅速、正确地按出菜顺序将点菜单录入电脑，以便厨房开始准备相应菜肴。

⑤上菜。

一般来说，应在点菜后 10 分钟内上菜。上菜时应注意以下几点：

A. 食品与菜单上的描述应相符，食品的温度要合适，要按客人要求烹制。

B. 按先冷（果汁、水果、谷物类）后热（蛋、通心粉、粥等）的顺序上菜。

C. 按先女后男、先宾后主、顺时针方向进行服务。

D. 为客人上菜时应报上菜名。

E. 餐碟较烫时，应提醒客人注意。

F. 根据上菜要求撤走客人已用完的餐具，更换客人所需的餐具。

⑥巡台。

客人用餐过程中，服务员应在客人喝完杯中的咖啡、茶后 2 分钟内为客人重新添加，并留意是否要添加糖、奶；及时给客人撤走空杯、空碟；在客人用餐过程中，应到餐桌旁询问客人对服务是否满意。

⑦结账。

在客人要求结账后，请客人稍等，然后为客人打印账单。需要注意的是，结账时只需用手示意客人用餐金额即可，不要将价格读出来。

⑧送客。

服务员应主动为客人拉开椅子，并提醒客人带齐随身携带的物品；送客人到门口并道别。

2. 西餐正餐服务

（1）备餐服务

餐厅开餐前，服务员应做好餐厅清扫、卫生工作，擦拭所需餐具，备足开餐所需调味品，按饭店要求摆台。如有客人预订，可在餐桌上放置预订卡，并根据客人预订要求摆放餐具。

（2）餐前服务

客人到餐厅门口时，迎宾员应面带笑容热情问候客人，询问客人是否有预订。如客人已订座，迎宾员可热情地迎领客人入座；如客人未预订，迎宾员则应询问客人人数，查阅就餐登记表，根据就餐实际情况礼貌地将客人引领到适当的餐台。

当迎宾员将客人带到餐桌边时，服务员应主动为客人拉椅、让座。切记动作要迅速、敏捷，用力适中，不可过猛而撞到客人。按照先女后男、先宾后主的次序，站在客人右手边打开餐巾，并为客人铺上。向客人推销餐前开胃酒或鸡尾酒，并做好相应的记录。开单后，尽快用托盘送上客人所点的餐前酒水，并报上酒水名称。如客人未点酒饮，则为其斟倒冰水。

（3）接受点菜

服务员将点菜单打开至首页，从客人右边送至客人手中，及时地向客人介绍当日特色菜，待客人考虑片刻，再上前站在客人的右边为客人点菜。点菜时，按逆时针方向进行，遵循女士优先、先宾后主的原则为客人点菜。客人点菜完毕，清楚地复述一遍点菜单，待客人确认后开单，点菜结束离开前应感谢客人。

接受完客人点菜后，服务员为客人送上面包与黄油，用左手将备好各种面包的面包篮送到客人左前方，询问客人选择喜欢的面包品种，接着用右手持公用叉、勺把面包夹送到客人面包碟内。此项服务按逆时针方向进行。

（4）推销佐餐酒

从客人右边送上酒单，并根据客人所点的食品介绍相应佐餐酒；根据客人点菜点酒内容，调整桌面上的餐具和酒具。斟酒前，服务员用一条餐巾垫在瓶身下，右手握在瓶身上端，左手托住瓶底，站在主人的右侧将酒标朝向客人，递给主人鉴赏，并请主人确认。

（5）就餐服务

上菜前，撤下佐餐酒酒具，提前上与菜品所搭配的餐酒以及将会使用到的餐具。上菜在客人的右侧进行，上菜时重复客人所点的菜名，注意将每道菜的观赏面朝向客人。如菜品加有菜盖，应在上菜完毕后再揭开菜盖，并请客人慢用。

西餐服务中各道菜品应按下列顺序依次送上：

①上开胃菜。开胃菜通常为冷盘。上菜时，直接将盛有开胃菜的餐盘放在装饰盘上。

②上汤。汤通常用汤碗或汤杯装。上汤时，应礼貌告知客人，以防发生打翻、烫伤等意外。

③上副菜。正式西餐通常在汤之后、主菜之前上副菜。副菜通常为热的海鲜、鱼贝类菜肴，并配以专用调味汁。有时在副菜之前，还会上蔬菜水果沙拉。

④上主菜。主菜是在副菜之后上的肉类、禽类菜肴，是用餐的高潮。有时还会在主菜餐盘中配上一些熟的素菜，作为主菜的配菜。

（6）撤餐盘、餐具

客人每用完一道菜，服务员应及时撤掉用过的餐盘、餐具。撤掉用过的餐具时，要等到整桌客人都吃完同一道菜后一起从客人右侧撤盘，切忌在仍有客人未吃完时便先撤掉已吃完菜的客人的餐具。撤盘按顺时针方向进行，并注意在撤下餐盘、刀叉等餐具时注意持盘方式，用右手将刀叉固定在餐盘上一起撤下，以防刀叉滑动弄伤客人或弄脏客人的衣服。

在客人用餐过程中，注意按规定给客人及时添加酒、冰水、黄油、面包以及更换烟灰缸、撤空饮品杯。

客人用完主菜后，除水杯、烟灰缸、花瓶、蜡烛座外，应将餐桌上的其他餐具撤下。撤餐具按顺时针方向进行，并用专用清洁工具清扫台面。

（7）推销甜品、咖啡、茶、雪茄烟、餐后酒，并提供相应服务。

（8）结账送客

客人要求结账时，应核对账单上的台号及消费项目，然后用收银盘或收银夹呈上账单；当客人离座时，及时地提供拉椅服务，检查是否有客人的遗留物品，并送客人至餐厅门外，感谢客人的光临，欢迎客人再次光临；客人离开后，清洁餐桌，将餐椅摆放整齐，更换台布，重新摆台，以便迎接下一批客人。

知识链接（一）

牛排的成熟度

西餐服务中，客人可依自己喜好的成熟度点牛肉，厨师按客人的要求制作牛排，但猪肉及鸡肉均为全熟供应。牛排的成熟度分为五种，分别是：

一分熟（全生）：Raw

三分熟：Medium Rare

五分熟：Medium

七分熟：Medium-Well

全熟：Well Done

知识链接（二）

西餐文化六要素

第一个是“Menu”（菜单）

客人来到西餐厅，服务员引领客人入座后，首先送上来的便是菜单。菜单被视为西餐厅的门面，通常会采用精美的材料做封面，有的甚至用皮革烙印各种花纹，显得格外典雅、精致。阅读菜单、点菜是吃西餐必不可少的程序，是优雅生活方式的一种表现。

第二个是“Music”（音乐）

高级的西餐厅，通常会配有乐队演奏柔美的乐曲。一般的西餐厅也会播放一些清新、优雅的背景音乐。西餐厅特别讲究的是乐声的“可闻度”，即声音要达到“似听到又听不到的程度”，就是客人集中精力和友人攀谈交流时就会听不到，在放松之时又可以听到，这种音量就恰到好处。

第三个是“Mood”（气氛）

吃西餐讲究环境雅致，气氛和谐。要配有背景音乐，桌台简洁、干净，所有餐具要按照规定摆放整齐。若逢晚餐，要将灯光调至暗淡，点燃蜡烛，营造一种浪漫、淡雅的气氛。

第四个是“Meeting”（会面）

享用西餐，选择进餐的对象尤为重要，享受西餐的伙伴通常是亲朋好友或是兴趣相投的人。吃西餐主要是为沟通情感，不宜谈生意、利益争辩。西餐厅的灯光一般静谧而柔和，营造出温馨祥和的餐厅氛围，交流的双方很少会出现面红耳赤的现象。

第五个是“Manner”（礼节）

在西餐厅，进餐时应遵循西方的礼仪习俗，特别是在手拿刀叉时，要讲究正确的使用方法，一般来讲右手持刀，左手拿叉。用刀将食物切成小块，然后用叉送入口内。欧洲人使用刀叉时不换手，一直用左手持叉将食物送入口内。美国人则是切好后，把刀放下，右手持叉将食物送入口中。但无论何时，刀是绝不能送物入口的。

第六个是“Meal”（食品）

西餐文化的“实效”特征表现在便捷的食材上。早餐通常都会有面包、奶酪、果酱、黄油、生的蔬菜。更简单的话，会配有熟牛肉、水果、点心。午餐因为工作的缘故也会比较简单。晚餐时间充裕，有汤、牛排、比萨饼、意大利面以及不可少的牛奶和水果。一日三餐都少不了蔬菜。

案例分析

黑椒牛柳扒

[事件] 某四星级饭店的西餐厅来了6位年轻的客人，看样子他们是老朋友相聚。其中，客人A是饭店的常客，点菜时，他向另外5位客人介绍、推荐餐厅的“黑椒牛柳扒”，于是，每位客人都各点了一份“黑椒牛柳扒”。上菜后，有人称赞菜肴味道很好。但是，客人B却说：“这牛柳好像有点变质。”闻听此言，宛如平地一声惊雷，另5人均在自己的盘子里切下一小块牛柳，小心翼翼地放在嘴里细细咀嚼，然后顾盼相望，目光中交流着疑问，但却没有一人将嘴里的食物吐出。B君见状，也切下一小块放入口中，瞬间吐出，他把自己的盘子送到A君面前，请他鉴别。A君闻了闻，又尝了尝，向穿着黑制服的餐厅主管招了招手。

A君：这份牛柳扒变质了。

主管：我们这里是不会出售变质食品的。

众人（生气地、七嘴八舌地）：你的意思是我们说假话？你敢吃下去吗？

主管：这样吧，我把它端回厨房，请厨师鉴别一下。

不一会儿，主管空手走出。

主管：（看到已有其他客人在津津有味地吃着牛柳扒，灵机一动，微笑着）我们餐厅的“黑椒牛柳扒”是师傅最拿手的，味道怎么样？

众人：还可以。

B君：刚才那份牛柳扒是不是变质了？

主管：师傅正在鉴别。不过我想您是不想再要那份牛柳扒了，是吧？（不等B回答）先生如果还是想点牛柳扒，那我很抱歉，因为这么多牛柳都是从一整块牛肉上切下来的，再做一块的话也是与刚才那块一样的。

众人：那为什么这些都是好的，只有那块坏呢？一整块牛肉能做那么多份吗？

A君：这样吧，刚才那份我们肯定是不要了，你给他换份猪扒吧。

主管：好的。打扰各位了，真不好意思，各位请慢用。

[评析] 客人投诉牛柳扒有问题，主管马上拿进厨房进行鉴别，做得很对。遇到此类问题，切莫当众自己来鉴别，否则就无进退的余地了。但如果是鉴别酒类饮品，则应请行家当众来鉴别，以免继续纠缠在同一话题上，引起更大的纠纷。主管引开话题，避重就轻，一方面让客人自己说说饭店的好处，另一方面也是对客人“识货”的夸奖，并暗示客人另点菜肴。客人显然也不想吃得不痛快，只是想发几句牢骚后就转移话题了。

服务是一门艺术，适时地转移话题、调和气氛等都需要技巧和灵活的处理。

思考题

1. 简述西餐的分类以及特点。
2. 西餐服务中是按怎样的顺序进行上菜服务的？
3. 简述西餐服务中菜肴与酒水的搭配原则。
4. 西餐服务方式有哪几种？各自优缺点如何？
5. 常见的西餐早餐套餐有哪几种？
6. 简述西餐正餐的服务程序。

第5章

享受宴会

知识目标

1. 掌握宴会的基本概念和特点；

2. 了解宴会预订程序；

3. 了解和掌握宴会服务程序，把握宴会服务各环节的服务要领与注意事项，并具备熟练、规范而灵活地为客人提供服务的能力。

能力目标

1. 能进行一般宴会的场景布置，如：婚宴、寿宴、生日宴、公司庆典等；

2. 能根据宴会需要，选择适宜的餐台，合理安排宴会餐台的布局与摆设；

3. 能正确安排宴会的宾主桌次与座次；

4. 能根据客人需要安排、布置鸡尾酒会和冷餐会；

5. 能为客人提供会议服务。

实训任务

1. 能根据宴会预订情况合理安排宴会；

2. 熟练掌握宴会服务的程序与标准；

3. 熟练提供会议服务。

教学方法

理论讲授＋课堂示范＋实训室模拟训练＋学生自评＋教师点评

准备工作

（1）将学生进行分组并指定一人负责；

（2）本次课所需教学用具包括教案、课件、中西餐宴会餐台及餐用具各4套。

操作要点

宴会又称筵宴、酒会，是因习俗或社交礼仪需要而举行的宴饮聚会，是社交与饮食结合的一种形式。人们通过宴会，不仅获得饮食的享受，而且可增进人际间的交往。宴会上的一整套菜肴席面称为筵席，由于筵席是宴会的核心，因而人们习惯上常将这两个词视为同义词。

第一节　宴会概述

一、宴会的概念

宴会是政府机关、社会团体、企事业单位或个人为了表示欢迎、答谢、祝贺等社交目的以及庆贺重大节日而举行的一种隆重、正式的餐饮活动。它通常在一个单独的地方举行，顾客对宴会厅的布置也有所要求（如台布的颜色、餐桌中央的装饰、不同的菜谱，等等）。参加宴会客人的范围从 10 人到上万人不等。

二、宴会的种类和特点

1. 宴会的种类

宴会种类繁多，按规格分，有国宴、正式宴会和便宴；按菜点性质、规格、标准分，有高档宴会、普通宴会、素食宴会、清真宴会等；按进餐形式分，有立式宴会和坐式宴会；按礼仪形式分，有欢迎宴会、答谢宴会和告别宴会等；按餐别分，有中餐宴会、西餐宴会、冷餐酒会和鸡尾酒会等。

2. 宴会的特点

宴会与一般就餐在菜点和酒水上没有本质区别，但在菜点的品种、质量、服务程序、内容上存在一定差异。

（1）气氛隆重、热烈

无论中餐宴会还是西餐宴会，饭店往往根据客人的要求进行宴会厅的专门布置，突出隆重、热烈的气氛，中餐宴会尤其如此。

（2）消费标准高

宴会大多选用规格高、价格昂贵的原料，在菜品制作上十分讲究；宴会的接待、宴会厅的布置以及宴会服务需要花费较多的人力、物力，所以宴会的消费水平比其他餐饮形式要高很多。

（3）就餐人数多

中餐宴会通常设 10 人桌，一场宴会一般有十几桌、几十桌甚至上百桌，服务员要迎接、服务成百上千名客人同时用餐。

（4）讲究服务礼仪

宴会服务的场地布置、座位安排、迎宾服务、上菜服务以及就餐服务等要求严格按服务礼仪进行，要求服务人员在席间对客服务过程中讲究礼节礼仪，尊重客人的风俗习惯。

（5）服务标准化

宴会服务要求按照一定的服务标准和程序进行，客人到来时的迎宾、上菜、摆菜、分菜、撤换餐具等都有具体的规定和要求，服务人员应严格按服务标准为客人提供服务，以保证宴会服务质量。

三、宴会预订

宴会预订是指饭店根据宴会主办单位的消费需求，按一定的程序接受并为其安排合适的用餐环境以及用餐地点的餐饮业务活动。宴会预订是一项专业性很强的工作，它既是产品推销过程，又是客源组织过程。

1. 宴会预订方式

客人往往通过以下方式向饭店提出宴会预订要求：

（1）面谈预订

（2）电话预订

（3）电传预订

（4）网上预订

（5）政府指令性预订

2. 宴会预订的内容

预订员在受理客人宴会预订要求时，应明确以下内容：

①客人预订的用餐日期及时间。

②宴会举办单位或个人。

③客人用餐人数及标准（人均消费、每席价格、总消费额）。

④宴会主办单位联系人的姓名、单位、联系电话及传真号码。

⑤宴会类型。

⑥付款方式。

⑦预订金额。

⑧宴会菜单。

⑨饭店宴会预订人员。

⑩接受预订的日期和预订员签字。

⑪饭店有关规定与要求或客人的特殊要求。

⑫宴会的主题。

⑬预订宴会的场地。

⑭宴会预订单编号。

⑮宴会酒水要求。

⑯宴会布置要求。

⑰预订登记表。

3. 宴会预订程序

宴会预订主要包括受理预订、确认预订、督促检查、填写预订单或签订合同、信息反馈与致谢等程序。

（1）受理预订

当接到客人预订宴会的要求后，宴会预订员应以规范的礼貌用语问候客人，并自报部门（如是电话预订，要求在电话铃响三声之内拿起电话）。无论客人来店当面预订还是电话预订，都应亲切地给客人介绍情况，回答客人提出的问题。预订员应向客人介绍饭店特色，如：菜系、价格、服务设施、等级标准及收费项目等，耐心倾听客人提出的问题，根据客人提问进行介绍，当好客人的参谋，不能说“不知道”“不行”“没有”等。如当即回答的确有困难，应马上向客人道歉，并设法在10分钟内弄清楚并告知客人。对当面预订的客人，除口头介绍外，还应提供菜单，陪同客人实地考察等。

在受理客人预订时，要详细了解客人的单位名称、宴会目的、用餐时间、出席人数、宴会性质、宴会标准、联系电话等信息；订餐洽谈和签约时，要明确宴会承办的细节，带领客人参观宴会厅，了解客人的特殊要求；客人订餐时要避免催促，给订餐者充足的考虑时间；向客人提供宴会活动布置平面图、菜单、预算单等。

（2）确认预订

受理客人预订时，如客人无其他要求后，预订员应礼貌地将预订情况向客人复述一遍，以便核对；要详细填制宴会预订单，请客人签字（不论是中文还是外文的订单，书写都必须规范、清楚）。

客人预订大型宴会时，应送交销售部经理或餐饮部经理签发宴会确认书，再交客户签字确认，向预订客人收取一定数额的预订金，并开出收据。

（3）督促检查

预订确认后，宴会预订部应开出预订单，将相关事项通知饭店所有相关部门，以便各部门做好准备。要将客人的特殊要求通知餐厅主管和厨师长；对当日未确认的预订，宴会预订部要再次主动与客人联系、确认；对于更改的预订，要及时通知有关部门；宴会举行的当日应督促检查宴会准备情况，发现问题及时纠正。

（4）填写预订单或签订合同

对于大型宴会和高档宴会，必须与客人签订合同，合同中要明确双方的权利和义务，所有经双方同意的特殊项目亦要记入合同。签完合同后，通常应收取一定比例的预付金，如举办者临时取消宴会，饭店则根据合同规定将全部预付金或部分预付金退还客人。收取预付金及退还预付金的数目各饭店不完全相同，一般由饭店根据具体情况确定。

（5）信息反馈与致谢

宴会结束后，饭店应主动征求宴请主办单位或主办个人的意见，发现问题及时补救改进，并向客人表示感谢，以便今后的联络，为进一步的合作奠定基础。

第二节　中餐宴会服务

一、中餐宴会座次安排

中餐宴会一般用圆桌，席位安排的原则是：主人坐在宴会厅的正面，面对宴会厅的入口；副主人安排在主人的对面，主宾在主人的右侧，主人的左侧可以安排第二宾客或主宾的夫人，第三、第四宾客坐在副主人的右左两侧。有时也可以把第二宾客安排在副主人的左侧。为了便于对话，翻译安排在主宾、副主宾的右侧，其他席位为陪同、翻译席。

中餐宴会的席位安排如图 5–1 所示。

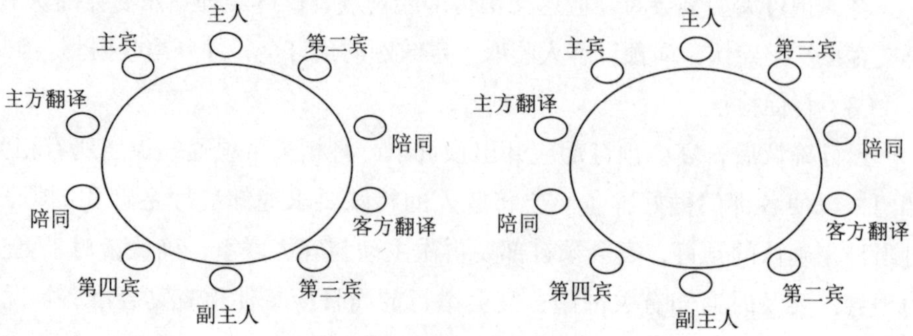

图 5–1　中餐宴会席位安排

在举行一些民间传统宴会（如婚宴、寿宴）时，中餐宴会的席位安排必须遵循中国传统的礼仪和风俗习惯，其一般原则为“高位自上而下，自右而左，男左女右”，具体安排如图 5–2 所示。

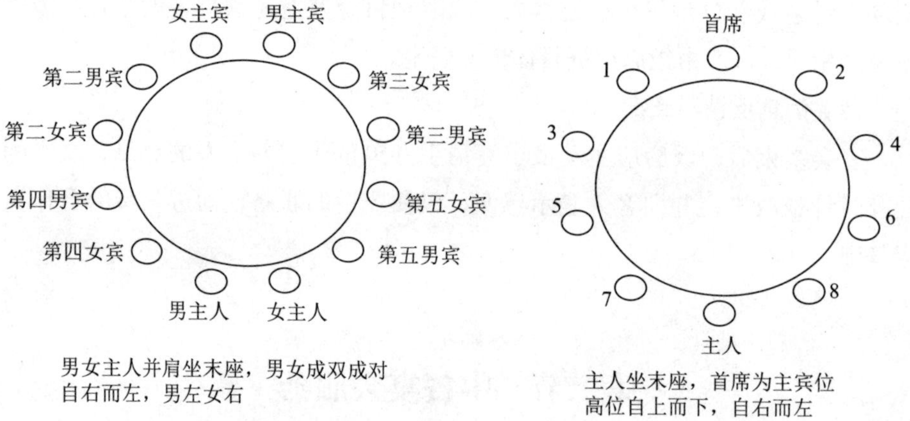

图 5–2　传统宴会座位图

对于两桌以上的宴会，各桌主人位的确定有三种方式，即统一式、课堂式、包围式，具体安排如图 5–3 所示。

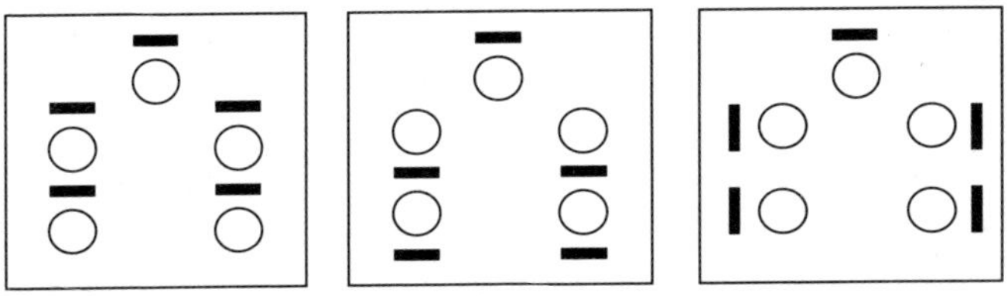

（1）统一式　（2）课堂式　（3）包围式

图 5–3　多桌宴会主位安排图

二、中餐宴会服务程序

中餐宴会服务可分为四个环节，即宴会前的准备工作、宴会前的迎宾工作、宴会中的就餐服务和宴会结束工作。

1. 宴会前的准备工作

宴会前的准备工作包括：

（1）了解情况

接到宴会通知单后，宴会服务人员应做到“八知”“五了解”。“八知”是指：知道主人身份、客人身份、国籍、宴会标准、开始时间、菜肴品种和酒水要求、主办单位或个人信息、付款方式和与主办单位的联络方式。“五了解”是指：了解客人风俗习惯、客人生活忌讳、客人特殊要求、进餐方式、主宾和主人的特殊爱好。

一般大型宴会需提前两个小时左右召开准备会议，由宴会组织者在会上讲清以下几个方面的问题：

①宴会的基本情况。如：宴会的形式、台面的布置与要求、每桌酒水的准备等。

②菜单情况。宴会的组织者要向全体参加宴会服务的人员讲解菜单中的菜点名称、种类和数量，冷、热菜的安排顺序，名菜的风味特点等。

③向服务员讲明注意事项和具体要求，如：摆台要求、菜点服务的要求、餐具使用的要求、操作的要求等。

（2）布置宴会厅

服务员按照台型布置原则（中心第一，先右后左，高近低远）来设计、安排宴会厅，合理安排宴会中的桌次、座次，做好各自工作区域的卫生，检查宴会厅设施的运转情况，宴会前开启空调，使宴会厅温度适宜（室温冬季保持在 18℃ ~20℃之间，夏季保持在 22℃ ~24℃之间），提前 30 分钟开启宴会厅所有的照明灯光。

（3）熟悉菜单

熟悉菜单是为了便于服务的介绍，服务员应根据菜单所列菜式的服务要求，计算餐具的用量、特殊菜的作料量，进行服务用具、用品的准备。

（4）准备物品

服务人员根据桌数和菜单选配银器、瓷器、玻璃器皿、台布、口布、小毛巾、桌裙、转盘等必备物品，餐具准备要留有余地（按 10 ： 12 准备）；按要求准备分菜用具、各种服务用具、酒水等并摆放到位；席位上菜单每桌两份置于台面，重要宴会人手一份；根据宴会通知单的要求，备好鲜花、酒水、香烟、水果等物品。

（5）摆好餐台

服务人员按规范摆好餐台。

（6）摆放冷盘

根据菜点的品种和数量，在宴会开始前 15 分钟左右摆上冷盘，注意色调的分布、荤素的搭配、菜型的正反、刀口的逆顺、菜盘的间距等；可视情况预先（宴会开餐前 5 分钟）斟倒葡萄酒和白酒；宴会开始前 10 分钟，按规定位置面向门口站好。

2. 宴会前的迎宾工作

①根据宴会的入场时间，宴会主管人员和迎宾员提前在宴会厅门口迎候宾客，值台服务员站在各自负责的餐桌旁准备服务。

②宾客到达时，要热情迎接，微笑问好，将宾客引入休息室就座，稍做休息；回答宾客问题和引领宾客时注意用好敬语，做到态度和蔼、语言亲切；主动接过衣帽和其他物品，斟倒茶水或饮料，送上小毛巾。根据宴会的具体要求，也可直接将宾客引到宴席就座。

③规模较小的宴会，可将客人脱下的衣帽挂在宴会厅门口的衣帽架上，并提醒服务员照看；规模较大的宴会，通常设有衣帽间，可将其存放在衣帽间内。服务员接挂衣帽时应握住衣领，切勿倒提，以防物品倒出；贵重衣帽要用衣架，以防衣服走样。贵重物品请客人自己保管。

④按服务规范为客人提供茶水、小毛巾服务。

3. 宴会中的就餐服务

（1）入席服务

按先宾后主、先女后男的原则为宾客拉椅，并打开餐巾、去筷套、拿走花瓶。

（2）斟酒服务

服务人员依据操作方法和服务顺序，在征询客人意见后，用右手在客人右后侧为客人斟倒酒水。一般斟八分满为宜。斟白酒和红酒时，应先斟红酒，后斟白酒。客人表示不需要某种酒时，应将空酒杯撤走。

斟酒水从主宾开始，按顺时针方向进行，并遵循先主宾后主人、先女宾后男宾的原则逐位斟倒。要随时注意宾客杯中的酒水，当剩余 1/3 时，应及时斟满。

如遇主宾致辞，服务员应立即停止服务，保持场内安静。主人讲话即将结束时，服务员要把主人的酒杯送上，供主人祝酒。大型宴会主宾致辞时，服务员应用托盘备好一至二杯甜酒，在致辞结束需要敬酒时送上。主人离位给来宾敬酒时，服务员应托酒，跟随主人身后，及时给主人或来宾续酒。当客人起立干杯或敬酒时，应帮助客人拉椅；客人就座时，再把椅子向前推，要注意客人的安全。

（3）上菜服务

上菜前，服务员应征询客人意见后将茶杯撤下，准备开餐。上菜时要严格遵循中餐上菜顺序上菜，热菜要热，冷菜要冷，不同烹饪方法的菜要用不同的餐具。上菜位置在陪同和翻译之间或副主人右边，以不打扰客人为原则，严禁从主人和主宾之间上菜。

大型宴会或重要宴会要服从专人指挥，以免造成早上、迟上、漏上菜，影响宴会效果；多桌宴会时，正菜应以主桌为准，先上主桌，再按照桌号依次上菜，绝不可主次颠倒。

热菜一定要在冷菜进食一半左右开始上。摆放菜肴时，应将观赏面或优质部位正对主位，注意成对摆放、荤素搭配摆放。

上完甜食点心后，撤走调味碟、勺子、筷子、筷架、毛巾碟，送上茶水，并把牙签盅移至转台上。

宴会期间，根据客人要求，上菜不可太快或太慢，一般宴会时间把握在1.5~2小时之间。

（4）撤换餐具

在进餐过程中，值台员要多次为客人撤换餐具或小汤碗，重要宴会要求每道菜换一次餐碟。

撤换时，按先宾后主的顺序先撤后换，须待客人将碟中的食物吃完方可进行。

（5）水果服务

上水果前，应将台面清理干净，为客人送上第二道热毛巾，要根据不同的水果为客人提供水果刀和水果叉。当客人进食完水果后从客人右侧将水果盘、垫碟、水果一起撤下。用完水果后，擦净转台，重新摆上鲜花，以示宴会结束。

4. 宴会结束工作

（1）结账准备

宴会结束前，服务员应仔细清点酒水、香烟、水果，核对宴会人数、标准以及菜单外的额外费用，将陪同和驾驶员的工作餐等及时通知收银台。如是单位宴请，签单时核对签单人的单位工作证，然后将账单交与收银员。

（2）拉椅送客

宴会结束，宾客起身离座时，服务员要主动为其拉椅，视具体情况送客人至门口或目送客人。

（3）取递衣帽

衣帽间的服务员应根据取衣牌号码，及时、准确地将衣帽取递给客人。

（4）收台检查

客人离开后，值台员要检查是否有客人的遗留物品，台面上是否有未熄灭的烟头。在客人全部离去后，立即按顺序清理台面，重新布置开餐现场，使其恢复原样，以备下次使用。

第三节　西餐宴会服务

一、西餐宴会座次安排

1. 西餐宴会厅布置要求

首先，西餐宴会厅的环境布置应具有欧美文化气息，可以利用灯光、花卉、油画等具有典型文化格调的饰品来调节气氛、增添情调。其次，宴会厅要根据宴会的性质、桌数、客人要求布置好，整体达到主桌突出，排列整齐，间距合理、美观的效果，并将灯光、音响等提前准备好。

2. 西餐宴会常见台型

西餐宴会多采用长台。常见的西餐宴会台型有：

（1）“一”字形长台

“一”字形长台通常设在宴会厅的正中央，与宴会厅四周的距离大致相等，但应留有较充足的余地（一般应大于 2m），以便于服务人员的操作。

（2）“U”字形台

又称马蹄形台，一般要求横向长度应比竖向长度短一些。

（3）“E”字形台

“E”字形台的三翼长度应相等，竖向长度应比横向长度长一些。

（4）“回”字形台

“回”字形台一般设在宴会厅的中央，是一个中空的台型。

除上述基本台型外，还有“T”形台、鱼骨形台、星形台等。现在，许多西餐宴会也使用中餐的圆桌来设计台型。总之，西餐宴会的台型应根据宴会规模、宴会厅形状及宴会主办者的要求灵活设计。

3. 西餐宴会席位安排

西餐宴会的席位安排应遵循“高近低远”的原则，具体要求如下：

①以女主人为主，女主人坐在面对门的主位，男主人坐在背对门的位置，男女主人应是相对的。

②女士优先，以右为尊。

③主人席位应安排在席位的上方和正中的位置，主宾席位安排在主人席位的右边，副主宾席位安排在副主人席位右边。

④西餐宴会安排位置通常是男女间隔而坐。

“一”字形台的席位安排有两种方式，如图 5-4 所示。

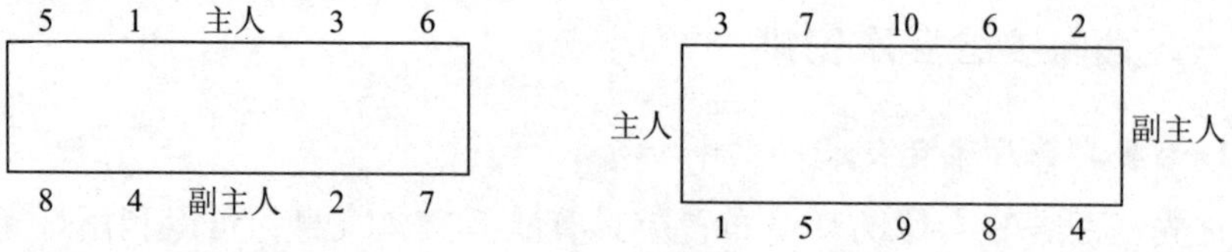

席位安排之一　　席位安排之二

图 5-4　西餐宴会座位安排图

其他台形的席位安排与“一”字形台座位的安排形似，大都是主人坐在餐台中央，主宾在主人的右侧，他们面对其他来宾而坐，其他来宾距主人越近，则表示其身份地位越高，如图 5-5 所示。

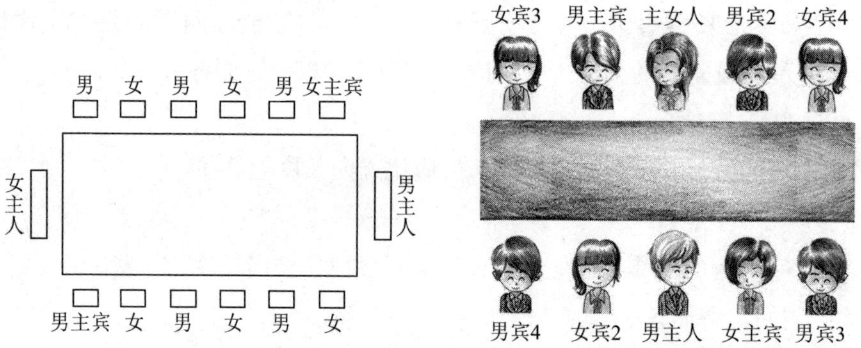

图 5-5　“一”字形台座位安排

二、西餐宴会服务程序

西餐宴会服务可分为四个环节，即宴前准备、宴前服务、宴会服务和结束工作。

1. 宴前准备

（1）掌握宴会情况

宴会服务人员按照饭店规定着装，准时到岗；根据宴会预订，了解宴会情况。

（2）布置宴会厅

宴会服务人员按“宴会通知单”的要求，布置好休息室；根据宴会人数，设计台形；按要求布置好宴会厅。

（3）熟悉菜单

宴会服务人员根据菜单所列菜品，了解菜品名称、上菜顺序等。

（4）准备餐饮用品

按出席人数、菜单备好餐、酒用具及服务用具，并逐项检查，确保餐酒用具清洁、光亮、无缺口。

（5）宴会摆台

按西餐宴会摆台标准和宴会菜单要求摆台。

（6）准备酒类饮品

在宴会场地一侧设吧台，调酒师应做好准备，及时满足客人的需求；准备好酒篮、冰桶、开瓶器等用具，根据酒水供应单，提前准备好相应酒品；需要冰镇的要提前冰镇好，保证各种酒水符合饮用要求。

（7）面包、黄油、冰水准备

为客人杯中斟好冰水或矿泉水。在客人到达餐厅前 5 分钟，把面包放在面包篮里，黄油放在黄油碟中，全部客人的面包数量要求一致。

（8）宴前检查

为确保宴会顺利进行，在宴会开始前，服务人员和管理人员应对各项准备工作进行一次全面检查，检查宴会厅各种设备设施的运转状况，如有问题及时通知饭店有关部门处理；检查和熟悉宴会菜单和酒水单，做好迎客准备。

2. 宴前服务

（1）迎宾接待

客人到达时，服务员要礼貌、热情地迎接客人，并引领客人到休息室。

（2）餐前鸡尾酒服务

客人到达，服务员主动问候客人，主动征求客人意见，询问其是坐饮还是立饮，根据客人的要求为其推荐酒品。给客人送饮料前先征求客人的意见，根据客人要求送上餐前酒或饮料。送饮料给客人时，如客人坐饮，要先在客人面前的茶几上放杯垫，然后放饮料杯；如客人是立饮，要先给客人餐巾纸，然后给客人饮料。

休息室服务时间一般为半个小时左右，当客人到齐、主人表示可入席时，服务员要立即打开通往宴会厅的门，引领客人入席。

（3）引宾入席

宴会开始前 5 分钟左右，宴会负责人员应主动询问主人是否可以开宴，经主人同意后立即通知厨房准备上菜，同时请客人入席。

服务员应精神饱满地站在餐台旁，并为客人拉椅让座，注意遵循先宾后主、女士优先的原则；待客人落座后，为客人铺上餐巾。如台面上有空出的餐位，则将其餐具和展示盘撤下。

3. 宴会服务

（1）上头盘（开胃品）

服务头盘时，应从客人的右侧按顺时针方向为客人上菜，遵循女士优先、先宾后主的原则；当客人准备用头盘时，服务员应斟倒相应的酒水，如味美思、比特酒、茴香酒等；当客人基本用完头盘时就可撤盘，从主宾的位置开始，在客人的右手方向用右手连同刀叉一并撤下。

（2）上汤

上汤时汤盘下应加垫盘，然后从客人的左手方向用左手把汤上到客人面前。上汤的顺序是先女宾，后男宾，再主人。

（3）上鱼虾海鲜类菜肴

上鱼虾海鲜类菜肴前，先撤下汤盘和汤匙，为客人斟好白葡萄酒，然后上菜。应从客人的右侧为客人上菜。

（4）服务主菜

上主菜时，一般配有几样蔬菜和沙拉。盛主菜应用大号餐盘，盛沙拉应用生菜盘。

服务员在上菜时，一定要将主要食物或菜肴最佳部分对着客人摆放，沙拉盘则放在客人的左侧；上菜前，先为客人斟倒红葡萄酒，上菜后紧跟沙拉；上菜时动作要轻，所有菜的摆盘方向相对于宾客一致；要报菜名，揭开保温盖，提醒客人注意，以免烫伤客人，并祝客人用餐愉快。

（5）甜品、水果服务

上点心：吃点心用的餐具要根据点心的品种而定。热点心一般用点心匙和中叉；烩水果用茶匙；冰激凌应将专用的冰激凌匙放在垫盘内同时端上去。吃点心时若有客人讲话，一般用香槟酒。斟香槟酒一定要在上点心或客人讲话之前全部斟好，以方便客人举杯祝酒。

上水果：先上水果盘和洗手盅，盅内放温水、一片柠檬和数片花瓣，然后将已装盘的水果端至客人面前，请客人自己选用。

上香巾：客人吃完水果后，上香巾，按客人人数将香巾放在小垫碟中，每人一碟，放在客人的左侧。

4. 结束工作

（1）休息室服务

当主人请客人到休息室休息时，服务员应立即上前为客人拉椅，再去拉开休息室的门请客人到休息室就座；客人就座后，服务员开始上咖啡，另一服务员跟送糖、奶；上咖啡后，服务员托上各种餐后酒品（如白兰地、蜜酒）以及巧克力糖和雪茄烟（注意雪茄烟不要让女宾）。要及时为客人续斟一次咖啡和酒品。

（2）送客服务

客人离开宴会厅时，服务员应站在出口的一侧，热情欢送客人，并表示欢迎客人下次光临。

（3）收台整理

宴会结束后，应主动征求来宾或陪同人员的意见；客人离开后，服务员应及时检查台面及地面上有无客人遗留的物品，有无燃着的烟头等，若有要及时处置，然后收拾宴会厅和休息室。

收台时，一般按照先收餐巾、毛巾，然后玻璃器皿，最后金属餐具的顺序进行，高档餐具如金器、银器等要清点数量，注意收捡保管好；打扫宴会厅卫生，并将餐台、装饰物等放回原处，恢复宴会厅原貌；关好门、窗，关掉所有电灯。

三、西餐宴会服务要求

1. 西餐宴会上菜要求

①在宴会开始前 5 分钟摆上黄油、分派面包。面包作为佐餐食品可以在任何时候与任何菜品搭配进行，所以要保证客人面包盘总是有面包，一旦盘

子空了，应随时给客人续填。

②按冷开胃品、酒、鱼类、副盘、主菜、甜食、水果、咖啡或茶的顺序上菜。

③肉的最佳部位对着客人放，而配菜自左向右按白、绿、红的顺序摆好；主菜后的沙拉要立即跟汁，沙拉盘应放在客人的左侧。

④上甜点、水果之前要将餐台上用过的杯、盘等餐具收掉，摆好甜品叉、匙。上水果时要先上水果盘和洗手盅，洗手盅置于客人左侧。

⑤上咖啡时要先在每位客人右手边摆上一套咖啡用具（咖啡杯、垫、盘，盘上右侧放一把咖啡勺），然后用托盘送上淡奶壶、糖罐，站在客人右侧服务。

2. 西餐宴会撤换餐具要求

①客人每用完一道菜，应将所用餐盘及餐具一起撤下。

②西餐宴会要求等所有宾客都吃完一道菜后才可以一起撤盘。多桌时，以主桌为准。

③在每一道菜上桌之前，应先撤去上一道菜的餐具，斟好相应的酒水，然后再上菜。

④客人如果将刀叉并拢放在餐盘左边或右边或横于餐盘上方，可以撤盘；客人如果将刀叉呈“八”字形搭放在餐盘的两边，则表示暂时不需撤盘。

⑤撤放餐具时动作要轻、稳、熟练。西餐撤盘时一般是徒手操作，所以一次不宜拿太多。

⑥西餐宴会中全场撤盘、上菜应把握时机，步调一致，多桌时，以主桌为准。

⑦所有服务遵循先宾后主、女士优先的原则和右上右撤的服务方法，派面包和黄油除外，从客人左侧服务。

第四节　其他服务

一、鸡尾酒会

鸡尾酒会是西式招待会的一种，是西方国家较流行的社交、聚会的宴请方式，目前在我国各大高档饭店也经常采用。

1. 鸡尾酒会的形式

举办鸡尾酒会简单而实用，热闹、欢快且又适用于不同的场合。从酒会主题看，多是欢聚、庆祝、纪念、告别、开业典礼等。与冷餐会相比，鸡尾酒会显得简单、随便多了，它不需要豪华设施，不必十分讲究背景环境，气氛热烈而又不拘于礼节，食品供应量较小，花色品种也较少。

实际上冷餐会是从鸡尾酒会发展、演变而来的，因而至今两者还有许多相似之处。

2. 鸡尾酒会的特点

①鸡尾酒会以酒水为主，有鸡尾酒和各种混合饮料以及果汁、冷水、矿泉水等，一般不用或少用烈性酒。

②鸡尾酒会的食品多为三明治、小香肠、炸鸡腿、面包托、炸春卷、薯条等各种小吃，放在餐台上，以牙签取食。

③举行鸡尾酒会的时间较为灵活，上午、中午、下午、晚上均可，宾客参加鸡尾酒会可迟来早退，不受约束。

④鸡尾酒会举行的地点可在室内，也可在室外、花园里，空间不受限制。

⑤鸡尾酒会不设座位，酒水饮料和食品均由服务员用托盘端送，也有一部分放在餐台上，由客人自由取用。在餐厅周围设小圆桌供客人摆放酒杯、餐巾纸、餐碟、牙签盅等。客人都是站着品酒、进食，自由交谈。但亦应准备些椅子，以便让年纪较大的客人使用。

⑥国内现举行的鸡尾酒会通常会在西式的基础上增加部分中式菜点和小吃。

⑦鸡尾酒会进行的时间较短，一般为 60 分钟左右。

3. 鸡尾酒会服务

（1）酒会预订

预订员要熟悉宴会厅的设备、利用状况以及要有丰富的酒水饮料知识，将客人预订的内容、要求、人数、标准和主办方的地址、电话等记录清楚而具体，并需复述客人预订要求。

（2）准备工作

服务员根据宴会通知单的要求摆放餐桌、餐椅，准备所需的各种设备。

临时性酒吧由酒吧服务员负责在酒会前45分钟准备好，根据通知单的要求准备各种规定的酒水、冰块、调酒用具和足够数量的杯具等，将足够数量（一般是到席人数的3倍数量）的甜品盘、小叉、小勺放在食品台的一端或两侧，中间陈列小吃、菜肴。高级鸡尾酒会还应准备肉车为宾客切割牛柳、火腿等；摆放小桌，桌上按规定放好花瓶、餐巾纸、牙签盅等物品；宴会厅主管根据酒会出席人数按比例配备服务人员（一般为10：1）。

（3）迎接客人

服务员按指定位置站立就位，恭候宾客到来；客人到达宴会厅，迎宾员面带微笑向宾客问好；用计数器统计来宾人数；对主宾或主宾席的客人要特别照顾。

（4）酒水服务

酒会开始，服务员分区负责。负责托送酒水的服务员用托盘托送斟好酒水的杯子，自始至终在客人中巡回，由客人自己选择托盘上的酒水或另外点订酒水。酒水服务员行走时如遇人多、拥挤而不能通过时，应礼貌地向客人表示歉意，待客人让开时再通过，并向客人表示感谢。

鸡尾酒由客人在吧台向调酒服务员点要，现点现调。

主人讲话或祝酒时，服务员应主动配合，保证酒水供应。如有香槟酒，要保证祝酒时人手一杯香槟酒。

空酒杯要有专人负责回收，以保持桌面清洁。如客人将用过的酒杯主动放在服务员的托盘上而另换一杯酒水时，服务员不要制止客人，以免造成客人误会或反感。

（5）小吃服务

在酒会开始前，把各种干果摆在小桌子上，前10分钟把各式面包托摆在小桌上；酒会开始后，陆续上各种热菜、热点，并随时注意撤回空盘，保持桌面清洁；在酒会结束前，给每张小桌上摆放一盘餐巾纸。

服务小吃的服务员最好跟在让酒服务员的后面，以便客人取拿。

（6）结账收台

酒会结束时，服务员应热情、礼貌地欢送客人，并欢迎客人再次光临。包价付费的酒会，应将账单整理好请主办单位负责人签字后交至收银台。非包价付费的酒会，服务人员应填好账单并请主办单位负责人签字后交至收银台，以后由主办单位一次付清。管理人员在开餐前会时应向服务员讲明收费方式。

客人离开后快速清理台面，清洗餐酒用具，撤除临时性设备，清扫场地，为下一餐做好准备。

二、冷餐会

冷餐会又称为冷食自助餐，菜品以冷食为主，但有时也备有少量的热餐。冷餐会要准备自助餐台，餐台上同时摆放着各种餐具，菜品、饮品都集中放在自助餐台上。

1. 冷餐会服务要求

①自助餐台的布置要科学合理，餐厅的布置要与餐台面积、餐台空间、就餐人数等相适应，既要方便客人取菜又要便于服务员服务。

②自助餐菜品、餐具摆放要布局合理、客人取用方便。

③要准备足够的餐用具，确保客人使用。

④注意供应菜点的温度，做到凉菜要凉，热菜要热。

⑤随时注意菜点供应量的变化，做好及时添加工作。

⑥客人就餐期间服务员要及时巡台、整理台面，视情况添加菜点。

⑦自助餐饮品一般包括咖啡或茶，其他酒水服务需另行收费。

⑧为客人取菜时，要注意适量，避免勺、叉和盘子撞击作声。

⑨当客人取菜时，服务员应主动为其服务。

⑩撤去台上空盘时，操作要轻收轻放，把银器和瓷器分开放，小盘放在大盘上面，防止损坏餐具。

2. 冷餐会服务

（1）餐前准备

按饭店要求进行餐桌摆台或在自助台上准备盘子；擦拭、准备各类餐具、器具；备足开餐时所需要的调味品、餐具等；装饰、布置好食品陈列台；做好餐厅的卫生并随时观察是否有客人进入餐厅；按要求着装，按时到岗，保持良好的精神状态，等待客人光临。

（2）餐间服务

客人到达餐厅，迎宾员主动问候客人，引领入席，拉椅让座；值台员给客人斟倒冰水，并询问客人所需饮料、酒品等，并及时为客人提供；客人离位取食物时，服务员应主动为客人拉椅，提醒客人看管好随身携带的贵重物品；如有行动不便的客人，应主动询问，征求意见，为其取来食品；及时地为客人撤换用过的餐碟，保持桌面的清洁；及时为客人添加纸巾和牙签、酒水、饮料，根据客人的要求为客人适量取食物；看自助餐台的员工要保持自助餐台和食品夹的干净和整洁，及时添加快用完的食品，保证客人有足够的食品享用；客人饮料喝完后，应询问客人是否需要另点一杯，切勿将空杯子撤去；客人用完热菜后，如要用甜品或水果时，为客人撤去不用的餐具并准备好咖啡或茶；准备好账单。

（3）结账

当客人需要结账时，服务员按结账的程序结账，并向客人致谢。

（4）送客

客人离开餐厅，服务员礼貌送走客人，并主动询问客人是否有衣帽寄放；如有寄放，应主动代客人取回，并提醒客人带好贵重物品。

（5）收台

客人离开餐厅后，服务员要及时整理桌椅并将其摆正，检查是否有客人遗留的物品，如有要及时上报当班领班或大堂副理。

要快速检查台面，整理餐椅并定位，按先收拾口布、杯具、易耗品，再收拾不锈钢餐具、瓷器的顺序收餐；按规定为下一餐摆台，保持餐具的整洁和无破损；清洁工作台和食品台，将可回收的食物整理好，撤回厨房；妥善保管好食品陈列台的装饰品；不锈钢等贵重的餐具洗干净后要用干布擦干并放入工作柜，做好记录；搞好清洁卫生，关闭电器设备。

3. 冷餐会注意事项

①根据冷餐会通知，了解出席客人的人数、用餐标准、举行时间、有何禁忌等，然后设计好台样，专人准备餐具。

②根据要求和台样，布置菜台等，会场布置花草盆景。

③根据指定供应的酒水品种，备齐、备足玻璃器皿。

④一般 200 人以下的冷餐会，需要安放一只中心菜台（同 10~12 只方桌面积）、一只点心台、一只水果台、一只酒水台。

⑤冷餐会一般不设座位，但可根据要求在中心菜台的四周安放一些小台

和椅子，或布置主宾台。

⑥在客人到前 1 小时，将一切准备工作做好。

三、会议服务

1. 会议服务要求

①会议所需用品，应多备 10% 作为备量。

②特殊会议（如签字仪式）应提前询问是否需要准备香槟。

③会议条幅应根据客人要求协调工程部人员悬挂在正确位置，高度适当，不歪斜，不破坏墙面。投影布、投影仪应在会前 3 小时安装到位。大型会议应提前一天调试完毕，中小型会议最少也应提前 1 小时调试完毕。根据主办方要求，可在会议开始前，在投影幕上打上会议主题或欢迎词。

④参会人员落座后，应给演讲人和前排贵宾上矿泉水或茶水。

⑤会议开始后，服务员应站在会场后面或侧面注意观察全场会议，并及时提供服务。如宾客表示会议期间不需要服务时，服务员应站在会场外值班，要保证会议进行期间一直必须有人值班。

⑥若有茶水服务，茶水应在会议开始前 5 分钟泡好，准备足量热水瓶。会议进行 15~20 分钟应续水一次。倒水时，应在客人前面进行，动作要轻柔，不能在客人头上或背部上方倒水。茶水以八分满为宜。

2. 会议服务程序

（1）会前准备

会议前，服务人员应了解会议的基本情况（人数、类型、主题、主办者、有无特殊要求以及会议付款情况等），根据会议预订要求，将所需的各种用具和设备准备好。根据会议的具体要求安排会场布局，根据已确定好的台型图布置会场，要求台型比例协调美观，按要求进行会议摆台。布置好会议用的水吧，备齐会议用水或会议用酒。调试各种设备，搞好会议卫生，根据与会者的风俗习惯与特点安排用品。会议开始前 30 分钟，将会议指示牌放在指定的位置上。在规定位置站好，准备迎接客人。

（2）迎宾服务

如主办方要求提供礼仪，应在指定时间安排礼仪小姐着礼仪服，在大堂和电梯间迎接客人。

迎宾员要在会议开始前一小时到达会议厅，并在会议开始前半小时迎接客人。

打开相关会议设备设施：在会议开始前半小时打开主要灯光，播放轻柔、欢快的轻音乐，并在会议开始前一分钟停播。话筒应在会议开始前 5 分钟开启。

（3）会议服务

会议开始后，服务员站在会议室的后面、侧面或会议室的门外，要保持会议室四周安静。通常每半小时左右为客人添加一次水，但要尽量不打扰客人开会，特殊情况可按照客人要求服务。会议中间休息时，要尽快整理、补充和更换各种用品，通知音响师播放轻柔、欢快的音乐，热情、礼貌地为客人指示洗手间和吸烟区的方向。

（4）会后收尾

会议结束后，应将所有门打开，礼貌送客，并提醒客人带好会议文件资料及随身物品；送别客人时，礼貌为客人叫电梯。宾客全部离场后，仔细检查有无客人遗留物品，若有要及时归还，不能及时归还的要上报上交；协助经理为会议客人结账；收拾会议桌，清扫会场，回收可利用物品，清洗会议用杯，分类复位；协助工程部门撤掉会议所需设备，注意轻拿轻放，防止损坏；通知公卫（PA）做会议室清洁卫生；检查无安全隐患后，关闭所有灯光，撤出，锁门。

知识链接

人民大会堂宴会厅东西长 102 米，南北宽 76 米，高 15 米，面积 7000 多平方米，可以举行 5000 人的宴会或 1 万人的酒会。宴会厅周围 28 根沥粉贴金廊柱，柱高 11 米，直径为 1 米。厅内东、西、北环绕宽敞的二层休息廊，奶黄色的墙壁和巨大的圆形廊柱装饰着沥粉贴金花饰。南面有供宾主讲话和文艺演出用的主席台。宴会厅顶天花中央镶嵌着由水晶玻璃组成的吸顶大花灯，周围是具有中国民族特色的点金石膏雕塑和棋盘式的彩色藻井。人民大会堂宴会厅是举行盛大国宴和国庆招待会的地方，不对外开放。

案例分析

[事件] 某饭店的婚宴接待是由两个部门共同负责，一个是餐饮销售部，一个是饭店销售部。基于这个情况，3 月有两组客人将 4 月某一天的婚宴订重了，甲客人是在饭店销售部人员接待下最早看的场地，但因为要与家人商议，便让销售人员暂时保留场地，但没有交定金；乙客人是在甲客人之后由餐饮销售部接待，很满意场地，并在短时间内很快交了定金，而甲客人也在之后一天交了定金。在此期间，餐饮销售部没有跟饭店销售部核对场地预订情况，也没有通知饭店销售部他们已经将这一天的场地预订出去了。直到婚宴前一个礼拜，两方客人来洽谈婚宴细节，这才发现，这一天定了两家婚宴。

后来经过多次调解，饭店耗费大量时间和精力，才得到甲客人的理解。

[点评] 这件事情之所以会发生，并不是偶然的，因为有关婚宴场地的预订两个销售部门都参与销售，但是在管理方面却没有统一起来，没有成熟、完善的管理体系。

[建议] 鉴于这件事情的严重性，为了避免类似情况的再次发生，饭店决定婚宴场地的预订情况由饭店销售部进行掌控管理，专门留出一个白板来统计婚宴预订情况。如果餐饮部需要销售某一天的婚宴场地，需先向销售部核实这一天的场地是否有预订，如需要销售部暂留场地，最多保留 3 天，3 天之后需给出确切预订信息，并附有客人交定金的押金单复印件。

思考题

1. 什么是宴会？宴会有哪些特点？
2. 宴会预订的程序包括哪些步骤？
3. 中餐宴会座位如何安排？
4. 中餐宴会服务可分为哪四个环节？
5. 西餐宴会服务要求有哪些？
6. 鸡尾酒会与冷餐会有什么区别？

第6章

品尝酒水

知识目标

1. 知道酒的概念；
2. 了解酒的分类和功能；
3. 知道中国著名白酒的产地和酒度；
4. 了解外国六大蒸馏酒的基本知识；
5. 了解和掌握葡萄酒的分类、配制酒的种类；
6. 熟知世界上比较著名的啤酒品牌；
7. 了解和掌握鸡尾酒的概念、基本结构以及调制方法等。

能力目标

1. 掌握酒的概念、分类和功能；
2. 能准确、及时地向客人介绍酒水知识；
3. 掌握鸡尾酒的调制方法。

实训任务

1. 准确掌握酒水常识；
2. 到当地一家饭店进行实地调查，了解其鸡尾酒酒单及鸡尾酒配方。

教学方法

理论讲授＋酒品展示＋实操练习

准备工作

本次课所需教学用具包括教案、课件、各类酒水、各类酒杯、调酒用具、开瓶器等。

操作要点

酒水是人们用餐、休闲及交流活动中不可缺少的饮品，随着我国饭店业和餐饮业的发展，酒水产品和酒水销售量不断增加，酒水销售收入占饭店收入的比重也越来越大。作为餐饮部员工，有必要了解和掌握酒水知识，掌握酒水销售技巧，以扩大饭店盈利水平。

第一节　酒水概述

一、酒的概念与功能

1. 酒水的概念

酒水，顾名思义，既包含酒，也包括水。其中，“酒”是用高粱、大麦、米、葡萄或其他水果经发酵、蒸馏等工艺得到的含乙醇、带刺激性的饮料；“水”则是饭店业和餐饮业的专业术语，是指所有不含乙醇的饮料或饮品。

酒是多种化学成分的混合物，其中，乙醇是主要成分，乙醇在酒液中含量的大小称为酒精浓度（简称酒度）。

2. 酒的功能

人们适量饮酒可使人精神兴奋、舒筋活血；酒中的蛋白质、氨基酸、维生素、微量元素等物质对人体有较好的滋补作用，且能促进新陈代谢，并有抗病毒的作用；酒水中含的有机酸类物质以及苦味、辣味可促进食欲、帮助消化；同时，酒在烹调过程中，还有作料功用，用它可以解腥去腻，增加菜肴的美味芳香；在宴会中敬酒、祝酒、干杯既是不可缺少的礼仪，又可增加热烈、友善的气氛。

3. 酒的分类

酒的分类方法主要有：

①按酒的酿造方法分类，酒可分为蒸馏酒、酿造酒、配制酒。

②按酒的饮用习惯分类，酒可分为白酒、黄酒、啤酒、果子酒。

③按酒精浓度分类，酒可分为高度酒（酒精度高于38度，包括38度）、中度酒（酒精度在16~37度之间）、低度酒（酒精度在15度以下，包括15度）。

二、酒的保管与储藏

酒的主要成分是酒精、水、酸类、糖分等物质，在保管和储藏过程中常容易发生挥发、渗漏、混浊、沉淀、酸败等变质损耗现象。由于各种酒类所含酒精度高低不同，保管条件不一，因此可能发生的变质损耗现象也就有所不同。

酒精含量较高的酒，具有较好的杀菌能力，不易酸败变质，但会有挥发、渗漏现象；酒精含量较低的低度酒，因含酸类、糖分等物质较多，易受杂菌感染，保管温度过高，又会使酒液再次发酵而混浊沉淀、酸败变质或变色变味。针对各类酒的特点，要因地制宜，选择适宜的酒库。理想的酒库应符合下列几个基本要求：足够的储存空间和活动空间；通风性能良好，环境容易保持干燥；隔绝自然采光照明；防震动、防巨声干扰；有相对的恒温条件。各类葡萄酒应根据其特点进行储存，分别将白葡萄酒、香槟酒、汽酒存放于冷库，红葡萄酒存放于专用酒库中，通常的储存温度一般在 10℃ ~14℃之间。

酒品的摆放也有一定的讲究，凡用软木塞封瓶的酒品，要求横置。横放的酒瓶，酒液浸润瓶塞，起着隔绝空气的作用。横置是葡萄酒的主要堆放方式。凡蒸馏酒品，瓶子大多要竖立，便于瓶中酒液的挥发，达到降低酒精含量、改善酒质风格的目的。储存的酒品不要经常挪动，分类放好后，最好到取用时再动。入库的酒类要进行登记，为每一类酒设立一个卡片，将该酒的年龄、产地、标价等登记在案。贵重的酒应放在保险柜里小心保存，防止破损和失窃。刚购买运回的酒要有一个“醒酒期”，因酒品在运输过程中受到震动而使酒分子处于激动状态，让酒“冷静”半个月后再出售给客人，其效果更佳。

饭店除了建立酒库外，还要在酒吧等消费场所设立酒柜，在酒柜内应摆一些最普遍及比较畅销的酒品，以便随时供应。啤酒在保存期间瓶子要立放，不能和具有强烈气味的物品混放在一起，以免改变啤酒的味道；啤酒的存放期常为 2~3 个月，最多不超过半年，如果是鲜啤酒，则应现进现售，最好不要超过一昼夜，以免变质。

第二节　中国酒

一、白酒

白酒是中国特有的一种蒸馏酒，它是以谷物等农副产品为原料，经发酵蒸馏而成的一种高度酒，酒度一般为 50~60 度。白酒按香型可分为 5 种：酱香型、清香型、浓香型、米香型、复香型。

白酒酒液清澈透明，回味悠长，其中酱香雅净，清香馥郁，浓香芬芳，窖香优美。中国白酒具有代表性的品种有：

1. 茅台酒

被誉为“国酒”的茅台酒为酱香型白酒的代表品种，它产于贵州省仁怀县茅台镇，酒度为 53~55 度。茅台酒清亮透明，入口酱香馥郁，回味悠长，饮后空杯留香，持久不绝。

2. 汾酒

为清香型白酒的典型，产于山西省的汾酒是中国白酒鼻祖，其酒度为 60 度左右，素有色、香、味“三绝”之称。

3. 五粮液

属浓香型白酒，产于四川省宜宾市，因以高粱、大米、糯米、玉米、小麦五种粮食为原料制成而得名，酒度为 52 度。该酒酒液清澈明亮，口感喷香浓郁，清冽甘爽。

4. 泸州老窖特曲

为浓香型白酒的代表，产于四川省泸州市，因使用陈年老窖制成，故称老窖。酒度为 52 度，具有晶莹清澈、窖香浓郁、回味悠长等特点。

5. 古井贡酒

浓香型白酒，产于安徽省亳州市古井镇，酒度 60 度，具有香醇幽雅、甘美醇和、余香悠久的特点。

6. 剑南春

浓香型白酒，产于四川省绵竹县，酒度为 50 度和 60 度，具有芳香浓郁、醇和回甜、清冽净爽、余香悠长的特点。

二、黄酒

黄酒是中国特有的酿造酒，多以谷物为原料，蒸熟后加入专门的酒曲和酒药，利用其中的多种霉菌、酵母菌、细菌等微生物的共同作用而酿成的原汁酒。因大多数品种都有黄亮或黄中带红的色泽，故名黄酒。其酒度一般在 12~18 度之间，含有糖、氨基酸等多种成分，具有相当高的热量，是营养价值很高的低酒度饮料。黄酒的产地主要分布在长江中下游一带，以浙江绍兴的产品最为著名。黄酒除用作饮料外，在日常生活中还可作为烹饪调味料或解醒剂、中药用的辅佐料或药引。

中国具有代表性的黄酒有：

1. 绍兴加饭酒

产于浙江省绍兴市，因酿制时在一定的水、米比例之外再加糯米饭，故称加饭酒。酒度 16.5 度，含糖度 2%。该酒色泽澄黄明亮，口味鲜美醇厚，芳香扑鼻。

2. 龙岩沉缸酒

产于福建省龙岩县，因酿造过程中酒醅需经过三沉三浮，最后醅渣沉入缸底而得名沉缸酒，酒度 14~16 度，含糖度 27%。该酒呈鲜艳透明的红褐色，香气浓郁，口味醇厚。

3. 即墨老酒

产于山东省即墨县，选用大黄米、陈伏麦曲、崂山（麦饭石）矿泉水，按照“黍米必齐，曲蘖必时，水泉必秀，陶器必良，火剂必得”的古代造酒六法（“古遗六法”）酿制，经自然发酵后压榨所得的原汁而成，具有色泽瑰丽、气味馥郁、香型独特、性质温馨、质地醇厚等特点，是理想的营养饮料。

三、啤酒

啤酒的历史距今已有 8000 多年，最早出现于美索不达米亚平原，直到 15 世纪，德国巴伐利亚州的修道士才开始把用蛇麻花（啤酒花）当作香料酿造的酒称为啤酒。

啤酒是用麦芽糖化后加入啤酒花，由酵母菌发酵酿制成的，酒精含量为 2%~7.5%，是一种含有多种氨基酸、维生素、蛋白质和二氧化碳的营养丰富、高热量、低酒度的饮料酒，具有清凉、解渴、健胃、利尿、增进食欲等功效，素有“液体面包”的美称，为国际上产量最大的饮料酒。

德国是世界上饮用啤酒最多的国家，人均年饮量多达 150 多公升。英、德、日均为世界著名的啤酒生产国，德国慕尼黑啤酒节已成为国际性的狂欢节。

啤酒按其色泽可分为黄啤酒、白啤酒和黑啤酒；按其加工程序是否杀菌可分为生啤酒和熟啤酒；按其麦芽汁的浓度可分为低浓度啤酒、中浓度啤酒和高浓度啤酒。

一杯优质啤酒的色泽应清亮透明、不混浊，入杯后泡沫特多，其色洁白，又细又稠，挂杯持久。另外，应有明显、纯正的酒花香和麦芽清香，入口要柔和、清爽、略带苦味。

中国著名的啤酒首推青岛啤酒，它采用崂山矿泉水酿制而成，口感柔和清爽，余味纯净，现已出口 30 多个国家和地区，深受消费者欢迎。

四、果酒

果酒是选用含糖分较高的水果为主要原料酿制的饮料酒，酒度为 15 度，酒液大都突出原果实的色泽，美观自然，清亮透明，并带有原果实的特有香气和酒香，酸甜适口，无异味。果酒中最有代表性的是葡萄酒，其他还有苹果酒、猕猴桃酒、广柑酒等。

我国最有代表性的果酒有：

1. 烟台红葡萄酒（甜型）

产于山东省烟台市张裕葡萄酿酒公司，酒度为 16 度，含糖量 12%。该酒酒液色如红宝石，透明如晶体，香气浓郁，具有轻微的玫瑰果香和类似陈皮的老酒香。

2. 中国红葡萄酒（甜型）

产于北京市北京夜光杯葡萄酒厂，酒度为 16 度，含糖量 12%。酒液色泽鲜艳，质地纯净，果香浓郁，有明显的葡萄果香和浓厚的酒香。

3. 青岛白葡萄酒

产于山东省青岛市青岛葡萄酒厂，酒度为 13 度，含糖量 12%。酒液呈淡黄色，饮时清香幽郁，回味绵延。

五、其他酒

除上述酒类外，还有用白酒或食用酒精等配制而成的配制酒，如产于山西省汾阳县杏花村汾酒厂的竹叶青。该酒采用 12 种芳香名贵中药材加入汾酒中调配制成，酒度为45度，含糖度为10%，酒液呈金黄色，微绿，口感香甜、微苦，具有开胃、助消化等功效。

第三节　外国酒

外国酒种类很多，根据其不同的制造方法，可以归纳为蒸馏酒（Spirits）、酿造酒（Fermentation Wine）和配制酒 3 大类。

一、蒸馏酒

所谓蒸馏酒即指烈酒。外国蒸馏酒有很多种类，根据所使用的原料和各国生产、饮用习惯来分，可分为葡萄蒸馏酒、谷物蒸馏酒和杂果蒸馏酒，饭店则习惯把烈酒分为六大类，即金酒、威士忌、白兰地、伏特加、朗姆酒和特基拉酒。

1. 金酒（Gin）

金酒有过许多称呼，香港、广东地区称为毡酒，台湾称为琴酒。又因其含有特殊的杜松子味道，所以又称为杜松子酒。金酒的酒度在 35~55 度，气味奇异清香，口味微带辛辣。既可单饮，又可作为调制鸡尾酒时最为常用的基础酒。因以金酒作基酒调制出来的鸡尾酒有数百种之多，故有人称金酒为“鸡尾酒的心脏”。

金酒的主要产地除荷兰、英国、美国以外，还有德国、法国、比利时等国家，比较著名的有英式金酒和荷式金酒。

（1）英式金酒

英式金酒又称伦敦干金酒，属淡体金酒。英式金酒的生产过程较荷式金酒简单，它是用食用酒精和杜松子及其他香料共同蒸馏而得到干金酒。干金酒很受顾客欢迎。由于干金酒酒液无色透明，气味奇异清香，口感醇美爽适，既可单饮，又可与其他酒混合配置或作为鸡尾酒的基酒，世界上以干金酒作为基酒调制出来的鸡尾酒有数百种之多。

著名的酒牌有：英王卫兵山（Beefeater）、歌顿金（Gordon’s）、坦求来（Tangueray）、吉和蓓（Gilbey’s）、老汤姆（Old Tom）、普利莫斯（Plymouth）、博士（Booth’s）和仙蕾（Schenley）。

（2）荷式金酒

荷式金酒是以大麦芽与裸麦等为主要原料，配以杜松子酶为调香材料，经发酵后蒸馏三次获得的谷物原酒，然后加入杜松子香料再蒸馏，最后将蒸馏而得的酒储存于玻璃杯槽中待其成熟，包装时再稀释装瓶。

荷式金酒色泽透明清亮，酒香味突出，香料味浓重，辣中带甜，风格独特，酒度为 52 度左右，无论是纯饮或加冰都很爽口。因香味过重，荷式金酒只适于纯饮，不宜做混合酒的基酒，否则会破坏配料的平衡香味。

著名的酒牌有：亨克斯（Henlees）、波尔斯（Bols）、波克马（Bokma）、邦斯马（Bomsma）和哈瑟坎坡（Haseka）。

2. 威士忌（Whisky）

威士忌酒是用大麦、黑麦、玉米等谷物为主要原料，经发酵、蒸馏后放入旧的橡木桶中进行醇化而酿成的，成品酒度多在 40~50 度间，除单饮外，也适于调制各种混合饮品和鸡尾酒。

世界上许多国家和地区都有生产威士忌的酒厂，但最著名、最具代表性的威士忌分别是苏格兰威士忌、爱尔兰威士忌、美国威士忌和加拿大威士忌 4 大类。因原料不同和酿制方法的区别，威士忌又分为麦芽威士忌、谷物威士忌、五谷威士忌、裸麦威士忌和混合威士忌 5 大类。

（1）苏格兰威士忌（Scotch Whisky）

原产苏格兰，用经过干燥、泥炭熏焙产生独特香味的大麦芽作酿造原料制成，其酿制经 6 道工序，即将大麦浸水发芽→烘干、粉碎麦芽→入槽加水化→入桶加入酵母发酵→蒸馏两次→陈酿、混合。威士忌至少要储存 8 年以上，储存 15~20 年为最优质的成品酒，超过 20 年的质量会下降。苏格兰威士忌具有独特的风格，色泽棕黄带红，清澈透亮，气味焦香，带有浓烈的烟熏味。苏格兰威士忌是世界上最好的威士忌之一。

著名的酒牌有：红方威（Johnnie Walker Red Label）、金铃（Bell's）、龙津威（Long John）、白马威（White Horse）、珍宝威（J and B）、顺风威（Catty Sark）、金玺百龄坛（Ballantine's Gold Sed）、黑方威（Johnnie Walker Black Label）、芝华士（Chivas Regal）和格兰菲迪切（Glenfiddich）。

（2）爱尔兰威士忌（Irish Whisky）

原产爱尔兰，用小麦、黑麦等的麦芽作为原料酿制而成，经过三次蒸馏，然后入桶陈酿，一般陈酿时间为 8~15 年。成熟度较高，口味绵柔长润，并略带甜味。因原料不用泥炭熏焙，所以没有焦香味。装瓶时还要混合掺水稀释，出售时酒度为 40 度，适用于制作混合酒或与其他饮料共饮。

著名的酒牌有：老布什米尔（Old Bush mills）、约翰·詹姆森父子（John Jameson and Son）和约翰·波尔斯父子（John Power and Son）。

（3）美国威士忌（American Whisky）

原产美国，用加入了麦类的玉米作酿造原料，经发酵、蒸馏后放入内侧熏焦的橡木桶内酿制 4~8 年，装瓶时加入一定数量的蒸馏水加以稀释。美国威士忌没有苏格兰威士忌那样浓烈的烟味，但却具有独特的橡树芳香。酒液呈琥珀色，原体香味浓郁，口感醇厚绵柔，回味悠长。

著名的酒牌有：美国波本威士忌（Maker，Mark）、天高（Ten High）、四玫瑰（Four Roses）、杰克·丹尼（Jack Dannie）。

（4）加拿大威士忌（Canadian Whisky）

主要由黑麦、玉米和大麦混合酿制，采用二次蒸馏，在木桶中储存 4、6、7、10 年不等，出售前要进行勾兑、掺和。加拿大威士忌气味清爽，口感轻快、爽适，很多北美人士都喜爱这种酒。

著名的酒牌有：加拿大俱乐部（Canadian Club）、加拿大之家（Canadian House）。

3. 白兰地（Brandy）

从广义上讲，所有以水果为原料经发酵、蒸馏而成的酒都称为白兰地，但现在已经习惯把葡萄酒经过蒸馏和放在木桶里经过相当时间陈酿而成的酒称为白兰地。白兰地通常被称为是“葡萄酒的灵魂”。

白兰地酒液呈晶莹的琥珀色，具有浓郁的芳香，味醇厚润、微苦、爽口，主要作餐后酒，也可调制混合饮品和鸡尾酒，适量饮用可解疲劳、助消化、增进食欲。

白兰地酒的质量与储藏期有很大关系，储藏时间越长，白兰地的风格越柔顺，香气也越精美，酒质越高。最佳的陈酿时间为 20~40 年，一般不超过 50 年，最多不超过 70 年，时间过长，品质将走向衰败。为了突出贮存，抬高酒价，酒瓶的商标上往往有醒目的特殊标记，这些标记各有不同的意义，如下所述：

V.O　　10~12 年陈

V.S.O　　12~20 年陈

V.S.O.P　　20~30 年陈

F.O.V　　30~50 年陈

X.O　　50 年陈

X　　70 年陈

E（Especial）——特别的

O（Old）——老、陈

P（Pale）——浅色、清澈的

S（Superior Softy）——优越的或柔顺的

V（Very）——非常

X（Extra）——格外的、特别高档的

F（Fine）——好的、精美的

C（Cognac）——干邑（科涅克）

以上标记的含义都不是很严格的，不仅代表的酒龄没有严格的确定，相同的标记在不同的地区和厂家所代表的意义也不尽相同。

法国是世界上首屈一指的白兰地生产国，然而当人们提到极品白兰地时，不是泛指法国白兰地，而是指干邑白兰地。干邑是法国南部的一个小镇，这个地区生产全世界最优质的葡萄，干邑白兰地被称为“白兰地之王”。干邑白兰地酒体呈琥珀色，清亮透明，口味讲究，风格豪壮英烈，特点十分突出，酒度为 43 度。

著名的酒牌有：人头马（Remy Martin）、马爹利（Martell）、轩尼诗（Hennessy）、拿破仑（Courvoisier）、百事吉（Bisquit）、卡米（Camu’s）、长颈 F.O.V（F.O.V）、人头马路易十三（Remy Martin Louis XIII paradise）。

4. 伏特加（Vodka）

伏特加起源于俄罗斯，它以马铃薯、玉米或小麦、黑麦、大麦做原料，经蒸馏法制作而成。其酒精成分较高，标准酒度一般为 50 度，不需储存即可出售，是俄罗斯、东欧、北欧国家十分流行的烈性酒。

传统的伏特加属纯正的中性酒精饮料，无色，无气味，口味淡薄，既可单饮，又可与其他酒类调成各种混合饮品和鸡尾酒。

伏特加通常不需要陈酿，但在波兰，伏特加一般至少要在木桶中陈酿5年。伏特加的质量完全取决于用于蒸馏的原酒以及用来稀释的蒸馏水的质量，至于调香伏特加，木桶陈酿当然可以增加其平和的芳香。

著名的酒牌有：莫斯科夫斯卡亚（Moskovska）、斯道力西那亚（Stolichnaya）和斯道洛法亚（Stolovaya）。在这3种酒品中，莫斯科夫斯卡亚最为尖锐辛辣，感觉十分刺激；斯道力西那亚口味十分柔软细腻，俄罗斯人喜欢把它连瓶冰冻后再佐以鱼子酱饮用，号称是世界上最好的享受；斯道洛法亚澄净透明，口味清爽。另外，还有皇冠（Smirnoff）、芬兰伏特加（Finlandia）、奥博瑟露（Absolut）等都是很著名的品牌。

5. 朗姆酒（Rum）

朗姆酒是以甘蔗汁或糖浆为原料经过发酵、蒸馏而成的一种蒸馏酒，也称为糖酒、兰姆酒、蓝姆酒，原产地在古巴，口感甜润，芬芳馥郁，含酒精38~40度。

朗姆酒的生产方法基本上与威士忌相同，主要生产过程包括发酵、蒸馏、陈酿和勾兑等。朗姆酒的蒸馏既有烧锅式蒸馏，也有连续式蒸馏，前者的生产效果好些，生产出的朗姆酒味道浓厚。几乎所有西印度群岛国家都生产朗姆酒而且特色各异，比较著名的产地有巴巴多斯、古巴、圭亚那、海地、牙买加、波多黎各、特立尼达、维京群岛等。

目前常用的朗姆酒主要有淡色朗姆酒和深色朗姆酒两种，淡色和黄色朗姆酒略有糖蜜味，黄色的略甜，较醇。巴巴多斯朗姆酒柔顺，带有烟黄味道；古巴朗姆酒细腻、清淡；牙买加朗姆酒酒精含量高，口味非常浓烈，带有刺激性；波多黎各生产的朗姆酒酒体轻盈，属于干型朗姆酒，最适合于调制鸡尾酒；特立尼达生产的朗姆酒通常酒体较重，颜色较深。

著名的酒牌有：产自波多黎各的百家地（Bacardi）、产自古巴的哈瓦那俱乐部（Havana Club）、牙买加生产的麦亚斯（Myers）、老牙买加（Old Jamaica）。

此外，还有容里科（Ronrico）、科鲁巴（Coruba）、老橡木（Old Oak）、芬耐德斯（Fernandes）、巴丁耐特（Bardinet）等。

6. 特基拉酒（Tuqulia）

特基拉酒是墨西哥特有的烈性酒，也称龙舌兰酒，是以阿格维

（AGAVE）龙舌兰为原料酿造蒸馏而成的蒸馏酒。该酒是将浸泡在糖液中的龙舌兰发酵后，经两次蒸馏至酒度为 52~53 度，此时的酒香气突出，口味浓烈。白色特基拉酒未经陈酿，银白色者存期最多 3 年，金黄色者在橡木桶中贮存至少 2~4 年，特级特基拉酒要贮存更长时间。

粗犷豪爽的特基拉酒由于采用独特的原材料制成，深受墨西哥印第安人的喜爱，他们根据酒的特性，创造了举世无双、奇特无比的饮用方法。饮用特基拉酒时，左手拇指与食指中间夹一块柠檬，在两指间的虎口上撒少许盐，右手握着盛满特基拉的酒杯，首先用左手向口中挤几滴柠檬汁，一阵爽快的酸味扩散到口腔的每个角落，顿感精神为之一振，接着将虎口处的细盐送入口中，举起右手，头一昂，将特基拉一饮而尽。45 度的特基拉烈酒和着酸味、咸味，如同火球一般从嘴里顺喉咙一直燃烧到肚子，十分精彩和刺激。喝特基拉时一般不再喝其他饮料，否则会冲淡它的原始风味。

特基拉是一种酒体很重的烈性酒，目前在北美，特别是在各大学校园内十分流行。它十分适合于调配鸡尾酒，近年来有很多鸡尾酒都是由特基拉加上果汁、香甜酒调配而成。

著名的酒牌有：奥尔买加（Olmaca）、科尔弗（Cuervo）、玛丽亚西（Mariachi）、欧雷（Ole）、索查（Sauza）。

二、酿造酒

酿造酒又称为原汁酒，是将谷物、果实等含糖或淀粉的物质进行糖化发酵后产生的含食用酒精的饮料。酿造是酒类生产中最为原始的制造方法，通过酿造法生产出的酒品主要有葡萄酒、啤酒、日本清酒及其他水果酒等。酿造酒的最大特点是原汁原味，酒精含量低，一般在 3~18 度。

1. 葡萄酒（wine）

广义上所说的酿造酒即是指以葡萄汁发酵制成的葡萄酒，葡萄酒是果类酿造酒的代表酒品，在世界酒林中占据着十分显赫的地位。葡萄酒是用纯的、成熟的葡萄酿制而成的酿造原酒，葡萄酒以它馨香的气味、悦目的色泽、醇和诱人的滋味、丰富的营养、显著的保健作用及它独特的酒文化赋予的艺术享受，长期风靡世界五大洲而经久不衰。葡萄酒以法国、意大利、西班牙、美国等国的产量大、质量好，尤其是以法国生产的葡萄酒最著名。

（1）葡萄酒的种类

葡萄酒根据其酿造方法的不同，可分为：

①佐餐酒：由发酵的葡萄汁酿制而成的葡萄酒，如红（白）葡萄酒和玫瑰葡萄酒。

②起泡酒：能产生大量二氧化碳气泡的酿造酒，如香槟酒和汽酒。

③强化酒：强化酒是葡萄酒在酿造过程中，中途加入了白兰地，以终止其发酵作用而形成的一种酒精含量很高的酒类。

④芳香酒：在酿造酒中掺入少量白兰地、香草、芳香料而制成的酒水，如味美思。

（2）常见的葡萄酒

①红葡萄酒（red wine）。

红葡萄酒是用紫葡萄连皮及种子一起压榨取汁，经自然发酵酿制而成。由于红葡萄酒的发酵时间长，葡萄皮中的色素在发酵过程中溶进了酒里，使酒液呈红色，清澈透明。由于所用的葡萄品种不同，其酒液色泽和味道也各有差异。酒度一般为15~16度，陈年4~10年味道正好，一般在室温下饮用，即15~18℃为最佳饮用温度。因为红葡萄酒是带皮发酵的，所以有少量沉淀属于正常情况，服务时一般借助酒篮减少晃动，以防沉淀物泛起。由于糖分少，适于吃肉类时饮用。法国波尔多地区（Bordeaux）生产的红葡萄酒优雅甜润，被称为“葡萄酒之女王”。

②白葡萄酒（White wine）。

白葡萄酒主要用白葡萄，也有用紫葡萄制成的，但不管是用哪种葡萄，其皮及种子都需除去，然后再压榨取汁，经自然发酵酿制而成。白葡萄酒发酵时间较短，一般储存2~5年即可饮用。发酵前应除去果皮，故酒液颜色较淡，一般呈浅黄色，在品味上分甜、酸、辣3种。白葡萄酒具有怡爽清香、健脾胃、去腥气的特点，最佳饮用温度为7~10℃，因此在饮用前经常经过冰冻或用冰桶盛放，低温供应客人饮用。

③葡萄汽酒（Sparking Wine）。

葡萄汽酒是含有二氧化碳使之产生气泡的酒，香槟酒是葡萄汽酒中最典型的代表。香槟（Champagne）一词与快乐、欢乐、高兴同义，因为它是一种庆祝佳节的必用酒，具有奢侈、诱惑和浪漫的色彩，是世界上最富有魅力的葡萄酒。

2. 啤酒（Beer）

啤酒是历史上最悠久的谷类酿造酒。据考证，啤酒 6000 多年前起源于地中海南岸的亚洲，以后传入欧美各地。12 世纪时，正式采用蛇麻草（啤酒花）的酒诞生了，加蛇麻草的啤酒有着清爽的苦味和芬芳，世界各地的啤酒厂把蛇麻草视为啤酒的灵魂。由于啤酒含有丰富的营养和 10 多种人体所必需的氨基酸，酒精含量低，又能消暑降温解热，且带有令人爽快的苦味，故深受世界各国饮者的喜爱。

世界上比较著名的啤酒有：

（1）喜力（Heineken）

荷兰喜力啤酒公司是世界上最具国际知名度的啤酒集团，在 50 个国家中与超过 110 个啤酒公司联营生产，产品在超过 170 个国家和地区销售。喜力是排名第一的国际啤酒品牌，口感十分平顺甘醇，无刺激、无苦涩感。

（2）百威

美国 ANHEUSER–BUSCH 集团公司产品，于 1876 年开始酿造销售，行销世界 70 余个国家。在美国，每 5 瓶 Premium 级啤酒中就有一瓶是百威。百威的其他品牌还包括 Bud Light、Bud Ice、Bud Ice Light 等。Bud Light 的口感爽朗清新，热度较低，在 1994 年成为美国低卡啤酒的冠军；Bud Ice 展现平滑顺畅的口味；Bud Ice Light 则是热量较低的冰酿百威，散发甘醇的风味。

（3）科罗娜（Corona）

墨西哥 MODELO 集团产品，生产有 Corona Extra 科罗娜特级啤酒（墨西哥 MODELO 集团在 1925 年酿造出来，目前其销量进入世界啤酒前 5 位）、Corona Light 科罗娜乐得啤酒（墨西哥 MODELO 酒厂于 1989 年专门为美国市场设计酿造的时尚精品，除秉承科罗娜特级啤酒的优点外，更显尊贵、典雅）。由于科罗娜特级啤酒在中国市场出色的销售业绩及中国良好的市场前景，墨西哥 MODELO 集团首次允许科罗娜乐得啤酒进入中国。科罗娜啤酒标榜与柠檬的搭配，凸现墨西哥与加勒比海的异国情调，目前是我国酒吧爱好者最喜爱的品牌之一。

（4）嘉士伯（Carlsberg）

丹麦 CARLBERG 集团公司出品的世界著名啤酒品牌，该集团目前是世界前七大啤酒集团，产品风行全球百余个国家。嘉士伯啤酒的口感属于典型的欧陆式 Lager 啤酒，酒质澄澈甘醇。该集团十分重视产品品质，打出的口号是："Probably the best beer in the world."（可能是世界上最好的啤酒）该集团在品牌建立上也非常用心，致力各种人文与运动活动，包括音乐、球赛等活动的赞助。

（5）健力士

爱尔兰生产的世界著名黑啤酒，该酒颜色深褐，口感丰富，被称为"男子汉的饮料"，深受世界各地消费者的喜爱。

（6）麒麟（Kirin）、朝日（Asahi）、三得利（Suntory）、札幌（Sapporo）

以上 4 个品牌均为日本出品的著名啤酒品牌，目前在我国，麒麟和朝日均由其合资企业生产。

三、配制酒

凡是用酿造原酒、蒸馏酒和其他液体的、固体的非酒精物质进行勾兑、浸制、混合等多种手法调制的各种酒类统称为配制酒。

配制酒的种类比较庞杂，根据特点和功能大致可分为 3 大类：开胃酒、甜食酒和利口酒。开胃酒是餐前饮用的酒，甜食酒和利口酒是餐后饮用的酒，但是开胃酒中的甜型品种也可作为餐后酒，而干型的甜食酒和利口酒也可以作为餐前酒。

1. 开胃酒（Aperitif）

开胃酒的名称源于在餐前饮用的、能增加食欲的酒，开胃酒主要有味美思酒、比特酒（又称必打士酒）和茴香酒。

2. 甜食酒（Dessert Wine）

甜食酒的主要特点是口味较甜，一般作为佐助甜食时饮用的酒品。甜食酒也被称为强化葡萄酒，这与它们的生产工艺有关，即在葡萄酒的生产过程中，为了保留其葡萄糖分，在发酵过程中加入了白兰地即终止其发酵，如此也使得这种酒的酒精含量超过葡萄酒的一倍，达到 35 度左右。波特酒、雪利酒、马德拉酒等都属于甜食酒。

3. 利口酒（Liqueurs）

利口酒是一种以食用酒精和蒸馏酒为基酒，加入果实、草药、香料和甜味添加剂等配制而成的有甜味、有颜色的甜酒。利口酒具有高度或中度的酒精含量，颜色娇美，气味芬芳，酒味甜蜜，是极好的餐后酒，也是调制鸡尾酒常用的辅助酒。

四、软饮料

软饮料又称非酒精饮料，是指酒精浓度不超过 0.5% 的提神解渴饮料，主要有：

1. 碳酸饮料

碳酸饮料是含碳酸气体（CO_2）饮料的总称，它的特点是在饮料中冲入二氧化碳（CO_2）气体，当饮用时，泡沫多而细腻，饮后爽口清凉，具有清新口感。

碳酸饮料主要分为：

（1）普通型

普通型碳酸饮料是通过在饮料中加压、注入二氧化碳的饮料。这类饮料中不含有人工合成香料和天然香料，常见的有苏打水（Soda Water）以及带汽矿泉水。

（2）果香型

果香型碳酸饮料是依靠使用香精和食用色素、赋予一定水果香型和色泽的碳酸饮料。这类饮料色泽鲜艳、不含营养素，一般只起清凉解渴作用。其品种繁多，产量也很大，人们几乎可以用不同的食用香精和食用色素来模仿任何水果的象形色泽，制造出各种果香型碳酸饮料，如汤力水（Tonic Water）和干姜水（Ginger Ale）。

（3）果汁型

这是在原料中添加了一定量的新鲜果汁而制成的碳酸饮料。它除了具有相应水果所特有的色、香、味之外，还含有一定的营养素，有利于身体健康。当前，在饮料向营养型发展的趋势中，果汁饮料越来越受到人们的欢迎。

（4）可乐

风靡全球的“可口可乐”的香味除来自特殊植物的提取液外，还含有砂仁、丁香等多种混合香料，因而味道特殊，极受人们欢迎。美国是可乐饮料的发源地，其产量在世界上处于垄断地位，尤以可口可乐、百事可乐行销世界市场。目前这两种可乐饮料在世界各地均设立集团公司，推销可乐浓浆，生产可乐饮料。

2. 矿泉水

矿泉水是从地下深处自然涌出的或经人工揭露的、未受污染的地下矿水，含有一定量的矿物盐、微量元素或二氧化碳气体，是在地层深部循环形成的，含有国家标准规定的矿物质及限定指标。在通常情况下，其化学成分、流量、水温等动态在天然波动范围内相对稳定。

（1）法国依云（Evian）矿泉水

是由世界上生产矿泉水的巨头 Evian 集团生产，是世界上销售量第一的矿泉水，它产自法国东南部依云莱班（Evian–lesbain），以无泡、纯洁、略带甜味著称，口味特别柔和。

（2）法国皮埃尔（Perrier）矿泉水

是一种带汽的天然矿泉水，无色无味，具有提神作用。为保持“巴黎”矿泉水的水质清纯，每瓶 Perrier 矿泉水装瓶前均经过双重过滤，任何的装瓶过程均受到法国政府的严密监管。Perrier 矿泉水可用来代替苏打水调制混合饮料，目前是酒吧的必备品。

（3）法国伟涛（Vittel）矿泉水

是一种无泡矿泉水，略带碱性，产于法国 Vosges 区的大自然保护区，没有任何工业和农业污染，其水质纯正，被公认为世界上最佳的纯天然矿泉水。“Vittel” 矿泉水的水质受到欧共体及法国天然矿泉水法例的严格管制，欧洲的法律规定，使用“Natural Mineral Water”标志的矿泉水其水源不得再经处理，且装瓶过程必须受严格监督。因 Vittel 矿泉水具备独有品质，所以深受世界各国消费者的信赖。Vittel 矿泉水在我国也有销售。

第四节　鸡尾酒

鸡尾酒是以一种或几种烈酒（主要是蒸馏酒和酿制酒）作为基酒，与其他配料如汽水、果汁等一起用一定方法调制后，经装饰而成的混合饮料，它是一杯经过快速冰镇的酒。一杯好的鸡尾酒应色、香、味、形俱佳。

鸡尾酒属于混合饮料，但非所有的混合饮料都是鸡尾酒。

一、鸡尾酒的分类

鸡尾酒是一个庞大的家族，种类很多，而且仍在不断地出现新品种。目前，调酒行业通常根据鸡尾酒的用途、配料和它们的特点来进行分类。

1. 根据鸡尾酒的饮用时间分类，可分为

（1）餐前鸡尾酒

以增加食欲为目的而调配的鸡尾酒，如马丁尼、曼哈顿等鸡尾酒就属于此类。

（2）餐后鸡尾酒

是帮助消化或吃甜食时饮用的鸡尾酒，通常口味较甜，如白兰地亚历山大、黑俄罗斯等。

2. 根据鸡尾酒的容量和酒精含量分类，分成短饮类鸡尾酒和长饮类鸡尾酒

（1）短饮类鸡尾酒（Short Drinks）

一般是指酒精含量较高的鸡尾酒，其中基酒所占比重在 50% 以上，甚至 70%~80%。此类鸡尾酒载杯多以三角形鸡尾酒杯为主，有时也用古典杯。

（2）长饮类鸡尾酒（Long Drinks）

通常是指基酒所占比重低，辅料如果汁、汽水等含量较高的低酒精饮料，酒精含量为 8% 左右。此类鸡尾酒载杯多以海波杯、卡伦杯为主。

二、鸡尾酒的结构与类型

不论鸡尾酒的品种多么繁杂，组成鸡尾酒的基本结构概括起来只有 3 项，即基酒、辅料、装饰物。

1. 基酒

基酒主要由蒸馏酒和酿制酒构成，它确定了鸡尾酒的基本特征，是鸡尾酒的主体和必不可少的成分。任何酒精饮料都可作为基酒来调制鸡尾酒，烈性酒作为基酒的比例最大，利口酒、开胃酒、葡萄酒、香槟酒等作为基酒的比例较小。烈性酒中常用的有金酒、伏特加酒、朗姆酒、白兰地、威士忌、特基拉酒，其中以金酒用得最多。另外，中国白酒也可以作为鸡尾酒的基酒。

无论使用哪一种酒作为基酒，最好使用其中较著名的名牌产品，以保证鸡尾酒的风格和品质。

2. 辅料

辅料是除了基酒以外用得最多的基本成分，常用的有冰、各种果汁、苏打水、汽水、茶、咖啡、蛋、奶、奶油等。另外各种水果酒、利口酒、糖浆、苦精、蜂蜜、盐也可作为辅料。

3. 装饰物

装饰物起到画龙点睛的作用，有些装饰物也起加味的作用。常用的装饰物有：柠檬、柠檬皮、橙子、橙皮、樱桃、橄榄、小洋葱、菠萝条、香蕉条、香蕉块、薄荷叶、芹菜叶、黄瓜皮以及小纸伞、小纸灯笼等。

三、鸡尾酒的调制方法

鸡尾酒的调制一般有下面 4 种基本方法。

1. 兑和法（Build）

兑和法是将配方中的酒水按分量直接倒入杯里，不需搅拌（或做轻微的搅拌）即可。但有时也需用酒吧匙贴紧杯壁慢慢地将酒水倒入，以免冲撞混合，如彩虹鸡尾酒。

2. 调和法（Stir）

调和法有两种，即调和、调和与滤冰。

调和是把酒水按配方分量倒入酒杯中，加进冰块，用酒吧匙搅拌均匀。搅拌的目的是在最少稀释的情况下，把各种成分迅速冷却混合。这种调法调制的酒水多用卡伦杯或海波杯盛装。

调和与滤冰是把酒水与冰块按配方分量倒进调酒杯中，用酒吧匙搅拌均匀后，用滤冰器过滤冰块，将酒水斟入酒杯中。具体操作要求是：用左手握杯底，右手按握“毛笔”姿势，使吧勺勺背靠杯边按顺时针方向快速旋转。搅动时只有冰块转动声，搅拌五六圈后，用滤冰器放在调酒杯口，迅速将调好的酒水滤出。这种方法调制的酒水一般使用鸡尾酒杯盛装。

3. 摇和法（Shake）

摇和法是把酒水与冰块按配方分量倒进加入冰块的摇酒器中摇荡，摇匀后过滤冰块，将酒水倒入酒杯中。用这种方法调制的酒水多使用鸡尾酒杯盛装。

摇酒的方法有单手摇和双手摇两种。

（1）单手摇

其方法是：右手食指按住壶盖，用拇指、中指、无名指夹住壶体两边，手心不与壶体接触。摇壶时，尽量以手腕用力，手臂在身体右侧自然上下摆。要求：力量大、速度快、有节奏、动作连贯。

（2）双手摇

其方法是：左手中指按住壶底，拇指按住壶中间过滤盖处，其他手指自然伸开；右手拇指按壶盖，其余手指自然伸开固定壶身。壶头朝向调酒师，壶底朝外，并略向上方。摇壶时可在身体左上方或右上方，要求两臂略抬起，呈伸曲动作，手腕呈三角形靠身体的一侧摇动。

4. 搅和法（Bend）

搅和法是把酒水与碎冰按配方分量放进电动搅拌机中，启动电动搅拌机运转 10 秒钟，连碎冰带酒水一起倒入酒杯中。用这种方法调制的酒水多使用卡伦杯或长饮杯盛装。

知识链接

葡萄酒的干型、半干型、半甜型、甜型的划分标准

葡萄酒按残留糖分含量进行划分，可分为干型、半干型、半甜型、甜型 4 种类型，具体划分标准如下：

（1）干型：残留糖分含量在 4 克 / 升以下；

（2）半干型：残留糖分含量在 4~12 克 / 升之间；

（3）半甜型：残留糖分含量在 12~45 克 / 升之间；

（4）甜型：残留糖分含量超过 45 克 / 升。

案例分析

我要“蓝带马爹利”

［**事件**］某饭店鸡尾酒廊里，正值营业高峰，宾朋满座，生意十分繁忙。

当天的3位服务员照看整个酒吧营业区，忙得不亦乐乎。服务生小周把一杯冰水送给一位客人，客人说："我不要冰水，我要'蓝带马爹利'。"小周一愣，心想，刚才这位客人不是说过先要一杯冰水吗？怎么转眼间又说要"蓝带马爹利"呢？究竟是自己听错了，还是客人说错了？

小周没有跟客人争辩，心想：忙中总会有错，要不是客人说错了，就是自己听错了。现在客人需要"蓝带马爹利"，我又何不"成人之美"？反正对饭店也没有坏处。

于是，他镇静地对客人说："先生，您别着急，我们的鸡尾酒廊是本市饭店中最好的高品位酒吧，为让客人更好地品味美酒，酒吧规定，凡是客人点了洋酒，一定要先上一杯冰水。您可以先清清口，然后就能充分地品味'蓝带马爹利'了。"

其实小周也没乱说，这完全是品洋酒的规矩。

小周的话似乎有理有据，说得客人直点头："噢，那好那好，谢谢！"小周忙说："别客气。"于是，小周赶快给那位先生送上了"蓝带马爹利"。

［评析］酒吧在业务繁忙时，容易出现"忙中有错"的现象，特别是在点酒水的环节上，容易出现混淆和遗漏。一旦出现错误后，服务人员应保持清醒的头脑，妥善处理，不能慌乱，在不损害饭店与客人利益的前提下，机智地变通，把错让给自己，即"善意地欺骗"。

本案例中，服务员小周忙中"出错"，引起客人不满，但他运用自己所掌握的品洋酒的知识，说服了客人，把"对"让给客人，使客人转怒为喜，这是机智应变的酒吧服务技巧的具体体现。因此，在酒吧的日常服务中，服务员应注意不断学习业务知识，不断提高接待技巧，才能临危不乱，化险为夷。

思考题

1. 什么是酒？如何分类？
2. 中国具有代表性的白酒、黄酒有哪些？其产地分别在哪里？
3. 外国蒸馏酒都有哪些？其主要生产国都在哪里？
4. 外国葡萄酒和配制酒都有哪些种类？
5. 说出5款世界上比较著名的啤酒品牌。
6. 什么是鸡尾酒？其基本结构和调制方法都有哪些？

三、管理篇

第7章 设计菜单

知识目标

1. 知道菜单的概念和作用；
2. 了解菜单的种类和内容；
3. 了解和掌握菜单设计的基本原则；
4. 掌握菜单的设计要求。

能力目标

1. 能正确掌握菜单的内容；
2. 会设计、制作菜单。

实训任务

1. 调查当地1~2家五星级饭店，了解其菜单种类和内容；
2. 调查当地1~2家五星级饭店，了解其菜单实际制作过程。

教学方法

理论讲授＋饭店案例

准备工作

本次课所需教学用具包括教案、课件、饭店各类菜单等。

操作要点

菜单是饭店餐饮部作为经营者向用餐者展示其各类餐饮产品，为客人提供满足需要的优质的食品和酒水饮料及高质量服务的工具，对餐饮部的经营管理具有重要意义。

第一节　菜单的作用、分类与内容

菜单是餐饮生产和服务的计划书，是确定餐厅主题的决定因素，是向顾客传递信息的工具，它的设计和计划对餐饮的推销作用很大，对餐厅经营效益的高低具有极其重要的影响。

一、菜单的作用

1. 菜单反映了餐厅的经营方针

餐饮部的工作包括原材料的采购、食品的烹调制作以及餐厅服务等，这些都是以菜单为依据的。菜单制作需根据餐厅的经营方针，认真分析客源和市场需求，以此确定餐厅的经营目标。

2. 菜单标志着餐厅菜肴的特色和水平

不同的餐厅有各自的特色等级和水平。菜单上的菜肴和酒水饮料的品种、价格、质量等直接告诉客人餐厅商品的特色和水准。近年来，有的菜单上还详细注明了菜肴的原材料、烹饪技艺和服务方式等，以此来体现餐厅的特色，给客人留下深刻印象。

3. 菜单是沟通消费者与接待者之间的桥梁

菜单是饭店向顾客传递其产品信息的工具，消费者根据菜单选购他们所需要的菜肴和酒水饮料，消费者和接待者通过菜单沟通信息。这种“推荐”和“接受”的结果，使买卖得以成立。

4. 菜单是菜肴研究的资料

菜单可以反映本餐厅所拥有客人的餐饮嗜好。菜肴研究人员根据客人所点菜肴和酒水饮料情况，了解客人的口味、爱好以及客人对本餐厅产品的欢迎程度等，从而不断改进菜肴、酒水饮料和服务质量，使餐厅获利。

5. 菜单既是艺术品又是宣传品

菜单无疑是餐厅的主要广告宣传品。一份装潢精美的菜单可以提高用餐气氛，能够反映餐厅的格调，可以使客人对所列的美味佳肴留下深刻印象，并可作为一种艺术欣赏品予以欣赏，甚至留作纪念，引起客人美好的回忆。

6. 菜单是餐饮企业一切业务活动的总纲

菜单是餐饮服务设施配备的基础，是餐饮生产和销售活动的依据，它通过多种形式影响和支配着餐饮企业的服务系统，具体体现如下：

（1）菜单是餐饮企业购置设备的依据和指南

餐饮设备，如餐桌椅、炊具和餐具等设备，无论种类、规格还是质量、数量等，都取决于菜单上菜肴的菜式品种与烹饪水平。每种菜式都需要配备或者使用相应的加工烹制设备和服务餐具，例如，用炒勺难以烹制出地道的牛排，制作北京烤鸭须使用挂炉，烤乳猪和烤羊肉常用明烤炉，上龙虾要配夹和叉，茶盅不可作咖啡杯等。一份菜单的菜式品种越丰富，餐厅所需的设备种类就越多；菜肴烹饪水平愈高、愈珍奇，所需的设备餐具也就愈特殊。同时，菜单决定了餐厅厨房所使用的设备的数量、性能与型号，因而在一定程度上决定了餐饮企业的设备成本高低。

（2）菜单标志着员工的技术水平、工种

菜单反映着餐饮服务的水准和特色，而要实现这些特色，必须通过厨房烹调和餐厅服务来完成。因此，菜单必须根据菜式的制作和服务要求，配备具有相应技术水平的厨师和服务人员。

（3）菜单的内容决定了食品原料采购和储藏工作的对象

菜单在一定程度上决定着采购和储藏活动的规模、方法和要求。例如，如果餐厅使用固定菜单，由于菜式品种在一定时期内保持不变，餐厅所需食品原料的品种、规格等也固定不变，因此，餐厅在原料采购方法、规格、货源、储藏方法、储藏要求、仓库条件等方面能保持相对稳定；如果餐厅使用循环菜单或变换菜单，则会有不同的情况，食品原料的采购和储藏活动也会变得烦琐复杂。

（4）菜单决定了餐饮成本的高低

菜单在体现餐饮服务水平、风格特色的同时，也决定着餐厅成本的高低。如果用料珍稀、原料价格昂贵的菜式过多，必然导致较高的食品原料成本；而精雕细刻、煞费匠心的菜式过多，又会增加餐厅的劳动力成本。所以说，菜单制定是否科学合理，各种不同成本的菜式的数量之间比例是否恰当，直接影响到餐厅的盈利能力。

（5）菜单影响着厨房布局和餐厅装饰

厨房内各业务操作中心的选址，各种设备、器械、工具的定位，应当以既定菜单内容的加工制作要求为准则。中餐与西餐厨房的布局安排往往大相径庭，因为它们烹制的内容不同、过程不同及所用的设备、工具不同，即使同是中餐厨房或西餐厨房，也会因各自菜单在菜肴特色及加工制作的方法、品种、数量、比例等方面的差异而产生不同的布局。餐厅装饰的目的在于形成餐饮产品良好的销售环境。因此，餐厅装饰的主题、风格、情调以及饰物陈设、色彩、灯光等，都应根据菜单的特点来设计，以达到环境体现餐饮风格、氛围烘托餐饮特色的效果。

二、菜单的种类

由于不同类型的餐厅所使用的菜单不同，因而菜单的类别多种多样，归纳起来，常见的有以下几种：

1. 零点菜单

零点菜单是饭店餐厅中最基本的菜单。零点的菜品一般是现点菜、现制作的，做工要求精细，因而零点菜的价格往往高于套菜和团体菜。一般零点菜单提供的菜品品种较多，客人可根据自己的需要、偏好及菜品的价格自由选择。因此，零点菜单的品种搭配要平衡，注意对菜品的原料、烹饪方法和价格的合理搭配，尽量选择一些能反映本餐厅特色的招牌菜，并将它们作为特色菜加以重点推销。

2. 套菜菜单

饭店餐饮部根据不同类型的顾客和餐厅不同经营方式的需要，可编制多种类型的套菜菜单，最常见的有：

（1）普通套菜菜单

普通套菜菜单通常是将一个人或几个人用餐需要的几种主食、菜肴和酒水饮料组合在一起，以包价形式销售。普通套菜菜单应选一些制作简单的菜品，其价格通常比零点菜便宜。推出普通套菜菜单的目的是为了吸引更多客源，特别是回头客。

（2）团体套菜菜单

团体套菜菜单主要是针对旅行社组织的团队客人、各类会议客人等。团体套菜通常需大批量生产和同时服务，菜单上不宜选用需要做工精细的菜品，因而团体套菜菜单价格相对比较经济。

由于旅游团队和会议客人常常会在饭店中住宿几夜，所以团体套菜菜单必须多准备几套以便循环使用，确保客人在本餐厅就餐期间每日、每餐都有不同菜品的菜单。同时，由于各种团队和会议的档次不同，客人愿意支付的费用各异，所以餐厅有必要根据不同的费用标准，准备好几套团体套菜菜单。

（3）宴会菜单

宴会菜单有多种类型，菜品讲究外形美观、做工精细，通常价格也较高。宴会菜单的要求是：

①要按不同的费用档次设计几套菜单、每个档次准备几种菜单供客人选择。

②要有一定的灵活性。在招徕宴会生意时，可采用菜单样本，让客户自由更换一些菜品。

③要反映不同类别宴会的特色。如婚宴菜单讲究气氛和体面，生日宴会菜单要准备生日蛋糕等。

④菜单设计要求外观漂亮，但印制成本要低。宴会菜单一般可让客人带走，可在菜单上印上餐厅名称、地址、电话号码等，以便进一步推销餐厅，提醒客人再来光顾。

（4）自助餐菜单

套餐菜单是以人或者以桌为计价单位，提供规定菜品的种类和数量，以一定的包价销售给客人。自助餐菜单则不同，不管客人选用的品种和数量是多少，均按每位客人规定的价格收取费用。在计划自助餐菜单时，要预计目标顾客所喜欢的菜品类别，预计客人的数量，提供相当数量的多种类别的菜品，供客人自由选择。

（5）咖啡厅菜单

咖啡厅是提供方便和快速服务的西式餐厅，经营时间比较长，有的饭店咖啡厅提供 24 小时服务，有的提供 12~14 小时的服务，因而咖啡厅要提供满足各类客人需要的食品、酒水饮料。

咖啡厅菜单的品种范围应广些，一般要选择大众喜欢的西式菜点。有的咖啡厅还提供一些中式菜点，其菜单选用品种的价格不宜过高。光顾咖啡厅的客人对时间比较敏感，而且餐厅的营业时间长，所以咖啡厅菜单应选用不需要精细制作、服务方便的菜品，这样可节省服务人工费，减少生产和服务的设备，并减少顾客的等待时间。

（6）客房送餐菜单

客房送餐服务是对因某种原因不能或不愿去餐厅就餐，或在开餐时间以外要求用餐的客人所提供的服务。饭店为了满足这些客人的特殊需求，必须配备工作人员和设备，如推车、保温容器等。具有这些特殊需求的客人为求方便一般对价格不敏感，因而客房送餐菜单应选用质量高，但加工不太复杂的菜肴，要避免选用那些放置后质量容易变质的菜肴，如蛋奶酥、嫩煎牛肉等。客房送餐菜单的品种要搭配合适，不宜过多。同样的菜品，客房送餐菜单比其他菜单的价格要贵些。

客房送餐菜单通常包括早餐菜单、全日菜单和饮品。为便于客人订菜，许多饭店将早餐菜单设计成宜于挂在门把上的卡片。

（7）酒单

酒单是饭店餐饮部提供酒水饮料的目录。通常酒吧将提供的酒水饮料列在酒单上，餐厅供应的酒水饮料既可单独印制一张酒单，也可附在菜单上。酒单上饮品的类别一般有开胃酒、烈性酒、鸡尾酒、香槟酒、啤酒和软饮料等，酒吧提供的饮品类别较多，要分类列出酒水的名称和价格。

酒水饮料是获利性较大的产品，酒单选用的酒水饮料以及酒单的位置安排直接影响酒水饮料的销售。附在菜单上的饮品，应安排在醒目的位置，使顾客一眼就能注意到。有的餐厅将饮品列在主菜旁边或夹在主菜的中间，这样的布局使客人不易忘记点饮品。许多餐厅将酒单印成推销卡立在桌上，这种方式能使顾客一入座就立即注意到酒单。

3. 混合式菜单

混合式菜单综合了零点菜单与套餐菜单的特点和长处。最初的混合式菜单无非是一份零点菜单及一份套菜菜单印刷在一起，即一部分菜式以套菜形式进行组合，另一部分菜式则以零点形式出现。这种菜单的主要缺点是菜单过大，使用不便。现在饭店使用的混合式菜单稍有变化，以西餐为例，有些餐厅的混合式菜单以套菜形式为主，但同时欢迎客人再随意点用其中任何主菜，并以零点形式单独付款；有的饭店使用的混合式菜单则以零点形式为主，但凡主菜皆有两种价格，一为零点价格，一为套菜价格，吃套菜的客人在选定主菜后，可以在其他各类菜种选择价格在一定限额内的菜式作为辅菜。

4. 特种菜单

饭店餐饮部为迎合客人多样化的就餐口味和方式，会推出各式各样的特种菜单，以提高餐厅销售额。常见的特种菜单有特殊推销菜单、儿童菜单、老人菜单、情侣菜单、宗教菜单、航空菜单、节食菜单等。

许多饭店餐饮部还会根据不同季节、不同节日和不同场合设计特种菜单，如冬季推出砂锅菜、火锅、辛辣菜等热菜，夏天推出清凉菜；节日里推出圣诞大餐菜单、春节菜单、六一菜单、情人菜单等。

三、菜单的内容

菜单内容涉及餐饮部如何利用信息把所选定的菜品传递给客人，同时也影响到餐饮部各项工作的安排和经营。菜单作为计划书，它的内容和分类要方便厨房的生产安排和销售统计；作为推销工具，应该将信息正确而迅速地传递给顾客，同时又要通过菜单内容的编写、顺序的安排以及外观的艺术处理来刺激和影响顾客购买。

从整体上看，一份完整的菜单应有 4 个方面的内容。

1. 菜品的名称和价格

菜品的名称会直接影响客人的选择。对于未品尝过的菜肴，客人往往会凭菜名进行挑选，菜品名称起到了引导客人消费的作用。消费者对餐饮部满意的程度主要取决于菜肴的实际内容，但也与由菜名引发的期望值有关。

菜品名称和价格的编写要符合下述要求：

（1）菜品名称真实

菜品名称应能吸引顾客的注意，但必须真实，不能太离奇。不熟悉的、故弄玄虚的、离奇的名字，不容易被顾客所接受。一些餐厅为吸引顾客的注意，在菜名上挖空心思，让顾客如坠五里雾中。此外，一般宴会菜品的命名为了突出宴会主题，往往会给现有菜品另起一套名字，这种“讨口彩”的命名往往可以起到一定的促销作用。

（2）菜品价格真实

菜单上的价格应该与实际供应的一样，如果需加收服务费，则必须在菜单上加以注明；若有价格调整，也要立即改动或更换菜单。

（3）菜品质量真实

菜品质量真实主要包括原材料的质量和规格要与菜单的介绍相一致，如菜品名为炸牛里脊，就不能供应炸牛腿肉；产品的产地必须真实，如菜单上标明某菜的原料是日本雪花牛肉，则所用的原料就不能用国产的牛肉替代；菜品的份额必须准确，有的餐厅名为价格打折实为分量减少，实际上等于是变相的欺诈；菜品的新鲜程度也应真实，菜单上注明是新鲜蔬菜，就不能用罐头或速冻食品代替。

（4）外文名称正确

菜单是餐饮服务质量的一种标志，如果菜单上的英文或外文名称搞错，说明该餐饮部对质量控制不严，会使顾客对餐饮部产生不信任感。

（5）菜单上列出的产品应保证供应

有些餐厅把本餐厅能制作的菜品全部列在菜单上，多给客人选择的余地，然而实际上有许多产品的原料不能保障供应，客人点菜时却缺货，使菜单显得不严肃、不可靠。

2. 对菜肴的介绍

菜单上应对菜肴进行相关介绍，这种介绍可以代替服务员的口头介绍，减少顾客选菜的时间，这些介绍主要是：

（1）主要配料及一些独特的浇汁和调料

有些配料要注明规格，如肉类注明是里脊还是腿肉等；有些配料需注明质量，如新鲜橘子汁、活鱼等。

（2）菜肴的烹调方法和服务方法

对具有特殊烹调和服务方法的菜品必须予以介绍，而普通加工及服务方法则无须说明。

（3）菜品的烹调口味和等候时间

某些具有独特口味的菜品，在菜单上应予以说明，如某道菜香辣、某道菜鲜咸；有些特殊菜肴由于加工时间较长，应在菜单上注明烹调等候时间，以免引起不必要的误会。

（4）菜品的份额

有些菜品要注上每份的量。西餐一般用分量方法加注，如牛排重 200g；中餐通常标注盛器规格，如例盘、大盘等。

3. 告示性信息

除菜品、价格等核心内容外，菜单还应提供一些告示性信息，一般包括：

（1）餐厅的名字

通常安排在封面上。

（2）餐厅的特色风味

如果餐厅具有某些特色风味而餐厅名称又反映不出来，最好在菜单封面、餐厅名称下列出其风味。

（3）餐厅的地址、电话和商标记号

这些信息一般列在菜单的封底下方。有些菜单还附有简易地图，列出该餐厅在城市中的地理位置。

（4）餐厅的营业时间

一般列在封面或封底。

（5）餐厅加收的费用

如果餐厅加收服务费，要在菜单的内页上注明，如所有价目均加收 15% 的服务费。

4. 机构性信息

有的菜单上还介绍餐饮企业的基本情况、历史背景、餐饮特点和发展现状等。如肯德基进入中国市场时，在其各分号的餐馆中利用菜单介绍了这个国际集团的规模、历史背景、企业发展过程及其炸鸡的烹调方法。

第二节　菜单的设计与制作

菜单作为餐饮生产和经营的计划书，对饭店的经营管理具有重要的意义和作用，所以在设计和制作菜单时不能马虎了事，而应精心设计，制作出一份精美、科学合理的菜单。

一、菜单设计的基本原则

1. 以顾客需求为导向

顾客是检验餐饮是否成功的关键，餐饮的经营宗旨就是要竭力迎合和满足顾客的需求。因此，餐饮部必须进行市场调查，了解和分析主要目标客人对菜肴的偏爱、他们的收入水平以及他们的消费档次和消费习惯等，供给和需求相适应，有利于吸引客人、方便消费、扩大销售。

2. 体现出自己的特色，具有竞争力

餐饮部首先要根据自己的经营方针来决定提供什么样的菜单。菜单设计要尽量选择反映本店特色的菜肴列于菜单上，进行重点推销。即便大众化的餐厅，往往也有几道拿手菜、看家菜。因此，设计菜单一定要突出饭店自身的特色，突出饭店的“拿手好菜”和“拳头产品”，把它们放在菜单的醒目位置，单列介绍，只有体现了自己的特色，才能给顾客留下深刻的印象。

3. 不断创新以适应新形势

社会不断发展，顾客的口味和餐饮的形势也在不断变化，所以菜单也要推陈出新，最好是一个季度或半年更换一次。如果菜单长期不换，会缺乏吸引力，从而失去顾客；如果菜单长期不换，会影响菜肴的正常供应，因为有些原料受季节的影响，季节过后，会出现菜单上有菜，而实际上无货供应的局面，从而影响餐厅的信誉。长期不换菜单也不利于厨师烹调技艺的提高。

4. 形式美观大方

菜单不仅是饭店的宣传工具，也是艺术品。所以菜单的式样、大小、颜色、字体、纸质、版面安排需要与餐厅的等级和气氛相协调，要与餐厅的陈设、布置、餐具、服务人员的服装相适应。大众化的餐厅尽管无须装饰精美的菜单，但美观大方的菜单，对增加菜品的销售是有帮助的。

5. 能创造经济效益

餐饮部经营的最终目的是为了盈利，所以设计菜单时不仅要考虑到菜品的销售情况，更要考虑其盈利能力。如果菜的价格过高，顾客就可能接受不了；如果菜的价格过低，又会影响毛利，甚至可能出现亏损。因此，设计菜单时，应适当降低高成本菜的毛利而提高低成本菜的毛利，以保证在总体上达到规定的毛利率。

6. 菜肴种类要平衡

为满足不同口味的顾客，菜单所选的品种不能太窄，选择品种时要考虑以下因素：

（1）每类菜品的价格要平衡

因为顾客的消费水平不同，每类菜的价格应尽量在一定范围内有高、中、低的搭配。

（2）原料搭配要平衡

每类菜的原料不同，每个顾客的口味不同，有的顾客不吃肉，有的顾客不吃鸡蛋，而原料搭配好就可使更多的顾客选择自己喜欢的品种。

（3）烹调方法要平衡

各类菜的烹调方法不同，如炸、炒、煮、蒸、炖。成品的质地要生、老、嫩、脆搭配，口味要咸、甜、清淡、辛辣搭配。

二、菜单制作与设计

1. 菜单制作的准备工作

（1）选择列入菜单的菜品

在制作菜单以前，要将拟提供的菜品分类列出一份清单，注意所选菜品在原料、烹调方法、价格和营养等方面是否搭配得当，而且要写出拟重点推销的特色菜及套菜，每种特色菜要列出具体菜品名称，列出包价或各菜品价格，并要将管理者的推销意图在清单上注明，使艺术设计师和撰稿人能理解并帮助餐饮部达到推销特色菜、提高餐饮利润的目的。

（2）选择艺术设计师、撰稿人

菜单对餐厅有点缀、推销作用，同时也是餐厅的重要标记，它会反映餐厅的形象和情调。因此，菜单的设计一定要选一位专业的艺术设计师，聘请善于写作的人员，这样菜单形象及菜品名称、菜品介绍等描述性的措辞可运用适当。

2. 菜单制作材料的选择

菜单的材料一般以纸张居多，菜单设计应从选择菜单纸开始。纸张是优雅设计的基础，一份精美的菜单的说明、印刷效果等都要通过纸张来体现。纸张的成本在制作一份菜单中占 1/3 左右，所以，餐饮经营管理人员和设计者应该重视菜单纸张的选择。

（1）菜单封面材料的选用

菜单封面应避免使用塑料、绢绸等材料。塑料制品给人的感觉通常是廉价的，易给顾客造成不良的印象；绢绸固然高档，但极易污损，也不宜做菜单封面。一般可选用塑料薄膜压膜的厚纸，这样如有水或油腻也不易留下痕迹，四周不易卷曲。

（2）菜单内页材料的选用

菜单内页用纸的选择主要需考虑菜单的使用期限。一次性使用菜单可印在轻型的、无涂层的纸上，不必考虑纸张的耐污、耐磨等性能，但一次性使用并不意味着粗制滥造。较长久使用的菜单应该印在重磅的涂膜纸上，经久耐用，经得起频繁使用。长期使用的菜单可印刷在防水纸上，脏了可用湿布擦净。另外，在同一份菜单上使用不同类的纸张可起到强化其功能的作用，纸张薄厚和颜色的不同可以突出显示菜单的某一部分是餐厅推销的重点。

3. 菜单的封面设计

封面是菜单的门面，一份设计精良、色彩丰富、漂亮、得体、实惠的封面往往是一家经营有方的餐厅的点缀和醒目的标志。对菜单封面设计的要求是：

①封面的设计要体现餐厅经营特色。如果经营的是老字号餐厅，菜单封面的艺术设计要反映出传统色彩。

②菜单封面的色彩要与餐厅环境色调相匹配。菜单放在桌上或分散在顾客的手中，其颜色可以和餐厅色彩相近，形成一个体系，也可以互相形成反差，使之相映成趣，犹如万绿丛中的花朵，增加色彩及动感。

③菜单封面要恰如其分地列出餐厅名称，营业时间、电话号码、使用信用卡支付的信息可列在封底，有的还在上面传递外卖服务信息。

4. 确定菜单的规格和字体

菜单的式样和尺寸大小应根据餐饮内容和餐厅规模而定。一般餐厅使用28cm~40cm 单面、25cm~35cm 对折或 18cm~35cm 三折菜单比较合适，要求字间不要太密，菜单的篇幅上应保持一定的空白，文字占总篇幅的面积不能超过 50%。

菜单的字体同餐厅所用的标记一样，是构成菜单整体风格的重要组成部分，字体印刷要端正，要使客人在餐厅的光线下很容易看清。菜单上字体一经确定，就和餐厅标记颜色等一起印在菜单上，同时还印在火柴盒、餐巾纸、餐垫以及餐具上。仿宋体、黑体等字体较多地应用于菜单正文，而隶书常被用做菜肴类别的题头。在外文字母上，要根据标准词典的拼字法统一规范。英文有大写和小写之分，大写字体不便阅读，人们习惯阅读小写字体。在菜单上，标题一般用大写字体，说明用小写字体，避免使用花体、圆体等印刷体。

5. 菜单的颜色及艺术设计

（1）菜单的颜色

菜单颜色具有装饰作用，使菜单更具吸引力，更令人产生兴趣。同时颜色还能显示餐厅的风格和气氛，一般来讲，鲜艳的大色块、五彩标题、五彩插图等较适合于快餐厅之类的餐厅菜单；而以淡雅颜色，如米黄、天蓝等为基调设计的菜单，点缀性地运用色彩，可以使人觉得这是一个具有相当档次的餐厅。

（2）菜单上的插图

插图可以直接展示餐厅所提供的菜肴和饮品，让客人有直观的印象，能使客人加快点菜速度、加快座位周转率。印上彩色照片的菜肴应该是餐厅希望顾客最能注意并决定购买的菜肴。目前越来越多的菜单使用菜肴图片加文字说明的形式。

知识链接

菜品顺序的安排

顾客一般按就餐菜品顺序点菜，也就希望菜单按就餐菜品顺序编排，这样既符合人们正常的思维步骤，又可以较容易找到菜肴的类别，不会漏掉。中餐一般按照冷菜、热炒、汤、主食、饮料依次进行，西餐的排列顺序一般是开胃品、汤、沙拉、主菜、甜品、饮品。

1. 中餐菜单的表现形式

中餐菜单最常见的表现形式仍停留在如杂志式的编排上，打开之后，菜名、菜价平铺直叙，无重点，无起伏，这也是中餐菜单亟待改进的地方。

2. 西餐菜单的表现形式

西餐菜单的形式一般有：单页式菜单、双页式菜单、三页式菜单及四页式菜单。西餐菜单中，主菜的地位举足轻重，分量很大，应该尽量安排在显要的位置。根据人们的阅读习惯和经验总结，单页菜单的主菜应列在菜单的中间位置；双页菜单上主菜应放在右页的上半部分；三页菜单中，主菜应安排在中页的中间；四页菜单中，主菜通常被放于第二页和第三页上。

3. 重点促销菜肴的安排

重点促销菜肴可以是时令菜、特色菜、厨师拿手菜，也可以是特别推荐菜，总之是餐厅希望尽快推荐给就餐者的菜肴。菜肴在菜单上的位置对于重点促销菜的推销有很大影响。要使推销效果明显，必须遵循两大原则：首部和尾部，也就是将重点促销菜放在菜单的首部和尾部，因为这两个位置往往最能吸引人们阅读的注意力，顾客几乎总能注意到同类产品的第一个和最后一个菜肴。菜单上有些重点推销的名牌菜、高价菜和特色菜或特价菜可以采用插页、夹页、立式台卡的形式单独进行推销。

案例分析

客人误读菜价

在一家金碧辉煌的餐厅中，两位客人就座在一张小方桌旁吃饭，吃完后接过服务员递上来的账单，发现与自己点菜的时候估算这顿晚餐的价格约相差 350 元，客人很是不解。目光敏锐的领班小徐很快了解到问题的所在，并及时向客人说明他们刚刚食用的一道菜“咸菜黄鱼”，标价是以每 50 克计算的，每 50 克黄鱼标价 20 元，而客人所食的这条大黄鱼重 750 克，计价 300 元，价格出入就在这里。在客人极度不满的情况下，小徐和餐厅经理诚恳地向客人道歉，赠送了客人生日小礼物，并且说明晚餐享受八折优惠，同时还赠送两张情侣优惠餐券，弥补服务上的不足，这使得客人从不满到感激，最终消除影响饭店声誉的因素，客人满意而归。

[**点评**] 在接受点菜时，遇到按重量定价的菜肴，服务员应向客人讲明，以免误解，同时应主动询问客人对数量的具体要求。遇事要沉着冷静，巧妙地处理问题，消除影响饭店声誉的因素。服务人员要有强烈的责任心，对于客人不清楚的事项要认真、细心地说明。对客人容易误解的地方多做提醒，询问清楚了再做决定。

思考题

1. 什么是菜单？其作用是什么？
2. 常见菜单都有哪些类别？
3. 菜单的基本内容有哪些？
4. 菜单设计的基本原则是什么？
5. 对菜单制作材料、封面设计、规格与字体的要求是什么？

第8章

保障食材

知识目标

1. 了解食品原料采购的目标程序；
2. 掌握食品原料的验收、入库、发放和盘存的程序；
3. 掌握不同食品原料储藏的条件和方法；
4. 了解并掌握库存盘点的方法和要求。

能力目标

1. 能正确填写采购任务书；
2. 能将不同食品原料根据储藏条件放至不同的位置；
3. 能按照程序接受采购货物；
4. 能盘点库存的食品原料并计算需要采购的物品数量。

实训任务

1. 分两组到菜市场、批发市场，调查指定的鸡蛋、肉、蔬菜及一些干货原料的价格、产地、质量等相关信息，写出调查报告，两组综合分析餐饮原料的采购途径；

2. 模拟填写验收日报表、鱼肉类食品存货标签、退货通知单、领料单和调拨单。

教学方法

理论讲授＋饭店案例

准备工作

本次课所需教学用具包括教案、课件、饭店案例等。

操作要点

具体要点有：填写采购任务书、储藏食材、接受采购货物、盘点库存食品原料。

第一节　食品原料的采购

食品原料的采购，是餐饮部为客人提供菜单上各种菜肴的重要保证，只有原料的质量合格，才能保证菜肴口味佳美；食品原料的采购数量、质量和价格不合理，会使餐饮成本大大提高。

一、采购目标与方式

餐饮原料是餐饮生产和服务的重要物质基础。菜单确定之后，为满足顾客需求，所有菜单上的菜品的生产所需的原料均需通过采购工作来完成。只有原料的质量好，才能保证为顾客提供优质的餐饮服务。

1. 食品原料采购管理的目标

餐饮原料采购管理的目标包括以下 4 个方面：

①明确质量标准。即要保证每种原料的质量符合一定的使用规格和标准。

②确定采购数量。即要保证为厨房等加工部门提供适当数量的食品、饮料原料。

③保证采购的价格和费用最为优惠，使食品原料成本处于最理想的状态。

④选择适当的供应商。

2. 食品原料采购的 3 种主要方式

食品原料的采购究竟采用何种方式为好，应根据饭店的自身情况及饭店所在地原料市场的供应情况来决定。目前饭店餐饮部原料采购主要有以下 3 种方式：

（1）饭店采购部负责所有餐饮物品的采购

这种采购方式的优点是比较规范，制度比较严密，采购资金的管理也较严格。缺点是采购的周期较长，及时性较差。因此，餐饮部管理人员必须对食品原料的质量进行规范，对采购运作时间予以明确规定，以保证供需的协调一致。

（2）饭店餐饮部负责所有餐饮物品的采购

即餐饮原料的采购工作由餐饮部自己管理。这种采购方式具有及时、灵活、原料质量可以得到保证等优点，但采购的数量控制、资金和成本控制都难以掌握。因此，餐饮部应订立相应的规章制度，严把质量和数量关，使采购环节的成本费用降到最低。

（3）饭店餐饮部负责鲜活物品的采购，饭店采购部负责可贮存物品的采购

这种采购方式比较灵活，其弊端就是多头采购，给管理、协调工作带来了许多麻烦。

二、食品原料的采购程序

采购程序是采购工作的核心之一。实施采购首先应制定一个有效的工作程序，使从事采购的有关人员和管理人员都清楚应该怎样做、怎样沟通，也使管理者利于履行职能，知道怎样去控制和管理。各饭店可根据自己的管理模式，制定符合本饭店的采购程序。图 8-1 为常见的餐饮原料采购程序。

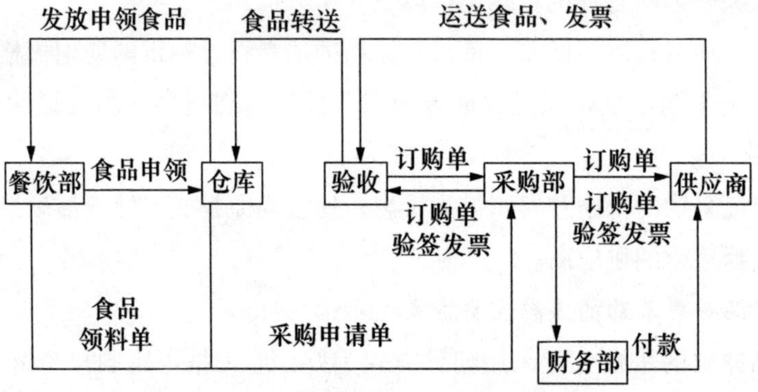

图 8-1　餐饮原料采购程序

由图 8-1 可知，食品原料的采购程序是：

①使用部门所需要的食品应向储藏仓库申领。申领应通过正式的申请手续——食品领料单，仓库根据申领手续发放。发放的食品原料既可以是仓库

本身保管、储藏的，也可以是当天经验收合格的新鲜食品原料。

②使用部门和仓库分别通过采购申请单向采购部门提出订货要求。餐饮部的订货品种是除仓储之外的食品，通常为新鲜食品，而仓库订购的是各类需储存、保管的食品，当库存量低于规定的数量时，就要提出申购，补足必要的库存量。

③当采购部门接到订货申请之后，通过正式的订购单向供应单位订货，同时给验收部门一份订购单，以备收货时核对。

④订货后，供应单位或个体经营者送货上门，则由验收部门验收合格后转送入库；如供应单位不提供送货服务，则由采购部门承运回来，交验收部门验收入库。当验收部门收到厨房订购的新鲜食品时，应立即通知厨房通过申领手续及时领去。

⑤对于单据的处理，应由验收部门将货物发票验签之后，连同订购单交采购部，采购部再交财务部门审核，然后向供应单位支付货款。

在整个运行程序中，应使各部门明了：各项工作均应以向生产部门及时提供适质、适价、适量的食品为唯一目标，各部门在提供食品时都负有各自的责任，管理者应严格按采购程序对采购过程进行督导和管理。

三、食品原料采购质量控制

食品原料的质量是指食品原料是否适用。食品原料的质量是餐饮产品质量的保证，因此，要对原料质量进行控制。餐饮原料质量控制首先应制定食品原料的质量标准，通常是用采购规格书的形式，列出所需采购的食品原料的目录，规定各种食品原料的质量要求。

1. 食品原料质量标准——采购规格书

采购规格书是以书面的形式对餐饮部所要采购的食品原料等规定具体的质量、规格等要求的采购书面标准。

（1）采购规格书的格式与内容

采购规格书的内容主要包括原料名称、原料用途、原料概述、质量要求、验收程序以及特殊要求等。其格式与内容见表 8-1。

表 8–1　采购规格书的格式与内容

（1）原料名称
（2）原料用途 详细介绍原料的用途（如橄榄用来装饰软饮料，猪排用来制作烤酿馅猪排）
（3）原料概述 列出原料的一般质量指标，如猪排：里脊完整无缺，外有脂肪层，厚度 2cm，冰冻状态，无不良气味，无解冻、变质现象
（4）原料的详细说明 列出有助于识别合格产品的因素，这些因素包括产地、规格、比重、品种、份额大小、容器、类型、商标名称、净料率、式样、稠密度、等级、包装物等
（5）原料验收程序 收货时对应该冷藏保管的原料可用温度计测出；通过计数或称重检验数量
（6）特殊要求 明确表明质量要求所需的其他信息，如投标程序、包装要求、交货要求等

（2）采购规格书的作用

①有助于采购人员和管理人员明确食品原料的质量标准。

②有助于为食品生产提供合格的原料。

③有助于搞好食品原料的验收和发放工作。

④可防止采购人员与供货商之间的误解。

⑤将采购规格书发给几个供货商，便于供货商投标，也使饭店有选择最优价格的机会。

⑥便于采购工作的顺利进行。每次订货时，不用口头向供货商重复说明原料的质量要求。

⑦可以防止采购部门与原料部门之间可能产生的矛盾。

2. 编写采购规格书需考虑的因素

每家饭店由于类型、等级、档次、产品质量不同，采购规格书的内容不尽相同，但在编写采购规格书时都需考虑以下因素：

（1）企业的类型

不同类型的餐饮企业对原料的质量标准要求不一样。快餐店与普通餐馆、普通餐馆与豪华餐厅对原料的质量要求都不一样。

（2）设备情况

企业的设备、设施情况影响食品原料需采购的品种和数量。如果餐厅没有足够的设备准备，就需要采购较多的、经过加工后的产品，故在采购规格书上就要详细写明要求。

（3）市场环境

从市场上可购买到哪些食品原料及企业需求与供应商之间的差距，是影响质量标准制定的重要因素。如果市场上原材料种类繁多、应有尽有、标准统一，对采购规格书的编写是有利的。此外，还要考虑交货时间和工具。

（4）菜单

企业要采购哪些食品原料是由菜单决定的。采购任何一种原料都必须是菜单中所需要的，根据菜单上菜肴的制作要求，在采购规格书中要写明对原料的采购要求。

四、采购的数量控制

采购数量应当合理。采购数量过大，容易造成库存积压，占用大量资金；数量过小，增大采购成本，还有可能影响生产需要。

1. 影响采购数量的因素

（1）餐饮产品销售数量

销售数量大，则采购数量势必要大，反之则小。

（2）现有的仓储设施

例如，冷冻、冷藏空间过小，则不能采购过多的易变质的鱼、肉、禽蛋类原料；除湿能力低或设备差，则不能采购过多的干货。

（3）采购点的距离远近

如果采购点远，可以增加批量，减少批次，以便节约运费，防止断档；如果采购点近，可以减少批量，增加批次。

（4）饭店财务状况的好坏

饭店企业经营较好时，可适当增加采购量；资金短缺时，则应精打细算，减少采购量，以利于资金周转。

（5）产品采购的内在特点

不宜久储的食品原料应“勤进快销”，易于保存的干货，则可适当增加采购数量。

（6）市场供应情况

市场供应情况对采购数量的影响主要表现在：

①市场供求状况的稳定程度影响采购数量。当市场上原料供应比较稳定时，采购的数量可按照其消耗速度和供货天数来计算；当原料的市场供应不稳定时（如忽多忽少或长期缺货），可以增加采购数量。

②供货单位制定的最低订货要求（或限制）影响采购的数量。例如，供货单位可能会规定最低金额或最少重量等。

2. 采购对象的分类管理

（1）鲜活原料

鲜活原料指的是蔬菜、鲜鱼、鲜肉、水果和新鲜奶制品等，这些原料一般在购进后的当天或短时间内使用，用完后再购买，所以采购的频率较高，一般采用日常采购法和长期采购法。

（2）干货原料（可储存原料）

干货原料通常指的是干货或冷冻储存的、不易变质的食品原料，如大米、面粉、盐、糖、罐头、调味料及冷冻类的肉类、水产品等，此类原料一般用定期采购法或永续盘存法来控制采购数量。

3. 鲜活类原料采购的数量控制

鲜活原料必须遵循先消耗再进货的原则，因此，要确定某种原料的当次采购量时，必须先掌握该原料的现有库存量（通常在厨房反映出来），并根据营业预测，决定下一营业周期所需要的原料数量，然后计算出应采购的数量。实际操作中，可以选用以下方法：

（1）日常采购法

日常采购法多用于采购消耗量变化大、有效保存期较短且必须经常采购的鲜活原料。每次采购的数量用公式表示为：

应采购数量＝需使用数量－现有数量

式中，需使用数量是指在进货间隔期内对某种原料的需要量。它要根据客情预测，由行政总厨或餐饮部经理决定，在确定该数字时，还要综合考虑特殊餐饮活动、节假日客源变化、天气情况等因素。现有数量是指某种原料的库存数量，它通过实地盘存予以确定。

应采购数量是需使用量与现存量之差。因为鲜活原料采购次数频繁，有的几乎每天进行，而且往往在当地采购，所以一般不必考虑保险储备量。

日常采购原料可以用饭店自行设计的“市场订货单”（见表 8–2）来表示。表中的原料名称可以事先打印好，以免每次重复填写，其余几栏则要每次订货时根据需使用数量和现有存量的实际情况填写。

表 8–2　××饭店市场订货单

原料名称	需使用量	现有存量	需购量	市场参考价		
				甲	乙	丙
花菜						
芹菜						
番茄						
土豆						
……						

（2）长期订货法

某些鲜活类食品原料的日消耗量变化不大，其单位价值也不高，宜采用长期订货法。一是饭店与某一供应商签订合约，由供应商以固定的价格每天或每隔数天向饭店供应规定数量的某种或某几种原料，直到饭店或供应商感到有必要改变已有供应合约时再重新协商；二是要求供应商每天或每隔数天把饭店的某种或某几种原料补充到一定数量。饭店有关原料逐一确定最高储备量，由饭店对饭店或供应商盘点进货日的现存量，以最高储备量减去现存量得出当日需购数量。采购定量卡见表 8–3。

表 8–3　采购定量卡

原料名称	最高储备量	现存量	需购量
鸡蛋	6 箱	3 箱	3 箱
鲜奶	120kg	20kg	100kg

4. 干货及可冷冻储存原料采购的数量控制

干货属于不易变质的食品原料，它包括粮食、香料、调味品和罐头食品等，可冷冻储存的原料包括各种肉类、水产品原料。许多饭店为减少采购成本，求得供应商的量大折扣优惠，往往以较大批量进货，但这样也可能造成原料积压和资金占用过多。因此，必须对这类原料的采购数量严加控制。

确定干货及可冷冻储存原料的采购数量一般有两种方法，即定期订货法和永续盘存卡订货法。

（1）定期订货法

定期订货法是干货原料采购中最常用的一种方法。由于餐饮原料品种多，使用频繁，为减少进货次数，使食品管理员有更多的时间去处理鲜活类原料的采购业务，饭店通常把同类原料或向同一供应商采购的原料，定期在同一天采购。也就是说，不同类的原料和向不同供应商采购的原料的进货尽量安排在不同的日期，使验收员和仓库保管员的工作量得到平均分布。

定期订货法是一种订货周期固定不变，即进货间隔时间（一周、一旬、半月或一月等）不变，但每次订货数量任意的方法。每到某种原料的订货日，仓库保管员应对该原料的库存进行盘点，然后确定本次采购的订货数量，其计算方法如下：

需订货数量 = 下期需用量 − 实际库存量 + 期末需存量

下期需用量 = 日需要量 × 定期采购间隔天数

日需要量指该原料平均每日消耗量，一般根据以往的经验数据得出；实际库存量为订货日仓库实物盘存得到的数字。

期末需存量指每一订货期末饭店必须储存的、足以维持到下一次送货日的原料储备量，用公式表示为：

期末需存量 = 日需要量 × 订购期天数 + 保险储量

决定期末需存量，一方面要考虑发出订货单至原料入库所需的天数（由合同或口头约定，在这里称为订购期天数）和原料的日均消耗量，另一方面还要考虑各种意外原因可能造成的送货延误，要有一个保险储存量。保险储存量的多少视原料的供应情况而定，一般饭店把保险储存量定为订购期内需用量的 50%。

期末需存量也称最低储量。当某些原因造成一定品种原料在某一阶段的实际用量大大超过以往的日均消耗量时，如不及时采购，就可能造成原料的断档。为避免这种失误，仓库保管员如在发货时发现某种原料虽然没有到订货日期，但它的现存量已非常接近于最低储量时，就要立即采购。

例：某饭店一月采购黄桃罐头一次，黄桃罐头的消耗量为平均每天10听，正常订货周期为 2 天。在当月的订货日，经盘点尚存 50 听，饭店确定黄桃罐头的保险储量为订购期内需用量的 50%，则黄桃罐头的最低储量和需订货数量为：

最低储量（期末需存量）= 日需要量 × 订购期天数 + 保险储量

$=10\times2+10\times2\times50\%=30$（听）

需订货数量 = 下期需用量 − 实际库存量 + 期末需存量

$=10\times30-50+30=280$（听）

（2）永续盘存卡订货法

永续盘存卡订货法也称订货点采购法或定量订货法，它是通过查阅永续盘存卡上原料的结存量，对达到或接近订货点储量的原料进行采购的方法，一般为大型饭店所采用。

使用永续盘存卡订货法的前提是对每种原料都建立一份永续盘存卡（见表 8–4），每种原料还必须确定最高储备量和订货点量。

表 8–4　永续盘存卡

食品原料永续盘存卡　　编号：3112				
品名：西红柿罐头 规格：　　单价：		最高储存量：250 听 订货点量：120 听		
日期	**订货单**	**进货量 / 听**	**发货量 / 听**	**结存量 / 听**
4–26				135
4–27	345678		15	120
4–28			17	103
4–29			16	87
4–30			17	70
5–01			15	55
5–02		210	16	249

原料的最高储备量是指某种原料在最近一次进货后可以达到、但一般不应超过的储备量，它主要根据原料日均消耗量以及计划采购间隔天数，再考虑仓库面积、库存金额、供应商最低送货订量规定等因素来确定。

订货点量也就是该原料的最低储存量（定期订货法中的期末需存量）。当原料从库房中陆续发出，使库存减少到订货点量时，该原料就必须采购补充，这时，订货数量为：

订货数量 = 最高储备量 − 订货点量 + 日均消耗量 × 订货期天数

例：某饭店采购冻虾，冻虾日均消耗量为 20kg，订货期为 4 天，最高储备量为 230kg，保险储存量定为订购期内需用量的 50%，则：

订货点量 = 日均消耗量 × 订货期天数 + 保险储量

$$=20\times4+20\times4\times50\%=120\text{（kg）}$$

订货数量 = 最高储备量 − 订货点量 + 日均消耗量 × 订货期天数

$$=230-120+20\times4=190\text{（kg）}$$

永续盘存卡订货法的优点是：原料不足时能及时反映并采购。由于每种原料都规定最高储备量，所以数量上不会多购，有效地防止了原料的过量储存或储存不足；此外，永续盘存卡上登记了各种原料进货和发货的详细信息，仓库保管员不必每天库存盘点，只要翻阅永续盘存卡即可，这样能节省人力；同时，以该方法采购，可使采购数量比较稳定，不需每次决策，管理上比较方便。但是，永续盘存卡采购一般是不定期进行，采购运输的工作量较大，卡片的登记比较费时。因此，许多饭店把定期订货法和永续盘存卡订货法结合使用。

五、采购的价格控制

饭店有效的采购工作目标之一是用理想的价格获得满意的原料和服务。原料的价格受多种因素的影响，诸如市场的供求状况、餐饮的需求程度、采购的数量、食品本身的质量、供应单位的货源渠道和经营成本、供应单位支配市场的程度、其他供应者对其影响等。针对这些影响价格的因素，可以采取以下方法降低价格，保证原料的质量，以实施对采购价格的控制。

1. 规定采购价格

通过详细的市场价格调查，饭店对厨房所需的某些原料提出购货限价，规定在一定的幅度范围内，按限价进行市场采购。当然这种限价是饭店派专人负责调查后获得的信息。限价品种一般是采购周期短、随进随用的新鲜物品。

2. 规定购货渠道和供应单位

为使价格得以控制，许多饭店规定采购部门只能向那些指定的单位购货，或者只许购置来自规定渠道的原料，因为饭店预先已同这些供应商议定了购货价格。

3. 控制大宗和贵重原料的购货权

贵重和大宗食品原料的价格是影响餐饮成本的主体。因此，有些饭店规定由餐饮部提供使用情况的报告，采购部门提供各供应商的价格，具体向谁购买由饭店决策层确定。

4. 提高购货量和改变购货规格

大批采购可以降低购货单价。另外，当某些原料的包装规格有大有小时，如有可能，大批量地购买厨房可以使用的大规格包装的原料，也可降低单位价格。

5. 根据市场行情适时采购

当某些食品原料在市场上供过于求、价格十分低廉而又是厨房大量需要的，只要质量符合标准并有条件贮存，可利用这个机会购进，以减少价格回升时的开支。当原料刚上市时，采购量则尽可能减少，只要能满足短期生产即可，等价格稳定时再行采购。

6. 尽可能减少中间环节

绕开不必要的供应单位，从批发商、生产商或种植者手中以及市场直接采购，往往可获得优惠价格。

六、采购方式的控制

选择和使用合适的采购方式是实现采购目标的重要保证。采购方式多种多样，采用什么样的采购方式，应该根据餐饮业务经营的要求、采购任务、食品原料的种类及市场情况来决定。常用的采购方法有以下几种：

1. 竞争报价采购

这种方法是采购人员将需要采购的某种食品原料通过几个供货商的报价，或提取样品，从中选取质优价廉的货品为采购对象的一种采购方法。在餐饮企业所在地目前货源充足、供货商较多、餐饮企业有稳定的大量的采购需求、餐饮企业资金运转良好的情况下，可采用这种方法。

2. 招标采购

这是一种由使用方提出品种、规格等要求，再由卖方报价、投标并择期公开开标、公开比价，以符合规定的最低价者得标的一种买卖契约行为。其优点是公平竞争，可以使买者以合理的价格购得理想的货品，并可杜绝徇私、防止弊端，但手续较烦琐费时，不适用于紧急采购与特殊规格的货品。

3. 成本加价采购

当某种原料的价格涨落变化较大或很难确定其合适价格时可以使用这种方法。这里的成本指批发商、零售商等供应单位的原料成本。在某些情况下，供货单位和采购单位双方都不能把握市场价格的动向，于是便采用这种方法成交，即在供货单位购入原料时所花的成本上酌情加上一定百分比，作为供货单位的盈利。对供货单位来说，这种方法减少了因价格骤然下降可能带来的亏损危险；对采购单位来说，加价的百分比一般比较小，因而也有利可图。

4. 合作采购

几个类型相似的餐饮企业为了降低进货成本，对某些共同需要的原料凑成大批数量，向供货单位进货，从而获得批发价或优惠价。

5. 无选择采购

在餐饮经营过程中，厨房有时急需某些品种的食品原料，在当地仅此一家有货供应。在这种情况下，无论供货商如何索价，只能采取无选择采购。

6. 归类采购

饭店营业所需的原料品种繁多，必须向众多的供货单位采购，这就意味着饭店每天必须花费大量的人力和时间处理票据和验收进货。为了减少采购、验收工作的成本费用，有的饭店开始尝试新的采购方法，即凡属同一类的各种原料、物资，饭店都向同一个进货单位购买。

7. 集中采购

大型饭店公司或集团往往建立地区性的采购办公室，为本公司该地区的各饭店采购各种食品原料。具体办法是各饭店将各自所需的原料及数量定期上报公司采购办公室，办公室汇总后便进行集中采购。订货以后，可根据具体情况由供货单位分别运送到各处饭店企业，也可由采购办公室统一验收，验收后再分送。

集中采购的优点是：一次购买量大，可以享受价格优惠；便于与更多的供应单位联系，原料质量有更多的挑选余地；有利于某些原料的大量储存，能保证各饭店企业的原料供应；能减少各饭店企业采购员徇私舞弊的机会。

集中采购也有不足，表现在以下方面：各饭店或多或少要被迫接受采购办公室采购的食品原料，不利于饭店按自己的特殊需要进行采购；饭店不得不放弃当地可能出现的廉价原料；集中采购使各饭店菜单趋向雷同，而各饭店自行修改菜单的能力也受到局限，不利于饭店标新立异，不利于创造自己的风格。

以上是几种常用的食品原料采购方法，各饭店应根据自己的类型、规模、业务特点、市场条件等因素选择合适的采购方法。

第二节　验收管理

采购部根据餐饮部需要采购的物品，由供应商送到饭店。为了确保物品的数量、质量和规格等方面同餐饮部采购的要求一致，就需要餐饮部制定合理的验收体系和验收流程。

一、建立合理的验收体系

为了保证采购物品满足生产经营需要，饭店需建立一套合理、完整的验收体系，以保证整个验收工作在机制、体系上的完善。

1. 称职的验收员

饭店验收部门的设立以及验收部门与其他部门的关系因饭店规模大小而异，大型饭店有专门的验收部，而中型饭店只设一个验收员就可以了，小型餐厅没有专职的验收员，可由仓库保管员、成本控制员或财务人员兼任，但不能由采购员、厨师长或餐饮部经理兼职。

选择称职的验收员是验收控制的首要环节，一名合格的验收员应具备以下素质：

①验收员要有很强的责任心，对验收工作感兴趣；

②验收员必须反应灵敏、虚心好学、诚实可靠；

③验收员应具备较丰富的食品原料知识。

饭店应制订培训计划，对所有的验收人员进行培训。验收员也应经常与厨师、餐厅经理、采购员等交流，丰富自己的食品原料知识和经验。

验收员应懂得，未经上级主管同意，任何人都无权改变采购规格，遇有特殊情况应及时向上级主管汇报请示，不得擅自做主。

验收员在工作时不应受厨师长和采购人员的干扰，验收员的相对独立可以对整个采购进行有效的监督和控制。

2. 实用的验收空间和设备

食品原料验收场地一般在饭店的后门或边门，靠近储藏室，与厨房和餐厅在同一个区域。在验收场地附近设验收办公室，这样验收员就能从办公室观察到从验收到入库的一切活动，便于验收。

验收场地的配置还要同时考虑到车辆进出是否方便，是否有利于卸车搬运、便于验收物资的堆放和使用搬运工具，是否有符合食品卫生要求的环境。验收场地的大小视验收任务量而定，以不影响验收工作为准。

为保证验收工作的效率，验收部门应有适当的验收设备和工具。主要的工具有重量等级不同的磅秤、温度计、起钉器、纸板箱切割工具、榔头、尖刀等，还应有验收单、验收标签、购货发票、收货单、采购规格书等单据、材料。

3. 科学的验收程序和良好的验收习惯

验收程序规定了验收工作的工作职责和工作方法，使验收工作规范化。同时，按照程序进行验收，养成良好的习惯，是验收高效率的保证。

4. 经常的监督检查

饭店餐饮部管理人员应不定期检查验收工作，复查货物的重量、数量和质量，并使验收员明白，管理人员非常关心和重视他们的工作。

二、原材料验收的程序

科学合理的验收程序是保证食品质量和成本控制的关键。原材料的验收管理就是要核对采购的数量、质量和价格，检查质量标准是否与订购单一致，核实送货数量和价格是否与发货单一致。因此，验收程序主要围绕这三个方面开展，具体步骤如下：

1. 核对订购单

当供货单位送来食品原料时，验收员应将供货单位的送货发票与事先拿到的相应的“订购单”核对。验收员首先应核对送货发票上的供货单位的名称与地址，避免错收货和接受本饭店未订购的货物。其次是核对送货发票上的价格。若发票上的价格高于“订购单”上的价格，验收员要询问送货员提价的原因，并将情况反映给采购部经理、成本控制员或厨师长，无论退货还是不予退货，都要有厨师长和成本控制员在“货物验收单”上签字，表示责任。若供货单位送货时的价格低于“订购单”上的价格，验收员应请厨师长检查食品原料的质量，质量合格，厨师长在“验收单”上签名，验收员可按此价格接受这批原料。

2. 检查原料质量

食品原料验收员验收的依据是“食品原料采购规格标准”和“请购单”“订购单”。因为在这些表中均有对所采购的食品原料质量要求的描述。一套完整的“食品原料采购规格标准”“请购单”“订购单”应张贴在墙上或特别的大块指示牌上，以便到货时核对参考。若发现质量问题，如食品原料腐烂、变色、气味怪异，袋装食品有效期过期、水果有明显斑痕等现象，验收员有权当场退货。

3. 检查原料数量

验收员根据“订购单”对照送货单，通过点数、称量等方法，对所有到货的数量进行核对。数量检查、核对应注意下列事项：

①若有外包装，先拆掉外包装再称量。

②对于密封的箱或其他容器的物品，应打开一只做抽样检查，查看里面的物品数量与重量是否与箱子或容器上标明的一致，然后计算总箱数。但对高规格的食品原料仍需全部打开，逐箱点数。

③对于未密封的箱装食品原料，仍应按箱仔细点数或称重。

④检查单位重量。除了称到货的重量之外，还应抽查单位重量，检查单位重量是否在验收规格规定的范围之内。

4. 在发票上签字

所有送货都应有送货发票。送货员呈现给验收员的送货发票有两联，送货员要求验收员在送货发票上签名，将第二联还给送货员以示购货单位收到了货物，第一联交给付款人员。

发票上面应该有价格，验收员要检查发票上的价格，避免产生错误，无论是有意还是无意的。

5. 填写验收单

验收员确定其所验收的这批食品原料的价格、质量、数量全部符合“订购单”或“食品原料采购规格标准”后，可填写“验收单”。验收单一式四联：第一联交验收处，第二联交贮藏室，第三联交成本控制室，第四联交财务部。

6. 退货处理

若送来的食品原料不符合采购要求，应请示餐饮部经理或厨师长；若因生产需要决定不退货，应由厨师长或有关决策人员在“验收单”上签名；若决定退货，应填写“退货单”，在退货单上填写所退货物名称、退货原因及其他信息，要求送货员签名。“退货单”一式三联：一联留验收部，一联交送货员带回供货单位，一联交财务部。要设法通知供货单位，本饭店已退货，如果供货单位补发或重发，新送来的货物按常规处理。

交货中如有腐烂食品原料，退货之后，应向采购部有关人员报告，以便尽快找到可替代的供应来源或可能的生产办法，以减少生产部门的不便。

7. 盖“验收章”

验收员检查完食品原料的价格、数量、质量及办理完必要的退货手续之后，可在获准接受的食品原料的送货发票上盖“验收章”，并把盖了“验收章”的送货发票贴在“验收单”上，以便送往财务部。

验收章内容有饭店名称、验收员签名、验收日期、成本入账部门。

使用验收章有以下几种意义：

①证实收到食品原料的日期；

②验收员签名可明确责任；

③管理人员签名表明已知道收到订购的食品原料；

④食品控制师核对发票金额的正确性。

8. 注明信息

即在货物包装上注明发票上的信息，这些信息主要有：①收货日期，有助于判断存货流转方法是否有效；②购价，在存货时就不必再查寻、验收日报表或发货票。

9. 存货标签

对所收到的肉类和海产品加上存货标签。所有冷藏的肉类和海产品这些成本费很高的食品原料，都必须系上“冷藏鱼肉食品标签”。肉类标签有正、副两联（也可上下或左右两联），正联由验收员用绳子扎在食品外包装或者直接拴在食品原料上，副联与“验收单”一起交成本控制办公室。

厨房领料时，连同标签一起发给厨房。若厨房没有整包、整箱领料，贮藏室应根据领用数量重新写标签，正联写领剩下的货物数，并扎在领剩下的冷藏食品上；副联写所领数量，并连同所领货物一起发到厨房。

厨房领料之后，解下标签，加锁保管。原料用完之后将标签送食品会计师，以便核算当天鱼肉成本。

食品成本控制师核对由其保管的正标签和厨房送来的副标签，根据未使用的标签，盘点存货。发现存货短缺，应分析是否存在偷盗，或者记错了金额。

10. 收货储存

将到货物品送到贮藏室、厨房。所收到的食品原料一部分被直接送到厨房或销售地点，称作“直拨原料”；另一部分被送到贮藏室，称作“入库原料”。出于质量和安全方面的原因，验收员应负责保证把货物送到贮藏室（由供应单位的送货员直接把货物送入仓库置放的做法是不可取的）。当送货员离去后，验收人员或本单位其他工作人员应把货物迅速搬到安全可靠的贮藏室。验收员把“验收单”中规定的一联交给贮藏室管理员，后者根据“验收单”再次验收，最后入库贮存。

为了便于进行食品成本核算，验收员在发票上明显的地方逐项注明哪一项是直接送厨房的，哪一项是送仓库的；或者根据不同的送货地点，使用不同颜色的发票，以方便送货，并凭此编制“验收日报表”。

11. 填写“验收日报表”和其他报表

验收完毕之后，大多数大型饭店要求验收员完成一张列明所有收货项目的表格，这张表格通常以供货商分类，以验收的顺序排列。表格之一是“验收日报表”，除了每种食品原料的价格栏目外，该表将成本分为 3 类：直拨、贮藏室和杂项。杂项指不是食品原料的项目，例如纸张和清洁用品，不属于食品原料的成本。

12. 将各种验收记录呈交给有关部门，并标明过期到达的货物

验收员在所有发票上盖章签字，并把发票贴在“验收单”上，然后将贴着发票的“验收单”送至管理人员。管理员在发票上签字后送至成本控制师，由成本控制师核对发票数字的正确性。成本控制师检查完毕后，送交会计部，会计部会将有关数字填进采购日志内。

当“验收单”还在验收员手上时，应该记直拨成本，因为直拨成本是在食品原料一收到时就计入成本的。

建立验收程序的目的是保证餐饮部收到的货物是已订购的数量、已明确的质量和已报过的价格。不论对大型饭店还是小型饭店，这些步骤是最基本的，也是通用的。控制体系越完备，越需要更多的人力和设备，当然这样做也会增加成本。但是，即使小型的个人业主制的餐饮企业也必须采用基本的步骤，以防止在验收过程中由于数量、质量和价格方面的问题而引起的成本过高。

三、原材料验收的相关表格

验收过程中常用的表格主要有：

1. 发货票

所有到货物品都应有发货票（见表 8–5）。发货票应一式两联，送货人将发货票交给验收员之后，要求验收员签名，验收员签名后将第二联交还送货人，证明饭店已收到供货单位发出的货物。第一联应交给财务部，由财务部付款。

表 8–5　公司发货票

户名：　　　　　　　　　　　　　　　　　年　　月　　日

项目	单位	数量	单价	小计

2. 验收单

验收员应每天详细填写验收单（见表 8–6），准确记录验收部收到哪些商品、哪些商品没有发货票、供应单位因交货数量与发货票数量不符而贷记本饭店哪些应收账款。有些验收员为了“节省时间”，在验收单上只记录供应单位名称和送货金额，这种做法是错误的。

验收员在验收单上填上供应单位名称、商品名称及规格、单位、数量、单价、合计金额与总计金额之后，应在验收单上签名，明确责任。在大型饭店里，验收单应一式三联，第一联送经理室，然后转总会计师，第二联留验收部，第三联送成本会计师。

表 8-6　验收单

______ 饭店　　　　　　　　编号：______

供货单位：______　　　　　　日期：______

供货单位地址：______

订购单标号：______

存货编号	项目及规格	单位	数量	单价	合计
总计					

验收员：　　　　　　　　送货员：

储藏室管理员：

3. 冷藏鱼、肉食品标签

在验收时，验收员还应给肉类和海产品加上存货标签。

（1）使用存货标签的优点

①填写标签会促使验收员称鱼、肉的重量。

②发料时，可将标签上的数额直接填到领料单上，便于计算食品成本。

③标签编号有助于了解贮存食品原料，防止偷盗。

④在标签上填明各种有关数据，可简化存货控制程序。

⑤便于存货流转工作。

（2）使用鱼、肉存货标签时要遵守的工作程序

①验收员应为每一块肉、每一条鱼、每一只家禽（单独作一计量单位时，上同）或每一箱鱼、肉、家禽填写标签（见表 8-7）。

表 8–7　鱼、肉类食品存货标签

标签号： 收货日期： 项目： 重量 / 单价 / 成本： 发料日期： 供货单位：	标签号： 收货日期： 项目： 重量 / 单价 / 成本： 发料日期： 供货单位：

②标签应分为两部分，一半系在食品原料上，另一半送食品成本会计师。

③厨房领用原料之后，解下标签，加锁保管；原料用完之后，将标签送交食品成本会计师，核算当天鱼、肉、家禽的成本。

④食品成本会计师核对由其保管的另一半标签，根据未使用的标签，盘点存货。如存货短缺，应分析是否存在偷盗或记错了金额。

需要说明的是，给冷藏鱼、肉、禽食品挂上标签的方法已被许多饭店推广到许多较贵重食品原料的保管中去。

4. 验收日报表

验收日报表（见表 8–8）有以下作用：

①分别计算食品成本和饮料成本，为编制有关财务报表提供资料。

②计算“餐饮直接采购食品”总额，以便计算每日食品成本。

③在大型饭店里，应配有数名验收员和保管员，便于将收货控制的责任从验收员转至保管员。

表 8–8　食品原料验收日报表

原料品名	供应商	发票号	数量	单价	金额	直接采购原料		库房采购原料	
						数量	金额	数量	金额
合计									

5. 验收章

验收完毕之后，验收人员应在送货发票上签字并接受原料。有些饭店为便于控制，要求在送货发票或发货单上加盖验收章。使用验收章的作用如下：

①证实收到食品等原料的日期。

②由收到食品原料和发货票，检查数量、质量、价格的验收员签名，明确责任。

③由食品成本会计师核对发货票金额的正确性。

④总经理与总经理指定的人签名，同意付款。

6. 退货通知单或贷方通知单

如果到货数量不足、质量不符合要求，或存在其他问题，验收员应填写“退货通知单”（见表 8-9）或“贷方通知单”（见表 8-10）。

表 8-9　退货通知单

（副本备存）　　　　编号：
发自：________　　　　交至：________
供应单位：________
发货票号码：________　　　　开具发票日期：________

货品	单位	数量	单价	总价

退货理由：　　　　总计：
送货员：　　　　负责人签字：

表 8-10　贷方通知单

（一式两联）　　　　编号：
发方：________　　　　收方：________
下列项目予以贷记：
发货票号码：
开具发票日期：

货品	单位	数量	单价	总价

理由：　　　　总计：
送货员：　　　　负责人签字：

开具贷方通知单的工作程序如下：

①在发票上注明哪些商品存在问题。

②填写贷方通知单，要送货人签名，并把一联贷方通知单交送货人带回。

③将贷方通知单存根贴在发货票背面，在发货票正面注明正确的数额。

④打电话通知供应单位，本饭店已使用贷方通知单修正发货票金额。

⑤如果供应单位补发或重发货物，新送来的发货票应按常规处理。

⑥将有差错的发货票单独存档，直至问题解决。

7. 无购货发票收货单

验收员收到无发货票的货物时，应填写无购货发票收货单（见表 8-11），以防差错和争议。无购货发票收货单一般是一式两联，验收员在验收单上注明无发货票货物之后，将第一联送到财务部，第二联则作为存根留在验收部。

财务部收到发货票之后，应送验收员。验收员将无购货发票收货单第二联贴在发货票背面，在验收单上补填发货票上的数额，然后按正常程序，由财务部付款。

表 8-11　无购货发票收货单

发货单位____________　　NO.　　日期

数量	项目	单位	小计

第三节　库存管理

原料的储存是生产和销售的准备阶段。有效的库存可以使餐饮生产和销售活动均衡地、不间断地进行，可以保证饭店餐饮产品的质量，同时，这也是减少浪费、进行成本控制的重要环节。

一、原料储存要求

原料的储存需要掌握很多的知识，需要根据物品对温度、湿度、光照和通风等多种情况的要求，分门别类进行存储。

1. 仓库的分类

由于不同原料要求在不同的温度、湿度条件下保存，因此，饭店应设置不同功能的储藏库房。

根据不同的分类依据，库房通常有以下几类：

（1）按地点分类的库房

①中心库房。即饭店的总库房。

②各餐饮营业点库房。一般设在各厨房或酒吧，只储存短期内使用的原料。

（2）按物品的用途分类的库房

①食品库房。

②酒类饮料库房。

③非食用原料库房。

（3）按储存条件分类的库房

①干藏库房。主要存放各种罐头食品、干果、粮食、香料及一些干性食品原料。

②冷藏库房。主要存放蔬菜、水果、蛋、黄油、牛奶及需要保鲜的禽、鱼、肉类原料。

③冻藏库房。主要存放需较长时间保存的冻肉、水产品、禽类和已加工的成品或半成品食物。

2. 仓库的位置和面积

在规划餐饮场所时，仓库往往是最容易被忽略的地方，它经常让位给餐厅、厨房等要害部门，其实这样做会造成餐饮运作环节管理效益的低下。因此，在整个餐饮功能划分中，要充分考虑仓库的位置与面积。

（1）仓库的位置

仓库应设在原料验收处和厨房之间，三者离得越近越好，这样可以减少原料的搬动距离，减少人流、物流的拥挤，避免延误原料供应。实际上，由于不同饭店建筑结构上的原因，各个厨房与验收处往往不在同一楼层，这时，就应考虑把库房设在验收处附近以方便及时地把验收后的原料入库储存；或者考虑设在地下室内，因为地下室避光的储存条件和相对容易控制的温度、湿度对原料的保存是有利的。在中心仓库与各厨房相距较远时，要求厨房制订出较为周密、合理的用料计划，尽量减少领料次数。

（2）仓库的面积

仓库的面积和容量必须充裕。就具体饭店餐饮企业而言，要根据自身的类别、规模、菜单特点、客流量、原料市场供应状况、采购方针以及订货周期等因素来确定仓库面积。菜单丰富或经常变换的餐厅，仓库面积应大些；订货周期长、采购批量大的餐厅，所需的仓库面积也大；快餐厅、咖啡厅及供应品种有限的餐厅，仓库面积可小些。

仓库面积过大，会增加能源费用和维修保养费用，也可能造成存货过多，同时增加安全保卫的难度；仓库面积过小，会使原料存放混乱，保管人员不易整理，仓库清洁工作困难。

那么，仓库面积究竟应该多大才算合适呢？下面给出两种比较常用的推断方法。

一种方法是根据餐厅的餐位数和开餐次数来推算仓库面积，通常每天每个餐位每供应一餐约需仓库面积 0.1 平方米。假如某饭店有 500 个餐位，日均供应三餐，则该饭店所需的仓库面积为 500 × 3 × 0.1=150（平方米）。

另一种方法是根据饭店实际储备量和需要量来确定仓库面积。一般把维持两个星期营业所需的原料储备作为前提，计算出储存这些原料所需的仓库面积。

在确定了总的仓库面积后，还要对不同的仓库类别进行面积分配。表 8–12 给出一个参考方案。

表 8–12 各类库房面积分配参考表

仓库类别	占总面积百分比	总面积（m^2）	应分配面积（m^2）
冷藏仓库	40%	150	60
冷冻库	10%	150	15
肉类冷藏库	8%	150	12
水果、素菜冷藏库	10%	150	15
乳制品冷藏库	5%	150	7.5
酒类饮料库	20%	150	30
走道等	7%	150	10.5
合计	100%	150	150

（3）仓库的温度、湿度、光照和通风

食品原料保质期的长短与储存过程中的温度、湿度、光照、通风等条件密切相关。仓库管理员应熟悉各种原料的储存要求，使原料处于最佳储存状态。

①温度要求。

A. 干藏库。干藏库房一般不需要供热和制冷设备，其最佳温度为15℃~20℃。一般而言，温度低些，食品的保存期可以长些。如果库房不设空调设备，应选择远离发热装置的位置，且有较好的防晒措施。

B. 冷藏库。细菌一般在 4℃以下活动能力有限，15℃~49℃最宜繁殖，在高温（90℃以上）下易被杀死。冷藏是利用低温抑制细菌繁殖的原理来延长食品的保存期和提高保存质量的。饭店常用冰箱、冷藏室对食品进行低温保存。

由于食品的类别不同，对贮藏的温度、湿度条件的要求也各异。表 8–13 列出了常见原料的储存温度和湿度的参考值。

表 8–13　食物最适宜的冷藏温度和相对湿度

食品原料	温度	相对湿度
新鲜肉、禽类	0℃~2℃	75%~85%
新鲜鱼、水产类	–1℃~1℃	75%~85%
蔬菜、水果类	2℃~7℃	85%~95%
奶制品类	3℃~8℃	75%~85%
一般冷藏品	1℃~4℃	75%~85%

C. 冻藏库。冻藏的温度应在 –18℃以下，而且温度要稳定，冻藏原料的保存期也不是无限期的，它们一般不超过 3 个月。

②湿度要求。

仓库的湿度也会影响食品原料储存时间的长短和质量的高低。湿度太大，微生物容易繁殖，原料会迅速变质；湿度过小，会引起食物干缩、失鲜。不同原料对湿度的要求也不一样。

A. 干藏库。相对湿度控制在 50%~60% 为宜。要防止库房的墙、地面返潮及管道滴水等引起湿度的增加。干藏库应挂有湿度计和温度计，以供保管员随时观察。

B. 冷藏库。相对湿度应保持在 75%~85% 之间，蔬菜、水果的储存湿度可略高些（见表 8–13）。

③仓库照明。

强烈的光照对原料的保存不利。仓库如有玻璃门窗，应尽量使用毛玻璃。在选用人工照明时，应尽可能选用冷光灯，亮度以每平方米 2~3 瓦为宜。

④通风。

通风良好有助于保持适宜的温度和湿度，仓库应保持空气的流通。不管何种仓库，原料的存放都不能贴墙，也不能直接堆放在地上或堆放过密。干藏库每小时应交换空气 4 次。

⑤对设备、器材的要求。

A. 货架。货架应有一定的高度以提高单位面积的使用效率。干货仓库宜用结实的钢质或铁质货架，最好还能调节搁板的高度以适应不同原料的存放需要。冻藏库的货架以选用不易导热的木质货架为好。

B. 容器。散装原料必须有相应的能密封、防虫的不锈钢容器盛装，并在容器上标明原料信息。

C. 搬运工具。仓库应有金属手推车，用于搬运较重的货物；还要配备坚固的梯子，以存取位置较高的货物。

D. 称量工具。仓库应配有不同精确度的称量工具，如磅秤、台秤、电子秤等，以便掌握发料的重量。

E. 其他设备。如防盗报警装置等。

二、库存管理

1. 存放方法

对原料科学、合理地存放，可以保持较高的工作效率，便于原料的入库、上架、清仓盘点和领用发放。原料存放的方法和要求是：

（1）分区分类

根据原料的类别，合理地规划货品摆放的固定区域。同一品种的原料不能放在两个不同的位置上，否则容易被遗忘，也给盘点带来麻烦，甚至可能引起采购过量。

（2）四号定位

“四号定位”就是用 4 个号码来表示某种原料在仓库中的存放位置，这 4 个号码依次是库号、架号、层号和位号。任何原料都要对号入位，并在该原料的货品标牌上注明与账页一致的编号。如西式火腿在账页上的编号是 2–1–1–3，即可知它存放于 2 号库、1 号架、第 1 层的第 3 号货位上。

“四号定位”法便于存料发料、盘点清仓，也便于新来的仓库保管员尽快掌握贮藏业务。

（3）立牌立卡

对定位、编号的各类原料建立食品存货标签（料牌）和永续盘存卡，料牌上写明原料的名称、编号和到货日期，卡片上记录物品的进出情况和结存数量。

（4）五五摆放

根据分类后的物资形状，对包装较为规范的罐、瓶、盒、箱装的原料，以五为计量基数堆放，即做到“五五成堆、五五成行、五五成排、五五成串、五五成捆、五五成层”。

2. 各种原料储存的基本要求

不论干藏、冷藏还是冻藏，在原料的保管储存中都要做到以下几点：

①储存的各种货物不应接触地面和墙面，一般距离地面 15cm、离墙 5cm 以上。

②非食用原料不能储存在食品库房内。

③标明各种货物的编号、名称、入库日期等有关信息。

④常用的或单位重量较大的货物放在离出口近的地方或货架的下部。

⑤确保货物的循环使用，即执行“先进先出”（FIFO）的原则。

⑥对滞压货物要进行报告，请厨师长及时使用。

⑦定期清洁仓库或储藏室。

⑧将开封的原料放在加盖并有标识的容器内。

⑨定期检查仓库的温度、湿度是否适宜。

3. 冷藏库的储存管理要点

①原料在验收后应尽快冷藏。

②温热的成品和半成品在冷藏前应先冷却再冷藏，否则易损坏制冷设备。

③应拆除原料外包装后放入冷藏箱。因为外包装上往往有污泥及细菌。

④有强烈或特殊气味的原料或食物应在密闭容器内冷藏。

⑤冷藏设备的底部及靠近制冷管的地方一般温度较低，宜放肉类、禽类、水产类等原料。

⑥当制冷管外的冰霜厚度超过 0.5cm 时，应进行除霜处理以提高制冷效果。

⑦重视冷藏库、冰箱的卫生，定期清洁打扫。

⑧已加工的食品和剩余食物应密闭冷藏，以免受冷干缩或有异物混入，并防止与其他食物串味。

⑨冻藏原料的解冻处理要得当。解冻一般在室温下进行，也可用塑料袋包妥后在冷水中冲洗。各类食品应分别解冻，在解冻过程中不得受到污染。

⑩冻藏原料一经解冻，不得再次冷冻储存，否则食物内复苏的微生物会引起食物腐败变质，而且再次冰冻会破坏食物内部组织，影响外观、营养和食物香味。

⑪冷冻的蔬菜、面点类食品不用解冻即可直接烹饪。这些食品不经解冻反而能更好地保持色泽和外观。

第四节　食品原料的发放与盘存管理

各厨房、酒吧等营业点使用的原料均须经过领料（发料）这一环节。对这一环节的管理要达到 3 个目的，即保证各营业点用料得到及时、充分的供应；控制各营业点用料数量；正确记录各营业点的用料成本。

一、原料发放的形式

原料的发放形式有两种：直接发放和仓库发放。

1. 直接发放的原料

直接发放的原料主要是易腐败性原料，也就是直接采购的原料。这些原料经验收合格后无须入库保存，从验收处直接发到厨房，其价值按当日进料价格记入当天食品成本账内。食品成本控制员在计算当日食品成本时只需从验收日报表中直接进料栏里抄录数据即可。

当然，实际情况并不会这么简单，最常见的情况是当日的进料不能完全用完，剩余部分第二天、第三天才用完，但原料成本却记在第一天里，这样第一天的食品成本就不真实。要精确核算食品成本率，必须对当日直接发放、储藏室发放以及当日厨房剩余原料进行统计后才准确。

2. 仓库原料发放

仓库原料发放包括干藏食品、冷藏食品和冻藏食品。这些原料经验收后入库储存，当生产需要时再由仓库发放到厨房和酒吧，在发出当日转入当日食品成本。

二、库存原料发放的控制

每日库房发出的原料都要记在“库房食品饮料发料日报表”（见表 8–14）上，日报表上汇总每日库房发料的品名、数量和金额，并明确原料价值分摊的部门，注明领料单号码；每月末，将“库房食品饮料发料日报表”上的发料总额汇总，便得到本月库房发料总额。

表 8–14　库房食品饮料发料日报表

货号	品名	单价	金额	成本分摊部门	领料单号	备注

本日发料汇总＿＿＿＿＿　　发料项目数＿＿＿＿＿　　总金额＿＿＿＿＿

制表人：

1. 库存原料发放的基本要求

（1）定时发料

为使仓库管理人员有充分的时间整理库房，检查各种原料的库存情况，不至于忙于发料而耽误其他工作，应规定每天的领料时间。有的饭店规定每天早上两个小时（如 8：00~10：00）和下午两个小时（如 14：00~16：00）为仓库发料时间，其他时间除紧急情况外一般不予发料。也可规定领料部门提前一天送交领料单。提前送交领料单有以下优点：可以使仓库管理员有充分的时间提前准备，避免和减少差错；能减少领料人员的领料时间；可促使厨房管理人员对次日的客流量作出预测，计划好次日的生产。定时发放还有利于仓库保管，减少库存原料的丢失。

（2）凭单发料

生产部门根据自己所需要的食品原料填写领料单，仓库必须按领料单备料、发料。领料单有三大作用。

①控制仓库的库存。领料单是仓库发出原料的原始凭证，领料单上详细、准确地记录发放的数量和金额，可以准确地计算账面库存额，是控制库存短缺的工具。

②核算各厨房的餐饮成本。领料单上清楚地反映各厨房向库房领料的价值，是计算各厨房餐饮成本的工具。

③控制领料量。领料单是员工向仓库领料的凭证。没有领料单，任何人不得从仓库取走原料，并且员工只能领取领料单上规定的原料品种和数量。

领料单的格式见表 8–15。

表 8–15　食品原料领料单

日期：

仓库类别：						
品名	货号	申领数量	实发数量	单价	食品金额	饮料金额
				合计		
领料人： 领料部门领导： 发料人：					本单领料总金额	

领料单必须由厨师长或领料部门指定的管理人员签字后仓库才能发料。仓库发料时，领料人和发料人都要签字。领料单上如有空白处，应当着收料人的面划掉以免被人私自填写。食品金额和酒水金额最好分开填写，这样有利于分类统计成本。

领料单一式三联，一联交回领料部门，一联送财务部食品成本控制员，最后一联仓库留存。

（3）如实记录原料使用情况

饭店厨房经常提前为数日后所需原料做准备，如大型宴会的食品常常需要几天前就要准备。因此，如果有的原料不在领取日使用，必须在原料物资领用单上注明该原料消耗日期，以便将该原料价值如实记入当日成本。

（4）正确计价

原料从仓库发出后，仓库保管员应该在领料单上列出各项原料的单价，计算金额，并汇总领取食品饮料的总金额。有食品标签的肉类食品和价格相对稳定的干货类食品原料，可采用实际购价计算。如果库房不采用货物标牌制度，可以根据货品库存卡标明的单价，采用先进先出法或最后进价法等方法计价。

2. 原材料的内部调拨

大型饭店往往有多个厨房、餐厅和酒吧。厨房之间、厨房与酒吧之间会发生食品和饮料的相互调拨。由于饭店各部门大多是独立核算成本，为反映其真实的经营情况，对这些调拨应进行正确的记录。

饭店内部的原料物品调拨应使用调拨单（见表 8-16），填写后调入和调出部门各留一联，另一联交成本控制员，作为转账处理的凭据。在统计各餐厅和酒吧的成本时，要减去各部门调出的原料金额，加上调入的原料金额。

表 8-16　食品饮料调拨单

调入部门： 调出部门：				时间： 编号：		
品名	规格	单价	数量		金额	
			调拨数	实拨数	单价	小计
合计						

调出部门经手人：　　　　主管：　　　　仓库保管员：
调入部门经手人：　　　　主管：

3. 酒水的发放

发放酒水除了遵循食品原料发放的原则外，还有一些特殊的要求。由于酒水饮料容易丢失，且一些名贵酒的价值较高，为了减少被偷盗的机会，饭店往往对每个营业点确定一个标准储量（一般是日均消耗量的2~3倍）。在一般情况下，不允许酒吧领用超过储量的酒水。因此，一些名贵酒的领用，不仅要有领料单，还要凭酒吧和餐厅退回的空瓶或整瓶销售报告单。

这种做法能使酒吧（餐厅）对名贵酒的存量保持在标准储量的水平上。每天退回的空瓶数应是昨日的消耗量，每日领取的数量实际上是补充前一日耗用的数量。假如大堂吧轩尼诗XO的标准储量是5瓶，用完2瓶的空瓶在领料时送回仓库，再领取2瓶，这样大堂吧每天营业开始时，轩尼诗XO始终保持5瓶的标准储量。

如果有的客人将酒整瓶买走，服务员不能收回空瓶，就须填写整瓶销售报告单，在领料时以它代替空瓶作为领料的凭证。

在一些特殊的销售活动（如宴会）中，无法设立标准储量，一般领取的酒水数量大于实际使用量，这些活动结束后，应将未销售完的酒水退回，退回的酒水填写在食品饮料调拨单上。

三、盘点控制

1. 库存盘点

餐饮企业原料的流动性大，为了及时掌握原料库存流动变化的情况，避免物品短缺丢失和超储积压给饭店带来损失，就必须对物品流动变化的情况进行控制和检查。通过库存盘点，可以使管理人员掌握原料的使用情况，分析原料管理过程中各环节的现状。

（1）盘点时间

饭店通常在月末对库存原料进行库存盘点，也可根据经营管理需要，进行定期、不定期库存盘点。

（2）盘点的内容

盘点工作主要由仓库管理人员和财务部人员联合进行。通过实地清点库房内的物品，检查原料的实物数与账面结存数是否相符，不相符的找出原因；计算和核实每月末的库存额和餐饮成本消耗，为编制每月的资金平衡表和经营情况表提供依据。

（3）盘点程序

①盘点和制作清单。即按不同类别的仓库，依原料的编号大小，在清单上填好货号、品名、单位、单价等基本数据。

②库存卡结算。在库存卡的结存栏内，根据历次进货和发货数量，计算出应有的结存量和库存金额。

③库存实物盘点。即实地点数，并将实物数量填入盘点清单。

④库存卡结算结果与库存实物盘点结果进行核对。

⑤计算盘点清单上的库存品价值。该价值为实际库存金额，它如与账面库存额有出入，要复查。

实际库存额在月末作为月末库存额记入成本账，并自然结转为下月的月初库存额。

2. 库存原料计价方法

在盘点结束后，要计算出原料的价值。理论上讲，某种原料的库存总值应该等于实物数量乘以原料的单价，但是由于原料在不同时间购入的价格存在差异，所以确定原料的单价就不那么简单了。在财务处理中，往往选择以下方法之一来确定原料的库存价值。

（1）实际进价法

大型饭店一般都在库存的原料上挂有货物标牌，标牌上写有进货价格，这样采用实际进价法来计算库存原料的价值就较为容易，也最为客观。

例：某饭店 10 月底库存大米 50 斤，根据货物标牌，它们的进价分别是：

10 月 1 日进货剩余	10×2.50=25（元）
10 月 10 日进货剩余	20×2.60=52（元）
10 月 20 日进货剩余	20×2.80=56（元）
合　计	133 元

（2）先进先出法

如果仓库内没有用货物标牌注明原料的单价，可按照进料日期的先后，采用先进先出法计价。这种方法的思路是，原料发放是以先进先出为原则，即先购进的原料，在发料时先计价发出，而剩余的原料都是最近进货，以最近价格计算。

例：某饭店在10月份的大米进货信息如下：

10月1日	初结存	30×2.50=75（元）
10月10日	购　进	40×2.60=104（元）
10月20日	购　进	30×2.80=84（元）
合　计	263元	

如10月底大米的结存量为50斤，按照先进先出法计算的库存额为：

30×2.80=84（元）

20×2.60=52（元）

合计　136元

（3）后进先出法

一般而言，市场上价格呈上升趋势，采用后进先出法可使计入成本的原料价格较高，而计入库存的价值较低，饭店可以在未来的经营中减少压力。按照后进先出法，上例中50斤大米的月末库存额为：

30×2.50=75（元）

20×2.60=52（元）

合计　127元

需要说明的是，后进先出法只是原料价值计算的一种财务处理方案，在实际发料过程中还是应该坚持原料的先进先出原则，即先购进的原料先发出，以避免原料的积压。

（4）最后进价法

对进货记录不全的饭店，可采用最后进价法来估计期末原料的库存价值。当然，该方法计算的月末库存额不太精确。

上例的库存额以最后进价法计算，大米的库存额为：

50×2.80=140（元）

（5）平均价格法

平均价格法的单价是以全月可动用原料的总价值除以总数量得出的。上例中用平均价格法计算大米的库存额如下：

平均单价 =263÷100=2.63（元/斤）

库存金额 =50×2.63=131.50（元）

3. 厨房库存价值的计算

通常饭店的厨房内在月末仍有相当多的原料、半成品和成品的储存，如果对这些物品不加清点，会使它们处于失控状态，同时会使财务报表上的数据失真。

由于厨房一般没有建立库存记录统计制度，没有库存卡，原料的单价难以掌握，而且这些原料品种多、数量少、耗用频繁，客观上盘点计算比较困难。因此，对这些原料价值的计算方法有别于库房原料。

厨房盘点计算原料价值的原则是，对主要原料进行盘点核算，对辅料、调味品等单位价值较低的原料做出估算。具体方法是，首先根据原料单位价值的高低把原料分为主要原料和价值较小的原料两大类，逐步积累需精确盘点的主要原料占总储存额百分比数据，再在每个月的月末盘点出主要原料的价值，最后通过主要原料的价值推算出全部原料库存的大约金额。这里的关键是找出主要原料占总储存额的百分比，这往往需要经过较长时间的观察、统计。

厨房总储存金额 = 主要原料价值 × 主要原料占总储存额百分比

4. 库存管理效率指标控制

（1）库存短缺率的控制

按照原料实际盘点数量和一定计价方法得出库房月末实际库存额后，为控制实际库存额有无短缺及短缺的程度，需将实际库存额与账面库存额做一比较，分析短缺额和短缺率。

库存短缺额 = 账面库存额 – 实际库存额

账面库存额 = 月初库房库存额 + 本月库房采购额 – 本月库房发料额

库存短缺率 = 库存短缺额 ÷ 本月库房发料额 ×100%

上述公式中各项目的数据来源是：月初库房库存额来自于上月末的实际库存额结转，本月库房采购额来自于本月验收日报表中库房采购原料金额的汇总，本月库房发料总额来自于本月领料单上的领料金额的汇总。

例：某餐厅 8 月底经月末库存实物盘点，实际库存额为 58000 元，该月库存相关数据如下：月初库房库存额为 50000 元，本月库房采购额为 140000 元，本月库房发料额为 13000 元。

则：月末账面库存额 =50000+140000–130000=60000（元）

库房库存短缺额 =60000–58000=2000（元）

库房库存短缺率 =2000 ÷ 13000 × 100%=1.54%

根据国际惯例，库存短缺率不应超过 1%，否则为不正常短缺，应查明原因。

（2）库存周转率

库存周转率反映原料在库存中的周转情况，即消耗量与平均库存量的比例，用公式表示为：

库存周转率 = 月原料消耗额 / 平均库存额

月原料消耗额 = 月初库存额 + 本月采购额 – 月末库存额

平均库存额 =（月初库存额 + 月末库存额）/2

例：某饭店 6 月库存统计情况如下：月初库存额为 30000 元，本月采购额为 200000 元，月末库存额为 40000 元。则该饭店的库存周转率为：

（30000+200000–40000）/（30000+40000） ÷ 2=5.43（次 / 月）

库存周转率大，说明每月库存周转次数多，相对库存的消耗量来说库存量较少。库存周转率应为多大，取决于多种因素，如饭店所处的地理位置、采购的方便程度、饭店需储备的原料量等。对管理者来说，重要的是库存周转率的变化，如果饭店正常周转率为每月两次，但某月周转率增加或降低很多，就要查明原因。库存周转率太快，有时储备的原料就会供不应求；周转率太低，又会积压过多资金。因此，管理人员应经常分析周转率的变化，保证适度的库存规模。

知识链接

发放原料应遵循的“*FIFO*”原则

所谓的“FIFO”原则是指 Fist In, Fist Out，即“先进先出”原则，也就是先入库的原料要先发放出去。

案例分析

国际饭店采购内控案例

2007 年 10 月 1 日，国际饭店在鲜花的簇拥和鞭炮的喧嚣中正式对外营业了。这是一家集团公司投资成立的涉外星级饭店，该饭店装潢豪华、设施一流。

最让人感到骄傲和荣耀的是饭店大堂里天花板上如天宇星际一般的灯光装饰，和一个圆圆的、超级真实的月亮水晶灯，使得整个饭店绚丽夺目、熠熠生辉。这些天花板上装饰所用的材料以及星球灯饰均是由水晶材料雕琢而成，是公司王副总经理亲自组织货源，最终从瑞士某珠宝公司高价购买的，货款总价高达 150 万美元。开业当天，来往宾客无不对这个豪华的水晶天花板灯饰赞不绝口，称羡不已。尤其是经过媒体报道，更成为当天的头条新闻，国际饭店在这一天也像那盏水晶灯饰一样，一举成名，当天客房入住率就达到了 80% 以上。

王副总经理也因此受到了公司领导的高度赞扬，一连几天，王总的脸上都洋溢着快乐而满足的笑容。

然而，好景不长，两个月后，这些高规格、高价值的水晶灯饰就出了状况，首先是失去了原来的光泽，变得灰蒙蒙的，即使用清洁布使劲擦拭都不复往日光彩。其次，部分连接的金属灯杆出现了锈斑，还有一些灯珠破裂甚至脱落。人们看到这破了相的水晶灯，议论纷纷，这就是破费百万美元买来的高档水晶灯吗？鉴于情况严重，公司领导责令王副总经理限期内对此事做出合理解释，并停止了他的一切职务。这个时候，王副总经理是再也笑不出来了。

事件真相很快就水落石出，原来这盏价值百万美元的水晶灯根本不是从瑞士某珠宝公司购得的，而是通过南方某地的奥尔公司代理购入的赝品水晶灯。王副总经理在交易过程中贪污受贿，中饱私囊。虽然出事之后，王副总经理不无例外地受到了法律的严惩，然而国际饭店不仅因此遭受了数千万元的巨额损失，更为严重的是饭店名誉蒙受重创，成为同行的笑柄。这对于一个新开业的饭店而言，不啻是个致命的打击。

那么，国际饭店怎么会发生这样的事件，在以后的饭店经营中又该如何防范呢？

［案例分析］这个案例其实并不复杂，却很有代表性。国际饭店在未经过公开招标的情况下，即与南方奥尔公司签订了价值为 150 万美元的代购合同。依照合同规定，南方奥尔公司必须提供瑞士某著名珠宝公司出产的水晶灯，

并由奥尔公司向国际饭店出具该公司的验证证明书，其中200万元人民币为支付给奥尔公司的代理费。然而，交易发生后，奥尔公司并未向国际饭店出具有关水晶灯的任何品质鉴定资料，国际饭店也始终没有同奥尔公司办理必要的查验手续。

经查实，这笔交易都是由王副总经理一人操纵的，从签订合同到验收入库再到支付货款都是由他一个人说了算，而他之所以会这样做，正是因为收受了奥尔公司的巨额好处费。

这样简单的过程和手法却真实地发生了，甚至可以说这样一笔交易，毁了整个饭店。一笔采购业务，特别是金额较大的业务通常涉及采购计划的编制、物资的请购、订货或采购、验收入库、货款结算等。因此，应当针对各个具体环节的活动，建立完整的采购程序、方法和规范，并严格依照执行。只有这样，才能防止错弊，保证饭店经营活动的正常进行。

根据这个案例涉及的环节应做如下控制：

首先，要做到职务分离，采取集体措施。诸如采购申请必须由生产、销售部门提出，具体采购业务由采购部门完成，而货物的验收又应该由其他部门进行。在本案例中，采购大权由王副总经理一人独揽，反映出该饭店控制环节中权责不明；货物的采购人不能同时担任货物的验收工作，以防止采购人员收受客户贿赂，进而防止购买伪劣材料影响饭店生产乃至整体利益。付款审批人和付款执行人不能同时办理寻求代理商和索价业务。付款的审批通常经过验货或验单后执行（预付款除外），以保证货物的价格、质量、规格等符合标准。

其次，要做好入库验收控制。应根据购货单及合同规定的质量、规格、数量以及有关质量鉴定书等技术资料核查收到的货物，只有两者相符时才予以接受。对于所有已收到的货物，应定期完整填写收货报告，将货物编号并登记明细账簿，对验收中查出的问题要及时向有关部门反映。货物入库和移交时，经办人之间应有明确的职责分工，要对所有可能接触货物的途径加以控制，以防调换、损坏和失窃。本案例中王副总经理同时主管验货，那么验货、查假自然只是走走过场了。

最后，还必须做好货款支付控制。发票价格、运费、税费等必须与合同符合无误，凭证齐全后才可办理结算、支付货款。除了向不能转账支付和不足转账金额的单位、个人支付现金外，货款一般应办理转账。

本案例中，价格高昂的赝品水晶灯能堂而皇之地挂在豪华的饭店大厅中，没有技术证明资料，没有必要的查验手续，就慷慨大方地将支票签了，钱付了，这是无意的疏忽还是当事人有意的回避和遮掩？不管实情如何，都反映了该饭店整个材料采购环节内部控制中存在着巨大漏洞，以至让不法分子有利可图，有机可乘。

思考题

1. 什么是采购规格标准？使用采购规格标准的意义是什么？

2. 验收主要围绕哪些环节展开？如何通过验收控制采购原料的数量、质量和价格？

3. 食品原料的储存用到哪些类别的库房？这些库房需要什么样的储存条件？

4. 库存原料发放的基本要求是什么？

5. 库存原料的计价方法有哪几种？

6. 如何控制库存管理效率？具体指标有哪些？

第9章

加工出品

知识目标

1. 知道厨房的分类；
2. 了解厨房的组织机构与职责；
3. 了解和掌握厨房布局的影响因素以及厨房布局的基本要求；
4. 掌握厨房管理的主要内容与方法。

能力目标

1. 能够画出厨房的组织机构图；
2. 能够制定中厨作业流程；
3. 能够制定西厨作业流程；
4. 掌握餐饮生产质量控制的一般原理和控制方法；
5. 掌握厨房卫生、安全、设备用具的基本管理方法。

实训任务

1. 绘制厨房组织机构图；
2. 制定一份中厨作业流程；
3. 制定一份西厨作业流程。

教学方法

理论讲授 + 课堂讨论 + 企业实践

准备工作

本次课所需教学用具包括教案、课件、中厨作业流程实例、西厨作业流程实例。

操作要点

厨房，是指可在内准备食物并进行烹饪的空间。厨房生产管理是餐饮管理的重要组成部分，它不仅直接关乎餐饮产品的质量，还影响着餐饮食品的成本以及饭店盈利的高低。因此，对厨房生产进行科学管理，是保证餐饮产品质量、使饭店获得满意盈利的有效途径。

第一节　厨房概述

一、厨房组织形式

1. 厨房的分类

厨房是菜肴和面点的生产车间与加工厂，其主要任务是生产、加工、制作各种中西菜肴和点心。厨房根据规模、餐别、功能等有不同的种类，按厨房规模划分，有大型、中型、小型及超小型厨房；按厨房生产功能划分，有加工、宴会、零点、冷菜、面点、咖啡厅、烧烤、快餐厨房。

（1）中餐厨房

中餐厨房是生产中式菜点和中式面点的厨房，根据其具体的生产目标和生产任务，可以细分为广东式厨房和北方式厨房。如果再细分，还可分为各种菜系的中厨房，如粤菜厨房、川菜厨房、苏菜厨房、鲁菜厨房、宫廷菜厨房、清真菜厨房、素菜厨房等。

（2）西餐厨房

西餐厨房是生产西式菜肴和西式面点的厨房，根据其具体的生产目标和生产任务，可细分为西餐厅厨房和咖啡厅厨房。西餐厅厨房生产各种传统的欧美大菜，如法国菜厨房、美国菜厨房、俄国菜厨房、英国菜厨房、意大利菜厨房等；咖啡厅厨房生产的菜肴更为灵活，既有各种西式菜肴，也有泰国、中国等各种小吃；西饼房是专门制作西式面点的厨房。

2. 厨房组织机构与职责

（1）厨房组织机构设置

合理的机构设置有助于提高工作效率，厨房组织机构设置应遵循以满负荷生产为中心、权力和责任相当、管理跨度适当等原则。

饭店厨房因规模、档次、功能不同，其组织机构设置会有所不同，图 9–1 为常见厨房组织机构图。

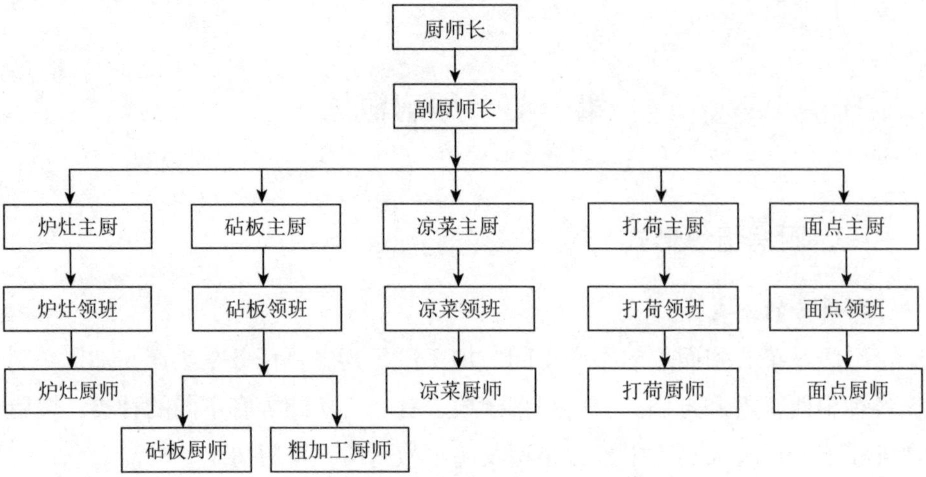

图 9-1　厨房组织机构图

（2）厨房各部门职能

①加工部门：是原料进入厨房的第一生产岗位，主要负责将蔬菜、水产、禽畜、肉类等各种原料进行拣择、洗涤、宰杀、整理，即所谓的初加工。干货原料的涨发、洗涤、处理等也属于初加工范畴。

②配菜部门：又称砧墩或案板切配，负责将已加工的原料按照菜肴制作要求进行主料、配料、料头（又叫小料，主要是配到菜肴里起增香作用的葱、姜、蒜等）的组合配制。

③炉灶部门：负责将配制完成的组合原料，经过加热、杀菌、消毒和调味，使之成为符合风味、质地、营养、卫生要求的成品。

④冷菜部门：负责冷菜（亦称凉菜）的刀工处理、腌制、烹调及改刀装盘工作。

⑤点心部门：负责各式点心的制作和供应。

（3）厨房岗位职责

①总厨师长岗位职责：负责整个厨房的组织、指挥、运转管理工作；通过设计、组织生产，提供富有特色的菜点吸引客人；进行食品成本控制，为饭店创造最佳的经济效益。

②加工厨师长岗位职责：全面负责中、西加工厨房的组织管理工作，保证及时向各类烹调厨房提供所需的、按规格加工生产的烹饪原料。

③中餐厨师长岗位职责：协助总厨师长，全面负责中厨房零点菜点的生产、管理工作，带领员工从事菜点生产制作，保证向客人及时提供达到规定质量的餐饮产品。

④宴会厨师长岗位职责：在总厨师长的领导下，主持宴会厨房的日常生产及管理工作，协助总厨师长负责宴会菜单安排和生产组织，向客人提供优质宴会菜点。

⑤西餐厨师长岗位职责：协助总厨师长全面负责西厨房的生产、管理工作，带领员工从事菜肴生产及包饼制作，保证向顾客及时提供达到规定质量的产品。

⑥包饼师岗位职责：负责饭店内部及外卖所有面包、蛋糕及甜品的生产制作，并保证正常供给。

二、厨房的设计与布局

在进行厨房总体设计与布局时，不仅要考虑饭店当前运营情况与客源市场情况，还应考虑饭店中、长期规划和餐饮可能出现的新趋势，考虑、计划餐厅上座率很高时，厨房生产对场地、设备及其他功能的需要，为调整和扩大经营以及饭店的发展留有适当余地。在设备的功能选配和厨房场地面积的确定上要有适当的前瞻性，在设备的布局和安装上，要注意保留一定的间隙，以防日后调整。

1. 影响厨房布局的因素

厨房布局就是根据厨房建筑规模、形式、格局、生产流程及各部门的作业关系，确定厨房内各部门的位置以及设备和设施的分布。以下因素会直接影响厨房的布局：

（1）投资费用、厨房的建筑格局和规模大小

投资费用的多少，影响厨房设备购买的数量、种类、档次、规格型号、功能等；厨房的建筑格局和规模大小也就是厨房的形状、分割格局、食用面积的大小等，影响厨房设备和设施的摆放位置等。

（2）厨房的生产功能和所需生产设备

厨房的生产功能和所需生产设备不同，它的生产方式也不同，布局必须与之相适应。

（3）公用事业设施的状况

公用事业设施即电路、天然气、其他管道的现状等，厨房布局时必须注意这些设施不方便接入的地区，以免浪费安装、布局设备的费用。

（4）法规和政府有关部门的要求

即卫生防疫部门、消防安全部门对餐饮场所的要求，《食品卫生法》对有关食品加工场所的规定等。

2. 厨房布局的基本要求

合理的厨房布局有助于提高工作效率和工作质量，厨房布局应满足以下要求：

（1）保证工作流程连续顺畅

厨房所有作业点、岗位的安排以及设备的摆放均应与生产、出品次序相吻合，厨房物流和人流的路线设计要避免交叉回流。

（2）厨房各部门要尽量安排在同一楼层，并力求靠近餐厅

厨房的不同加工作业点应集中紧凑，安排在同一楼层、同一区域，以利提高工作效率，同时也便于管理者的集中控制与督导。

（3）注重食品卫生及生产安全

要考虑卫生和安全因素，这是生产经营正常进行的前提和保证。

（4）留有调整、发展余地

厨房设计、布局不仅要考虑当前，还应考虑到饭店中、长期发展规划和餐饮发展可能出现的新趋势，以及未来厨房生产对场地、设备及其功能的需要，为调整和扩大经营以及饭店的发展留有适当余地。

三、厨房生产流程

厨房生产流程指菜肴和面点在厨房制作过程中的各项工作流程。厨房是菜肴的加工车间，食品原料要经过厨房的加工和烹调才能成为菜肴或面点，然后再由服务人员将菜肴或面点送至餐厅供客人享用。

1. 厨房生产流程

厨房的生产流程包括加工、配份和烹调 3 个程序，3 个程序又分为不同班组或岗位，这期间又有许多环节，要使每个环节紧密联系又明显划分，就要对厨房生产流程加以控制。

厨房生产控制对生产质量、产品成本、制作规范三个生产流程加以检查、指导，随时消除一切生产性误差和生产性浪费，保证达到预期的成本标准，保证员工严格按制作规范操作，形成最佳的生产秩序和流程（见图 9–2）。

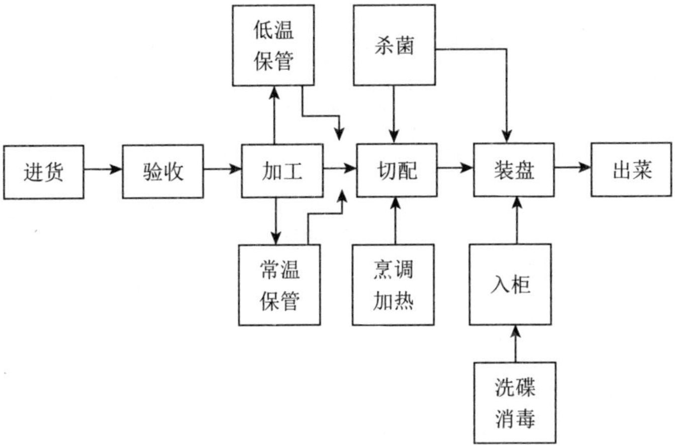

图 9–2　厨房生产流程图

2. 厨房各部门作业流程图

厨房各部门作业流程是指食品原料在厨房的某一部门中的加工或制作程序。厨房各部门作业流程通常包括鱼禽肉加工程序、蔬菜加工程序、食品原料切配程序、菜肴烹调程序、面点制作程序和冷菜制作程序等（见表 9–1）。

表 9–1　厨房各部门作业流程

作业项目	作业流程
鱼禽肉加工	冷库→水池→切割→工作台→包装→冷库 / 切配部门 / 烹调部门
蔬菜加工	验货口或储藏→水池→切割→工作台→冷库 / 切配部门 / 烹调部门
食品原料切配	初加工部门或储藏室→工作台→装盘→烹调→服务
菜肴的烹调	切配部门→工作台→装盘→烹调→服务
面点制作	储藏室→水池→搅拌机→工作台→烹调→销售或冷藏
冷菜制作	储藏室→水池→工作台→烹饪→服务

第二节　厨房管理

厨房生产质量直接影响饭店餐饮产品质量，影响客人对餐饮产品的评价，影响饭店的经营形象与信誉。因此，必须加强对厨房生产过程的管理，保证向客人提供卫生安全、营养丰富、可口满意的食品，保证饭店的经济效益和盈利水平。

一、餐饮生产质量管理

1. 餐饮生产质量

餐饮生产是指餐饮企业对菜肴、点心、饮料等对象的加工、制作，形成成品的过程。餐饮生产质量主要包括两个方面，即食品菜肴本身的质量和外围质量，前者即有形餐饮产品方面，指的是提供给客人的食品应该无毒、无害、卫生营养、芳香可口且易于消化，食品的色、香、味、形俱佳，温度、质地适口，客人用餐之后能获得满足；后者即无形餐饮产品方面，主要指餐饮产品的服务质量高、销售态度好，工作热情、及时、周到而有效率，就餐环境舒适，能满足客人猎奇、享乐的心理需求，体现其身份和地位。

对餐饮生产质量的管理，主要是做好有形餐饮产品的管理。构成有形餐饮产品质量的要素主要有：

（1）食品的卫生与营养

当代人对餐饮产品的要求不仅仅是满足于“吃饱”，更是要“吃好”，即对健康有利。因此，餐饮部须从原料的采购、验收、储藏、生产、服务等方面来防范食品质量问题的产生。

（2）食品的颜色

和谐悦目、色彩鲜艳的菜肴能从视觉方面有效刺激客人的食欲和调动客人的情绪，增强客人购买欲望。

（3）食品的香气

菜肴的香气对增加进餐时的愉快感有着重要的作用。菜肴的温度越高，散发的香气就越强烈，因此热制菜一定要趁热上桌。

（4）食品的滋味

味是菜肴质量指标的核心，酸、甜、苦、辣、咸 5 种基本味艺术地调和成各种复合美味，使菜肴更加诱人，刺激客人食欲。

（5）食品的形态

食品的形态主要指菜肴的成形与造型。刀工精美、整齐划一、装盘饱满、拼摆艺术、形象生动的菜肴能给就餐者以美的享受。

（6）食品的质感

食品的质感是客人在用餐过程中菜肴留在口腔触觉方面的综合感受，包括脆、嫩、滑、富于弹性、胶着性等。如果加工的菜点的质感偏离了特有的规定标准，其质量就是极低的，如发软的脆饼、老韧多筋的蔬菜等。

（7）食品的盛器

“美食不如美器”，精美的器皿能有效刺激客人食欲，使菜肴锦上添花，更显高雅，质量更佳。盛器与菜肴的搭配应做到：菜肴的分量与盛器的大小一致，菜肴的形状与盛器的形状相吻合，菜肴的色泽与盛器的色调相对应，菜肴的身价与盛器的贵重相匹配。

（8）食品的温度

食品的温度是指菜肴进食时能够达到或保持的温度。同一种菜肴或点心食用的温度不同，其口感、香气、滋味等质量指标均有明显的差异。

2. 餐饮产品质量控制

为保证厨房生产、加工食品菜肴的质量，满足客人用餐需要，餐饮部通常根据厨房生产流程，采用阶段控制法，对餐饮产品生产各阶段制定一定的规格标准，以控制其生产行为和操作过程。同时，实行严格的检查制度，加强各个阶段和环节的全方位检查，保证餐饮产品质量。

（1）食品原料阶段的控制

食品原料阶段主要包括食品原料的采购、验收和储存，这一阶段重点是有效控制原料的采购规格、验收质量和储存方法。

（2）食品生产阶段的控制

加工是菜肴生产的第一个环节，同时又是原料申领和接受使用的重要环节，进入厨房的原料质量要在这里得到认可。因此，要严格计划领料，并检查各类将要加工的原料的质量，确认可靠后才可进行生产、加工。

食品生产阶段主要应控制申领原料的数量与质量、菜肴加工与配份以及烹调的质量。对各类原料进行加工和切割，要根据烹调需要，事先明确规定加工切割的规格标准（如表 9–2），并对厨房工作人员进行培训，督导执行。

表 9–2　原料切割规格表

成品名称	用料	切割规格
芹菜条	新鲜芹菜	长 3cm
里脊肉丝	新鲜猪肉	长 3cm、宽 0.5cm、厚 0.3cm

原料经过加工切割后，大部分动物、水产类原料需要进行浆制（上浆）（如表 9–3），这道工序对菜肴的色泽、嫩度和口味会产生较大影响。因此，对各类菜肴的上浆用料应作出具体规定。

表 9–3　上浆原料规格表

料量	牛肉丝	料量	羊肉饺子	备注
精盐	50 克	精盐	5 克	
生粉	300 克	酱油	20 克	
鸡蛋清	6 只	花生油	25 克	

配份是决定菜肴原料组成及分量的重要工序。配份需要在开餐前将所需的干货原料发放到位，同时还要准备一定数量的配菜小料即料头。对大量使用的菜肴主、配料的控制，则要求配份人员严格按菜肴配份规格表（如表 9–4），称量、取用各类原料，以保证菜肴风味。中菜切配、西菜切配以及冷菜的装盘均可规定用料品种和数量。随着菜肴的翻新和菜肴成本的变化，如有必要，餐饮生产管理人员还应及时测试用料比例，调整用量，修订配菜规格，并督导执行。

表 9–4　菜肴配份规格表

菜肴名称	主料		配料		盛器规格	备注
	名称	数量	名称	数量		
鱼香肉丝	猪肉丝	250 克	泡椒	25 克	8 人盘	
宫保鸡丁	鸡脯肉	225 克	花生米	50 克	8 人盘	

（3）食品消费阶段的控制

菜肴由厨房烹制完成即交餐厅，这里有两个环节容易出差错，须加以控制，其一是备餐服务；其二是餐厅上菜服务。

备餐要为菜肴配齐相应的作料、食用器具和用品。加热后调味的菜肴（如炸蒸、白灼菜肴等）大多需要配备作料，不上作料，菜肴则淡而无味；有些菜肴不借助一定的器具用品，食用起来很不雅观或不方便（如吃整只蟹等）。因此，备餐间有必要对这类菜肴的作料和用品的配备情况作出规定，以督促、提醒服务员上菜时注意配齐。

上菜时服务员要及时、规范，主动报菜名，按照上菜次序，把握上菜节奏，循序渐进地从事菜点销售服务；分菜要注意菜肴的整体美和分散后的组合效果；对客人需要打包和外卖的食品，同样要注意保持质量。

二、厨房卫生管理

在厨房管理中，除应加强餐饮生产质量管理外，还应重视和加强厨房的卫生管理，具体包括以下几个方面：

1. 厨房人员的卫生管理

厨房人员的个人卫生是保证食品卫生安全的重要组成部分，餐饮部应重视和加强厨房人员卫生的教育，强调食品卫生安全的重要性，强化员工的健康卫生意识，使其养成良好的个人卫生习惯；要求厨房人员严格按卫生要求进行加工、烹调，并落实到岗，责任到人。

2. 原料阶段的卫生管理

原料的卫生程度决定了食品的卫生质量。因此，为了预防食品原料被污染，原料的卫生管理必须做到：坚持食品卫生“五四制”，采购人员不得采购不合格或没有食品卫生安全检验标志的原料；验货人员严格执行原料验收的统一标准，避免误验不合格的、遭受污染的，或没有食品卫生安全检验标志的原料，每天验收的鲜活原料应保持新鲜；库房不得收存“三无”产品的原料及食品加工用具，保持好厨房环境、餐具、用具的卫生，严格按照规定的要求对各类食品原料进行储存，防止变质腐烂。

3. 生产、加工阶段的卫生管理

由于厨房的生产、加工大多是由人工操作完成，因此，生产、加工阶段是食品卫生安全管理的重点和难点。为此，餐饮管理人员应依靠 QSC 完善厨房食品卫生的操作程序，让相关的加工人员熟悉、了解食品原料的保质期及保鲜期，明确规定不符合标准的原料不得进行深加工；食品解冻方法要正确，尽量缩短解冻时间，避免在解冻中受到污染；厨房人员养成良好的卫生习惯，严格按卫生要求进行加工、烹调。

4. 设备、厨具的卫生管理

加强员工对设备及餐具的消毒使用意识，如：刀、砧板、毛巾、烹调设备和工具、用具、冰箱、抽油烟机等都必须做到卫生、安全的使用。

5. 厨房环境的卫生管理

加强对厨房内所有产品的加工间、储藏间、洗碗间、员工更衣室和卫生间、垃圾房的卫生管理，包括员工的随手清洁，这些都是卫生质量主要体现的地方，更是现在厨房生产形式与管理的重点之一。

三、厨房安全管理

厨房的安全关乎饭店的正常运营，关乎客人的人身、财产安全，管理者应予以高度重视。厨房安全管理主要是预防食物中毒和生产事故的发生。

1. 食物中毒的预防

造成客人食物中毒的原因主要有：

①食物在生产、加工、储运过程中被污染，如生物性污染、化学性污染和放射性污染；

②食物在放置过程中变质；

③食物自身含有有毒、有害物质；

④客人自身体质对某类食品过敏。

为防止食物中毒的发生，饭店餐饮部应加强食品卫生和安全的管理，严格执行《食品卫生法》、食品卫生监督制度和卫生许可证制度，加强原料采购和生产、加工过程的管理，不提供变质、腐烂的食品，被有害化学物质或放射性物质污染的食品，病死的禽畜肉等，生、熟食品分开放置，加强厨房卫生、安全管理与检查。

2. 生产事故的预防

生产事故的预防主要是避免以下事故的发生。

（1）割伤

割伤主要是由于使用刀具和电动设备不当或不正确而造成的，其预防措施是：厨师应养成良好的操作习惯，如操作时不得用刀指东画西；在使用具有危险性的设备（绞肉机或搅拌机）之前，必须先明确设备装置是否到位；清洗设备时，要先切断电源再清洗，清洁锐利的刀片时要格外谨慎，洗擦时要将抹布折叠到一定的厚度，由里向外擦等；要加强设备用品的管理和检查，明确要求和规定刀具不得随意乱放，尤其是不可放在工作台或砧板的边缘，以免震动时滑落砸到脚上；发现工作区域有暴露的铁皮角、金属丝头、铁钉之类的东西，要及时敲掉或取下，以免划伤人。

（2）跌伤和砸伤

厨房内由于地面潮湿、油腻、行走通道狭窄、搬运货物较重等原因，非常容易造成跌伤和砸伤。因此，厨房区域及周围地面要保持清洁、干燥，及时处理洒在地上的油、汤、水等；所有通道和工作区域内应无障碍物，橱柜的抽屉和柜门不应敞开；厨房内员工行走路线要明确，保持畅通，避免交叉相撞；厨师的工作鞋要有防滑性能；不能把较重的箱子、盒子等放在可能掉下来会砸伤人的地方；取高处物品时，应当使用专门的梯子。

（3）扭伤

扭伤多数是因为搬运超重的货物或搬运方法不恰当而造成的，其预防措施是：搬运重物尽可能使用搬运工具或请人帮忙；抬举重物时，背部要挺直，膝盖弯曲，要用腿力来支撑，而不能用背力；要缓缓举起重物，不要骤然一下猛举；搬运重物时当心手部被挤伤或压伤。

（4）烧烫伤

烧烫伤主要是由于员工接触高温食物或设备、用具时不注意防护而引起的，其主要预防措施是：在烤、烧、蒸、煮等设备的周围应留出足够的空间，以免因空间拥挤、避让不及而烫伤；在拿取温度较高的烤盘、铁锅或其他工具时，应垫上一层厚抹布；撤下热烫的烤盘、铁锅等工具应及时作降温处理，不得随意放置；在使用油锅或油炸，特别是当油温较高时，不能有水滴入油锅，否则热油飞溅，极易烫伤人；在蒸笼内拿取食物时，首先应关闭气阀，打开笼盖，让蒸汽散发后再使用抹布拿取，以防热蒸汽灼伤；在炉灶上操作时，应注意用具的摆放，炒锅、手勺、铁筷等用具如果摆放不当极易被炉灶上的火焰烤烫，容易造成烫伤；烹制菜肴时，要正确掌握油温和操作程序，防止油温过高、原料投入过多造成油溢出锅沿流入炉膛使火焰加大，造成烧、烫伤事故；在端离热油锅或热大锅菜时，要大声提醒其他员工注意避开，避免碰撞；清洗加热设备时，要先冷却后再进行；严禁在炉灶及热源区域打闹。

（5）电击伤

电击伤主要是由于员工违反安全操作规程或设备出现故障而引起的，其主要预防措施是：使用机电设备前，首先要了解其安全操作规程，并按规程操作，不得违章、野蛮操作；设备使用过程中如发现有冒烟、焦味、电火花等异常现象时，应立即停止使用，申报维修，不得强行继续使用；不得随意拆卸、更换设备内的零部件和线路；清洁设备前首先要切断电源，手上沾有油或水时禁止触摸电源插头、开关等部件。

四、厨房设备用具管理

厨房设备用具管理关系到饭店和客人的安全，关系到饭店的经济效益，影响到饭店的正常经营。因此，餐饮管理人员应重视和加强对厨房设备用具的管理，责任到人，确保万无一失。

厨房设备用具管理的基本要求是：

①厨房所有设备用具严格按规范标准操作与管理，做到文明操作。

②加强厨房设备用具保养维护。

③所有个人使用的器具均由本人妥善保管、使用及维护。

④共用器具使用后应放回规定的位置，不得擅自改变。

⑤特殊工具如雕刻刀、花嘴等工具，应由专人保管存放，借用时要做记录，归还时要清点数量和检查质量。

⑥厨房设备用具以旧换新时需办理相关手续，所有用具、餐具不准私自带出。

⑦厨房设备用具应轻拿轻放，避免人为损坏。

⑧厨房设备用具使用人有责任对其进行保养、维护，因不遵守操作规程和厨房纪律造成设备工具损坏、丢失的，应照价赔偿。

⑨厨房设备用具应定期检查、维修，损坏的设备用具经维修人员检查确需更换者，应办理相关审查手续。

知识链接

食品卫生“五四制”

食品卫生“五四制”是1960年2月由卫生部和商业部联合下发的《关于食品加工、销售、饮食卫生“五四制”》文件中提倡的、在食品生产经营过程中应做到的20项基本卫生要求。

（1）由原料到成品实行“四不制度”：采购员不买腐烂变质的原料，保管员不验收腐烂变质的原料，加工人员不用腐烂变质的原料，服务员不卖腐烂变质的食品。

（2）成品存放实行“四隔离”：生与熟隔离，成品与半成品隔离，食品与杂物、药物隔离，食品与天然冰隔离。

（3）用（食）具实行“四过关”：一洗，二刷，三冲，四消毒。

（4）环境卫生采取“四定”办法：定人，定物，定时，定质量，划片分工，包干负责。

（5）个人卫生做到“四勤”：勤洗手剪指甲，勤洗澡理发，勤洗衣服被褥，勤换工作服。

案例分析

H大饭店是广州一家提供粤菜的餐饮企业，以其优质服务和可口菜品赢得了众多顾客的光顾。在竞争激烈的广州餐饮市场，保持稳定、可靠的菜肴出品质量是取胜的关键，该饭店取胜的一个关键因素在于制定了一套标准菜谱。

饭店对菜单上的所有菜肴都制定出了标准菜谱，列出这些菜肴在生产过程中所需要的各种原料、辅料和调料的名称、数量、操作程序、每客份额和装盘器具、围边装饰的配菜等。同时，饭店在标准菜谱上规定了菜品标准烹调方法和操作步骤。掌握和使用好标准菜谱，使无论是哪位厨师在何时、为谁制作某一菜肴时，该菜肴的分量、成本和味道及装盘器具、围边装饰的配菜都保持一致，保证顾客以同样的价格得到同样产品和享受。

按照已制定好的标准菜谱进行制作，对外有利于经营，对内有利于成本控制，一举两得，事半功倍。

思考题

1. 简述厨房各部门的职能。
2. 影响厨房布局的因素有哪些？
3. 厨房布局的基本要求是什么？
4. 构成餐饮有形产品质量的要素主要包括哪些？
5. 如何做好厨房卫生管理工作？
6. 常见的厨房生产事故主要有哪些？

第10章

销售产品

知识目标

1. 了解餐饮销售管理的意义；
2. 知道餐饮销售的四个因素；
3. 了解和掌握餐饮产品价格的意义、定价特点、需遵循的原则；
4. 熟悉、掌握餐饮定价的方法和策略；
5. 掌握餐饮销售控制的方法；
6. 熟知餐饮促销方式。

能力目标

1. 知道餐饮销售的四个因素；
2. 会给餐饮产品制定价格；
3. 知道如何进行餐饮销售控制；
4. 会进行餐饮促销方案的制订。

实训任务

1. 调查当地1~2家五星级饭店，了解其餐饮产品的定价方法；
2. 调查当地1~2家五星级饭店，了解其在经营过程中常用的定价策略；
3. 调查当地1~2家五星级饭店，了解其餐饮销售控制的具体举措；
4. 调查当地1~2家五星级饭店，了解其圣诞活动的策划方案。

教学方法

理论讲授+饭店案例

准备工作

本次课所需教学用具包括教案、课件、饭店案例等。

操作要点

具体要点有：给餐饮产品制定价格、餐饮销售控制、制定餐饮促销方案。

第一节　餐饮销售管理概述

餐饮销售管理是指饭店通过一系列的销售手段，以合适的价格提供餐饮产品和服务，满足宾客的需求，实现饭店餐饮经营目标的一种综合性管理活动。

一、餐饮销售管理的意义

餐饮销售管理是联结饭店经营服务与社会需要的重要纽带，是提高饭店市场竞争能力的重要手段，是提高饭店经济效益的必要条件，也是促进饭店业走向国际市场的必由之路。

饭店重视和加强餐饮销售管理，其意义在于：

1. 餐饮销售管理是联结饭店经营服务与社会需要的重要纽带

饭店的餐饮产品只有通过销售渠道，才能让社会知道饭店的产品存在，才能满足社会的需求，才能把饭店的经营服务同社会的需求结合起来，同时也是将饭店的产品转化为收益的方式之一。

2. 餐饮销售管理是提高饭店餐饮市场竞争能力的重要手段

一个完善的销售管理要考虑到产品、价格、渠道和促销等多个方面的因素，因此，需要对销售进行全方位的考虑和管理，才能使得饭店的餐饮产品保持良好的优势，提高产品的竞争力。

3. 餐饮销售管理是提高饭店经济效益的必要条件

有效的销售管理可以提高饭店餐饮产品的销量，赢得顾客的青睐，形成品牌效应，从而提高饭店的销售收益，达到提高经济效益的目的。

4. 餐饮销售管理是促进饭店业走向国际市场的必由之路

旅游饭店业的销售和服务对象是来自世界各地区的旅游者，通过面向国际市场的竞争和经营，能有效促进饭店更好地与国际市场接轨。

二、餐饮销售的四大要素

构成餐饮销售的四大要素是:

1. 餐饮产品

一个完整的餐饮产品是以产品实体为核心，加上产品服务、牌号和包装共同组成的。

2. 餐饮价格

餐饮产品的价格是由基本价格决定的，基本价格是产品物质的部分加上人工劳动在内的全部价值的体现。但是，根据市场的供求关系，饭店会有折扣价格，在销售淡季，采用促销手段，来扩大销量。

3. 餐饮销售渠道

餐饮销售渠道是指将餐饮产品或服务运送到目标市场时所涉及的事项及管道，也称餐饮“通路”。

4. 促销

促销泛指各项广为目标市场顾客熟知并购买的活动，也可称为“推广”。饭店常用的促销方式有：广告、人员销售、推广营业、公共关系等。

第二节　餐饮产品价格的制定

餐饮产品定价是销售和成本控制的一个重要环节，价格将会直接影响到饭店的经济效益，体现一个餐厅的产品定位；价格还是饭店营销的重要手段，在餐饮企业营销组合的诸多因素中，价格是作用最直接、见效最快的一个，在扩大市场占有率和推广新产品时，价格是一种常用的营销战略。

一、餐饮产品价格

1. 餐饮产品价格的概念

餐饮产品价格是餐饮企业所销售商品价值的货币表现，是餐饮企业所出售的菜点、酒水等一切餐饮产品的价格。

2. 餐饮产品价格的意义

（1）价格决定着饭店餐饮部门的盈利水平

价格最直接的表现是反映了饭店的盈利能力，任何产品的价格都是以价值为基础的，餐饮产品的价格也不例外。餐饮产品价格的制定在很大程度上影响着饭店餐饮部的利润水平，直接影响菜单的吸引力和客源。

（2）价格决定着饭店餐饮部的竞争力

档次相近的其他饭店餐饮产品对本饭店餐饮产品价格的制定有较大的影响和制约，如本饭店餐饮产品价格高于竞争对手，则无法吸引消费者；但若价格低于竞争对手，则很快便会引发一场降价大战，对任何饭店都不利。因此，竞争价格、竞争产品等因素对餐饮产品的定价产生较大的影响，饭店在制定价格策略时，必须考虑竞争因素。

（3）价格反映着饭店餐饮企业的行为

饭店餐饮部成功与否，在很大程度上取决于定价的合理性，餐饮产品价格决定着饭店在对顾客、市场、产品和竞争力等方面综合考量后的行为表现。

（4）价格帮助各级政府对餐饮市场进行宏观调控

在市场经济条件下，各餐饮经营者需要在各方面展开竞争，价格是最敏感的因素，直接决定餐饮企业是否具有竞争力，能否在市场上生存。餐饮产品的价格调节着餐饮市场的供求关系，是规范餐饮企业行为、维护餐饮市场秩序的重要手段之一。

3. 餐饮定价的特点

（1）复杂性

由于影响餐饮定价的因素很多，像市场需求、竞争环境、市场发展等经营者无法控制的因素，给餐饮定价带来了很多困难，使其变得极其复杂。

（2）季节性

由于受旅游市场的影响，餐饮市场呈现明显的季节性变化，餐饮经营的淡、旺季比较突出。因此，餐饮定价应随着季节的不同而有所调整，这是餐饮定价决策不可忽视的特点之一。

（3）时段性

人们到饭店进餐，主要是社交活动的需要或是单纯为了享受美食佳肴，因而即使在同一季节内，甚至是同一月份、同一周内，餐饮的需求量也是不完全相同的，饭店可在不同时间段采用不同的产品价格，以此来调整餐饮市场的供求关系。

（4）灵活性

餐饮产品既包括有形部分，又包括无形部分，所以它的定价较其他有形产品的定价要灵活得多，这就要求经营者能及时地根据餐饮经营环境的变化而作出相适应的调整或变更价格的决策。

二、餐饮产品价格制定的原则

餐饮产品定价是餐厅经营活动的重要内容，价格是否适当，往往影响餐饮市场的需求变化，影响整个饭店的竞争地位和能力，最终影响到饭店的盈利。

餐饮产品定价应遵循的原则是：

1. 正确反映菜品价值

一般而言，菜点的价格要反映它的价值，这是菜点定价的基本原则。

菜点的价格是以其价值为主要依据制定的，其价值包括三部分：一是菜肴原材料消耗的价值，生产设备、服务设施和用具用品等消耗的价值；二是以薪金、奖金等形式支付给服务人员的报酬；三是上缴国家的税金。

2. 从饭店的规模和档次出发

每个饭店的经营规模以及定位都不同，因此，在制定价格时，一定要从自己饭店的规模和档次出发，比如饭店的风味餐馆，其菜品都是精心制作的，原材料采用较高档次的，因此，其菜品价格可以高一些。

3. 价格必须适应市场需求，反映客人的满意程度

菜点定价要能反映产品的价值，还应反映供求关系。旺季时，价格可比平常、淡季略高一些，位置好的餐厅比位置差的餐厅其价格也可以略高一些，牌子老、声誉好的餐厅的价格自然比一般餐厅要高。

但是，价格的制定必须适合市场的需求，价格不合理、定价过高、超过一般消费者的承受能力，或“价非所值”，必然会引起客人的不满意，降低消费水平，减少消费量。

4. 价格既要相对灵活，又要相对稳定

菜肴定价应根据供求关系的变化而采用适当的灵活价，如优惠价、季节价、浮动价等，根据市场需求的变化有升有降，调节市场需求以增加销售，提高经营效益。

但是价格的变动不宜过于频繁，因为过于频繁地变动会给潜在的消费者带来心理上的压力和不稳定感觉，甚至挫伤消费者的消费积极性。因此菜肴定价要有相对的稳定性，每次调价幅度不能过大，最好不超过10%。

5. 不违背国家政策，接受物价部门指导

虽然现在菜品价格可以根据市场价位来制定，但不等于菜品可以随意定价，而要根据国家物价政策规定的范围确定菜品的利润。同时，在确定菜品的出售价格之前，要遵循当地物价部门的指导。

三、餐饮产品价格制定的步骤

1. 确定市场需求

市场需求是指一定的顾客在一定的地区、一定的时间、一定的市场营销环境和一定的市场营销计划下，对某种商品或服务愿意而且能够购买的数量。市场需求量不仅取决于餐饮产品的价格，还取决于消费者的收入、嗜好、预期以及相关物品的价格，取决于消费者的人数。

2. 确定定价目标

定价目标是饭店餐饮部在对其生产或经营的产品制定价格时，有意识地要求达到的目的和标准，它是指导企业进行价格决策的主要因素。

饭店餐饮部常见的定价目标有：

（1）以获取利润为目标

获取利润是饭店餐饮部从事生产经营活动的最终目标，具体可通过产品定价来实现。获取利润目标具体包括以获取投资收益为定价目标、以获取合理利润为定价目标、以获取最大利润为定价目标3种。

（2）以提高市场占有率为目标

也称市场份额目标，即把保持和提高企业的市场占有率（或市场份额）作为一定时期的定价目标。

市场占有率是一个企业经营状况和企业产品在市场上竞争能力的直接反映，关系到企业的兴衰存亡。较高的市场占有率，可以保证企业产品的销路，巩固企业的市场地位，从而使企业的利润稳步增长。

以提高市场占有率为目标定价，通常的做法是：

①定价由低到高。

就是在保证产品质量和降低成本的前提下，餐饮入市产品的定价低于市场上主要竞争者的价格，以低价争取消费者，打开产品销路，挤占市场，从而提高餐饮产品的市场占有率。待占领市场后，再通过增加产品的某些功能，或提高产品的质量等措施来逐步提高产品的价格，旨在维持一定市场占有率的同时获取更多的利润。

②定价由高到低。

就是对一些竞争尚不激烈的产品，入市时定价可高于竞争者的价格，利用消费者的求新心理，在短期内获取较高利润。待竞争激烈时，适当调低价格，赢得主动，扩大销量，提高市场占有率。

③防止竞争。

在市场竞争日趋激烈的形势下，饭店在实际定价前，广泛收集资料，仔细研究竞争对手产品价格情况，通过自己的定价目标去对付竞争对手。

根据饭店的不同条件，一般有以下价格目标可供选择。

A. 稳定价格目标。即以保持价格相对稳定，避免正面价格竞争为目标的定价。

B. 追随定价目标。即饭店主要以对市场价格有影响的竞争者的价格为依据，根据具体产品的情况稍高或稍低于竞争者。

C. 挑战定价目标。如果饭店具备强大的实力和特别优越的条件，可以主动出击，挑战竞争对手，获取更大的市场份额。

四、餐饮产品定价的方法

餐饮产品定价的方法有很多，需要根据各餐饮企业定价目标的不同，结合饭店的实际情况，选择适合企业的定价方法。

餐饮产品的定价方法通常有：

1. 成本导向定价法

成本导向定价法是指酒店以餐饮产品的成本为基础，再加上一定的利润和税金而形成价格的一种定价方法。成本导向定价法简便易行，是我国现阶段最基本、最普遍的定价方法，主要有毛利率定价法、主要成本率定价法等。

（1）毛利率定价法

毛利率定价法主要有销售毛利率法和成本毛利率法两种方法。

①销售毛利率法。

销售毛利率法又称内扣毛利率法，是根据餐饮产品的成本和销售毛利率来计算餐饮产品价格的方法。

$$餐饮产品价格=\frac{原材料成本}{1-销售毛利率}$$

采用这种方法计算餐饮产品的价格，可以使管理者清楚地看出毛利在销售额中所占的比例。

②成本毛利率法。

成本毛利率法又称外加毛利率法，是根据餐饮产品的成本和成本毛利率计算餐饮产品价格的一种方法。

$$餐饮产品价格=食品原材料成本\times(1+成本毛利率)$$

销售毛利率和成本毛利率可以相互换算，具体方法是：

$$销售毛利率=\frac{成本毛利率}{1+成本毛利率}$$

$$成本毛利率=\frac{销售毛利率}{1-销售毛利率}$$

（2）主要成本率定价法

也叫主要成本定价法，就是以餐饮产品的食品原材料成本和直接人工成本为基础，结合利润率等其他因素综合计算餐饮产品价格的一种方法。

$$餐饮产品价格=\frac{原材料成本+直接人工成本}{主要成本率}$$

其中，主要成本率 =1– 非原材料和直接人工成本率 – 利润率

2. 竞争导向定价法

竞争导向定价法是饭店根据市场竞争状况确定商品价格的一种定价方式，其具体做法是：饭店在制定餐饮产品价格时，主要以竞争对手的价格为基础，与竞争产品价格保持一定的比例，即竞争产品价格未变，即使本饭店餐饮产品成本或市场需求变动了，也应维持原价；竞争产品价格变动，即使自身产品成本和市场需求未变，也要相应调整价格。

竞争导向定价法的特点是：价格与成本和需求不发生直接关系。

3. 需求导向定价法

需求导向定价法又称顾客导向定价法，是指餐饮企业根据市场需求状况和餐饮消费者的不同反应分别确定产品价格的一种定价方式。其特点是：平均成本相同的同一餐饮产品价格随需求变化而变化。

五、餐饮定价策略

1. 高价策略

高价策略是指当餐饮部开发新产品时，将价格定得较高，以牟取暴利，当别的餐厅也推出同样产品而顾客开始拒绝高价时再降价。

高价策略往往在经历一段时间后要逐步降价，这项策略适用于饭店开发新产品需要投资量大、产品独特性强、竞争者难以模仿、产品的目标顾客对价格敏感度小的情况。

由于这种价格策略能使饭店获取暴利，因而会很快吸引竞争者形成激烈的竞争，从而导致价格下降。另外，在采取这种高价策略时，一定要考虑到政府对价格的监督程度。

2. 渗透价格策略

渗透价格策略是将新产品价格定得很低，目的是为了使新产品迅速地被消费者接受，饭店能迅速打开和扩大市场，尽早在市场上取得领先地位。

市场渗透策略用于竞争性大、容易模仿，且目标顾客需求的价格弹性大的新产品，新餐厅开业往往采取这一策略。

3. 诱饵定价策略

有些餐厅为吸引客人光顾，将一些菜品的价格定得很低，甚至低于这些菜品的成本价格，其目的是为了把客人吸引到餐厅来，而客人来到餐厅后一定还会点别的菜，这些菜品就起到诱饵作用。

诱饵菜品的选择十分重要，饭店通常选择一些顾客熟悉并选用较多的菜品、做工简单的菜品、其他竞争餐厅也有的菜品作诱饵，这样能吸引较多的顾客，顾客会与其他餐厅作价格比较而选择价格便宜的餐厅。

4. 心理定价策略

饭店常用的心理定价策略有：

（1）心理低价策略

零头标价往往使客人产生一种产品价格低于实际价格的感觉，如：芙蓉鸡片19.8元、爆炒腰花28元、凉拌活海参99元等，这些价格看起来比20元、30元、100元显得要便宜许多的感觉。

（2）心理高价策略

有很多客人都坚持这样一种看法："便宜没好货""价格高，说明档次高。"日常生活中经常看到有些卖服装的，标价98元卖不动，而当在98元前面再加上一个3，变成398元时，却被一抢而空。餐厅或酒吧可以进行市场分析，如果确信其顾客具备这种心理时，可以尝试此种策略，但不要违背国家反暴利经营规定。

（3）尾数定价策略

尾数定价策略是指保留价格尾数，采用零头标价，满足消费者廉价消费心理。由于尾数标价精确给人以信赖感，对于需求价格弹性较强的产品，尾数定价策略可大大增加销售量，餐厅中一般菜肴可采用尾数定价策略。

（4）整数定价策略

餐厅在定价时，采用合零凑整的方法，制定整数价格，这是针对消费者对高档消费品的心态的定价策略。消费者往往是通过价格来辨别产品质量，而整数价格又能提高"身价"，使消费者产生"一分钱一分货"的想法，因此，名贵菜肴一般多采用整数定价策略。

（5）招徕定价策略

这一策略是利用消费者廉价消费的心理，以低价或降价的办法吸引消费者，借机扩大销售，打开销路。这种定价策略以餐厅的整体利益为目标，而不是以个别产品的收益为目标。如有的餐厅对某个菜肴定价采取招徕定价策略，牺牲部分餐饮产品利益而确保其他一些产品的高收益，最终实现整个餐厅的总收益。

（6）分级定价策略

分级定价策略是把同类产品的价格有意识地分档，形成价格系列。这是针对消费者比较价格的心理，使消费者明显感到这是产品高低档次的差别，便于消费者按自己习惯的档次选择购买。

第三节　餐饮销售控制

饭店经营过程中，应加强餐饮产品销售过程的管理，尤其是在做销售和经营决策时，要以饭店能获得尽可能大的经济效益为前提。

一、餐饮销售决策

餐饮销售决策主要是对餐厅营业时间、清淡时间价格折扣、亏损先导推销的决策。

1. 餐厅营业时间决策

餐厅在什么时候营业、什么时候打烊，一般要以餐厅最大获利作为决策依据。但是，要确定最佳营业时间，必须以经营数据和调查数据作为决策依据，这些数据主要包括：

（1）各时段销售额

科学管理的餐厅需要统计各时段的销售额作为经营决策的依据之一，各时段的销售额数据主要应用于营业时间决策、清淡时段推销活动和人工安排决策等方面。

（2）食品饮料成本率

从餐厅营业成本月报表中即可获得平均成本率，它可反映餐厅经营的收益和效益。

（3）营业需增加的固定费用

这部分固定费用包括餐厅固定资产的折旧，餐厅即使不营业，这种费用也已经存在，是沉淀成本。这里仅计算若在清淡时间营业需要增加的固定开支。

（4）其他变动费用

除食品饮料成本外，有些费用会随销售量的增加而增加，如台布的洗涤费、餐巾纸成本和水电费等。

（5）营业税率

营业税率与餐厅营业要求达到的最低销售额有关，计算营业要求达到的最低销售额的公式为：

最低销售额 = 营业需增加的固定费用 - 食品饮料成本率 -
其他变动费用率 - 营业税率

有些餐厅在清淡时间内虽然客源少，从经济角度上考虑营业可能不合算，但考虑到下述因素则必须延长营业时间：

①延长营业时间是饭店或餐厅招徕客源的一种推销手段，使饭店或餐厅树立一种经营时间长、方便客人的良好形象，使客人愿意到饭店或餐厅来就餐。

②为营业高峰做准备工作。餐厅在清淡时间内可做一些营业前的准备工作，有些餐厅既要节约费用，又要为顾客留下关门晚的好印象，可以在正式停业前做停业准备和打扫。

③延长营业时间是应付竞争的一种措施。有许多餐厅为战胜竞争者，即使赔钱，营业时间也要比竞争者更长，以此来争夺客源。

④新餐厅早营业、晚停业可使更多的客人了解它，提高餐厅的知名度。

2. 清淡时间价格折扣决策

根据价格的需求弹性理论，降低产品价格会提高销售数量。许多饭店试图在生意清淡时间段推出折扣价格，以此来扩大产品销售量，提高座位周转率，提高利润。但在做价格折扣决策时，必须研究价格折扣对盈利的影响。

3. 亏损先导推销决策

亏损先导产品是指餐厅经过选择先推出那些价格定得很低、用来作诱饵吸引客人光顾餐厅的产品。分析这些产品折价推销的效果，不能只分析这一产品折价前后的盈利性，更重要的是还必须分析它们的“次级推销效应”。

在做亏损先导推销决策时要收集下列数据：

①亏损先导推销给其他产品增加的销售额；

②亏损先导推销所增加的成本；

③亏损先导推销所损失的收入；

④亏损先导推销所增加的其他费用；

⑤亏损先导推销所获得的净收益。

二、餐饮销售控制

加强餐饮销售控制，能有效堵塞餐饮收入漏洞、防止舞弊行为，减少和降低不必要的经营成本，保证饭店的经济收益。饭店常用的餐饮销售控制方法有：

1. 点菜单控制法

点菜单通常一式三联或四联，第一联交收银处，用于开立或打印账单，并附在账单后，作为账单的依据或原始凭证；第二联（如四联，则第二、三联）厨房留存，作为厨房发菜的依据；第三联（如四联，则第四联）由开单人留存备查。

对点菜单最严格、最有效的控制方法是将厨房留存的一联与收银账单逐项核对检查，这是堵塞餐饮收入漏洞、防止舞弊行为的一个关键环节。但在现实工作中，实施这种控制的难度较大，因此，在现实工作中通常采用一些比较简便的办法。

（1）印章审核法

印章审核法即只审核厨房交来的点菜单上有无收银员印章的方法，程序如下：

①点菜单在送厨房前，先交收银员，由收银员检查点菜单内容后盖章或签字。

②各个厨房根据收银员盖章或签字的点菜单发菜。

③营业结束之后，各个厨房把点菜单整理好送交稽核部，由收入稽核员审核。

（2）页数审核法

页数审核法即只核对点菜单的页数，不核对每页内容的方法，程序如下：

①每班结束后，厨房主管把当班的点菜单收集起来，按所属餐厅分类整理，送交主管全部厨房事务的行政总厨；行政总厨指定专人对各个厨房交来的点菜单作进一步整理，编制“点菜单收缴表”。

②日间稽核人员将厨房交来的点菜单的数目进行复核后，填在“点菜单核对表”“厨房交来张数”栏里，并把从账单后面拆下的点菜单数目填在“收银员交来张数”栏里，然后将两栏进行比较，如果张数相等，则不必再作详

细检查；如果张数不等，则要将不相等的餐厅、班次收银员交来的点菜单和厨房交来的点菜单找出来，逐张进行核对，检查不符的原因。

核对点菜单页数比较烦琐，为此，有的饭店餐厅在打印账单时，把点菜单的号码输进收银机里，让收银机打出点菜单的数目，以便与厨房交来的点菜单进行核对。

（3）抽查法

抽查法即在各厨房、酒吧交来的点菜单中抽取一部分与相应的收银账单核对。稽核人员在抽查时，可抽查一个餐厅的点菜单和账单，也可抽查某几个收银员的点菜单和账单，方法是：从厨房、酒吧交来的点菜单中，按照账单号码取出所属的全部点菜单，与相关号码的账单逐项进行核对，核对点菜单的项目、数量是否与账单相符，是否有漏记入账单的消费项目，即厨房、酒吧的出品是否正确、完整地打进餐费账单。经过抽查没有发现问题，当天的抽查工作就告一段落；相反，抽查中如果发现问题，则应根据具体情况增加抽查的数量，扩大抽查的范围。如果发现的问题较多或较严重，则应对该餐厅或该收银员改用详查法，即全面审查厨房的点菜单与账单的相符情况，不但要详查当天的，也要检查当月的，甚至要追溯到前几个月的，以便彻底查清问题。

2. 出菜检查员控制法

具有一定规模的饭店，需要在厨房中设置一名出菜检查员，出菜检查员的职责是：

①保证每张点菜单上的菜都得到及时生产，并保证传菜员取菜正确和送菜到合适的餐桌。

②保证厨房只根据点菜单所列的菜名生产菜品，每份送出厨房的菜都应在点菜单副联上有记载，这样可防止服务员或厨师无订单私自生产并擅自免费把菜品送给客人。

③有的餐厅要求出菜检查员检查点菜单上填的价格是否正确，防止服务员为某种私利或粗心将价格写错。

④检查每份生产好的菜品的份额和质量是否符合标准。

⑤注意防止点菜单副联丢失。

3. 收银员控制法

收银员的职责是记录现金收入和记账收入，向客人结账收款。有效的餐饮销售控制必须防止和杜绝收银员的舞弊和差错。

饭店经营过程中，常见的与收银有关的舞弊和差错主要有：

（1）舞弊

主要是走单、走数、走餐和走汇（走汇主要指餐厅收银员及有关人员私兑收入的外币而使饭店的营业收入蒙受损失）。

（2）差错

常见的差错主要表现在以下方面：账单内容遗漏或计算错误；外汇折算不正确；给予客人的优惠折扣错误；账单汇总计算发生错误等。

第四节　餐饮促销

促销，即营销促进，是指通过采用各种方法和手段，促使消费者对产品或服务产生兴趣，增强产品的吸引力，从而促进产品和服务的销售。

在竞争日趋激烈的今天，饭店越来越重视促销活动，采取多种促销方式和手段，以此来吸引客人，扩大餐饮产品的销售量，提高饭店的盈利水平。

一、广告促销

广告促销是指通过购买某种宣传媒介的空间或时间，来向公众或特定市场中的潜在客人进行推销或宣传的一种营销方式。

广告是餐饮促销常用的方法之一，饭店常见的餐饮广告主要有电视广告、电台广告、报纸广告、杂志广告、餐厅出版物、电话号码簿、旅游指南及户外广告以及直接邮寄广告等。各种广告媒介都有自己的优缺点，广告人员在选择时，应注意各种媒介的长处和不足以及它对餐厅广告宣传的适应性。

二、宣传促销

宣传促销是以付费或非付费的新闻报道、消息等形式出现的，一般通过电台广播、电视、报刊文章、标志牌或其他媒介，为人们提供有关饮食产品以及服务的信息。与广告相比，它更容易赢得消费者的信任。

餐饮促销人员应善于把握时机，捕捉一些餐厅举办的具有新闻价值的活动，向媒体提供信息资料。凡餐饮部接待或举行的重大宴请、新闻发布会、文娱活动、美食节庆等，都应该邀请媒体代表参加。

三、员工促销

餐厅的每一名员工都是推销员，他们的仪容仪表、一言一行，都是对餐饮产品的无形推销。为此，要求餐饮部员工注意个人形象，熟悉产品，服务过程中做到主动服务，抓住销售机会适时介绍，通过一定的推销技巧来增加销售；根据用餐者的身份及用餐性质，进行有重点的推销；选准推销目标，做到精准推销；恰当运用语言技巧，提高推销效率。

四、菜单促销

菜单促销即通过各种形式的菜单向前来消费的客人进行餐饮推销。饭店可通过形式各异、风格独特的固定式菜单、循环式菜单、特选菜单、儿童菜单、中老年人菜单、情侣菜单、双休日菜单、美食节菜单等来进行宣传和营销。

饭店菜单可根据具体情况来选择不同质地的材料，设计出意境不同、情趣各异的封面，格式、大小可灵活变化，并可以分别制作成纸垫式、台卡式、招贴式、悬挂式、帐篷式等，色彩或艳丽或淡雅，式样或豪华气派或玲珑秀气，可让宾客在欣赏把玩之中爱不释手，无形中产生了购买欲，并付诸行动。

五、特殊活动促销

特殊活动促销是指为了解决餐厅面临的短期的需求不足、生意清淡等问题，以便能实现餐厅短期销售目标而进行的一种创造性促销活动，它的重点在于解决客人的购买行动问题。营销人员通过策划、组织特殊促销活动，刺激客人马上做出购买行动，起到立竿见影的效果。

特殊活动促销具有暂时性，即它一般是在几个月内进行的短期促销活动，它绝不能超出这一时限，否则，这种特殊活动促销就失去了短期刺激的意义和价值。

饭店特殊活动促销分为店内促销活动和店外促销活动两种。

1. 店内促销活动

店内促销活动是以招徕客人为目的而制造出具有话题性且能吸引客人参加的活动的一种促销方法。

举办店内促销活动，必须掌握以下几项原则：

①话题性。即举办的活动要具有新闻性，能够产生话题，引起大众的兴趣，从而吸引客人。

②新潮性。也就是要有现代感，陈词滥调的花样非但不能起到推销的作用，还可能影响餐厅的声誉。

③新奇性和戏剧性。

④即兴性和非日常性。

⑤便捷性。

⑥参与性。举办的活动应尽量吸引客人参与。

2. 店外促销活动

店外促销活动主要指外卖促销活动。它不占用餐厅营业面积，在旺季可以解决用餐场地不足的问题，可以提高销售量，扩大餐饮营业收入。

知识链接

餐饮促销的7大有效手段

众所周知，餐饮促销在于推广从而达到盈利的目的，但不是所有的促销方法都是有效且简单易操作的，简单易操作的有效餐饮促销手段有：

（1）不强调什么都有

在很多时候，什么都有往往就等于什么都不太出色。有句俗话最能表达这种意思：“样样通，样样松。”许多企业在经营上出问题，其中最大的问题就是菜式太多了。要知道，菜单愈长，厨房相对就愈大，做菜就愈麻烦，时间花得也就愈多。菜单花样多，耗损会多，库存也会增多，进货时也颇伤脑筋。所以，菜单制定要遵循“3S”原则，即 standard（标准）、specіal（特别）、simple（简单）。

（2）快上快离是上策

餐厅上菜快，使客人离去快，才能提高座位周转率。但餐厅不可为提高周转率而赶走客人或服务态度不佳。

使客人快些离去的有效方法，一是在客满时，服务员应对新来的客人打招呼“请稍等”，并安排已吃完的客人尽快离去。有些客人吃完饭，还在畅谈不休，服务人员应不厌其烦地上前为他添加茶水，以打断客人的谈话，这也是一种技巧，当添加茶水二至三次时，客人多半会自觉不好意思而离去。二是在客源低峰时，则应设法让客人慢慢享用，不急着离去，因为客人有从众心态。为此，服务人员要尽量为客人多换毛巾和热茶以挽留客人。对于老客人，餐厅主管人员则应上前与之打招呼，征询客人意见。三是播放音乐可作为控制客人停留时间的有效工具。客人高峰时，可播放轻快、优美的进行曲，使客人在不知不觉中动作加快而快速离去；低峰时，则播放古典音乐或抒情音乐，可延缓客人离去。

（3）特设菜单清库存

“今日特餐”因价钱不贵、味道不差、可能还附送饮料而很受欢迎。推出“今日特餐”要掌握3个原则：一是能大量采购原材料；二是烹饪时间短；三是味道有特色。此外，仓库中积压较多的原料也可利用“今日特餐”来清理，如欧式餐饮店的“special soup”，就是利用前日剩下的原料制作的。

（4）赠券赠品表谢意

折价赠券可以邮寄或附在广告上，也可以当面奉送，这对于那些价格敏感型的客人更为有效。另外，可准备有特色的小工艺赠品，既能起到宣传作用，还可提高餐厅的档次。

（5）抱怨处理要周全

一般来说，客人对餐饮投诉，大致有以下几种原因：一是上菜太慢；二是实际菜肴与样品的分量相差太多；三是菜中有异物；四是味道太咸或太淡；五是上错了菜等。餐饮主管人员应事先设计出补救方法，出现问题后要虚心接受客人的抱怨，仔细聆听客人的指责，冷静处理而使客人平息怒气，并给客人一定的补偿，使客人心平气和地离去。

（6）餐后服务暖客人

就餐后，客人除得赠品、优惠券外，安排一、两个人为客人免费洗车（凭餐券或其他手续）等，能给客人减少许多麻烦，以此来增加客人对餐厅的印象，培养忠诚顾客。

（7）价廉物美好生财

现阶段，价格便宜对于吸引客人具有相当程度的魅力，同时也具有加速企业资金周转、创造更大利润的魔力。所以，价廉物美一直为各阶层的经营者所认同。

（资料来源：http：//www.sohu.com/a/223870815_184630）

案例分析

那些令人拍案叫绝的营销法门！

“不知营销意，不要做餐饮；营销没创意，没法聚人气！”今天这句话几乎成了每个餐饮老板心中的经营准则，当今的餐饮行业，会做菜还要会吆喝，营销的地位几乎与好的产品与管理平起平坐。可是在营销方式层出不穷的当下，什么样的营销活动才能让顾客买账？下面列举两个令人拍案叫绝的餐饮营销案例，供参考借鉴！

案例一：借最大的东风，做最好的买卖

“诸葛亮借东风”的故事广为传颂，而营销中能够借到东风自然也能够事半功倍，近年来这方面最成功的案例当数庆丰包子了。在 1948 年首创之后，庆丰包子一直声名不显，但在习大大光临之后，庆丰包子便以燎原之势，成为了现下最火爆的就餐首选，21 元一位的“习大大”套餐成为其标配。从 2013 年 12 月 30 日上午 9 点开始，北京老字号庆丰包子铺的加盟电话一直处于忙碌状态，有人说这是天上掉馅饼的好事，但俗话说“机会只留给有准备的人”，如果没有其兢兢业业的老字号经营，又怎么可能会有这样的“馅饼”吃呢？能抓住机遇的营销才是成功的营销！

案例二：高空就餐，吃得心惊胆战

随着顾客千奇百怪的个性化需求越来越多，餐饮企业营销的法子也越来越“邪”，2014 年空中餐厅开始在国内各大城市兴起，并成为商家制造话题、吸引人气的揽客方式。在上海浦东陆家嘴某五星级酒店的“空中餐厅”，所有食客坐在配有安全带固定着的座位上，侍者、厨师也都穿上了类似蹦极时所穿的保护装置，在惊叫声中，餐桌上天，食客们在50米高空尽情享受美景与饕餮盛宴。享受这样一次餐饮服务的代价从1888元到8888元不等，这个考验食客勇气和胆量的新鲜吃法引发网友热议，并迅速风靡开来，尽管很多地方都因为其安全性尚不尽如人意被地方监管部门叫停，却并不妨碍图新鲜、找刺激的食客前来体验。

（资料来源：搜狐网）

思考题

1. 什么是餐饮销售管理？
2. 餐饮销售的四大因素主要包括哪些方面？
3. 餐饮产品定价的特点是什么？
4. 餐饮产品定价需遵循哪些基本原则？
5. 餐饮产品定价的方法有哪些？
6. 饭店的价格策略主要有哪些？
7. 饭店常用的控制方法有哪些？
8. 饭店餐饮促销的方式有哪几种？

第 11 章

体验服务

知识目标

1. 知道餐饮服务质量的含义；

2. 了解和掌握餐饮服务质量的内容；

3. 了解餐饮服务水平的主要内容；

4. 知道餐饮服务质量管理的意义；

5. 熟知餐饮服务质量管理的内容与方法；

6. 掌握餐饮服务质量的控制方法。

能力目标

1. 掌握餐饮服务质量标准的制定方法；

2. 会收集餐饮服务质量信息，并加以整理、分析。

实训任务

1. 到当地一家饭店进行实地调查，了解其餐饮服务质量标准；

2. 到当地一家饭店餐饮部进行实地调查，了解其在服务质量管理上的具体做法。

教学方法

理论讲授 + 饭店案例

准备工作

本次课所需教学用具包括教案、课件、饭店案例等。

操作要点

具体要点有：制定餐饮服务质量标准，收集、整理、分析餐饮服务质量信息。

第一节　餐饮服务质量概述

随着客人用餐消费心理的日趋成熟以及餐饮业竞争的日趋激烈，客人越来越关心餐饮的服务质量水平，不仅要物有所值，更要物超所值。为此，餐饮服务人员应虚心学习饭店及餐饮服务质量管理知识，不断探索提高和完善自身服务质量的途径和方法，从而全面提高餐饮服务质量，保证饭店及餐饮部的经济效益、社会效益和环境效益。

一、餐饮服务质量的含义

餐饮服务是指餐饮部员工为客人提供食品、酒水饮料和一系列劳务服务行为的总和。餐饮服务质量是指餐饮部以其所拥有的设施设备为依托，为客人所提供的有形产品和无形服务在价值和使用价值上适合和满足客人需要的能力和程度。

服务质量是饭店赖以生存和发展的生命线，是竞争的需要，是判断管理水平的重要标志。对餐饮部而言，精美的菜肴、酒水饮料，配以优质的服务，才能得到客人的好评，也才能保证饭店的经济效益。

二、餐饮服务质量的内容

餐饮服务质量是一个综合性的概念，内涵丰富，构成复杂，涉及餐饮生产经营过程的各个方面和环节。一般说来，餐饮服务质量包括设施设备质量、实物产品质量、劳务服务质量、卫生质量、服务环境质量 5 个方面的内容。

1. 设施设备质量

设施设备是饭店星级档次的基础，也是宾客评价饭店服务质量的首要对象。餐饮部的设施设备是餐饮经营的依托，是餐饮赖以生存的基础，是餐饮服务质量的重要内容。餐饮设施设备不仅要有达到水准的使用价值，有些还要有外观美感和风格特色。对餐饮部设施设备的质量要求是：

①设施设备和物品设置的标准按原国家旅游局颁布的国家标准《旅游饭店星级的划分及评定》文件中有关设施设备和物品配备标准执行。同时，设

施设备设置要科学，结构要合理，设施设备要性能良好。

②设施设备和物品配置齐全，配套完整，且操作简单，质量良好，让宾客感到实用、方便。

③各种设施设备应处于良好的水平状态，让宾客感到舒适、愉快。

④对各种设施设备应有严格、高效的维修保养制度，确保餐饮部的接待服务正常运转。

⑤建筑和装饰、设备、物品等要注意风格特色，互相协调一致，形成一种美感。

2. 实物产品质量

餐饮部实物产品是满足宾客物质消费需要的直接体现，是餐饮服务质量的重要内容。餐饮实物产品质量的要求是：

（1）菜点酒水质量

要求做到饮食产品有特色，原料选用要合理，加工烹制要精细，产品风味应适口等，确保所供应的每一品种都安全、卫生，符合宾客要求。

（2）客用品质量

客用品是指餐饮部提供给宾客消费的各种生活用品，包括一次性消耗品（如牙签等）和多次性消耗品（如餐酒具等）。客用品质量必须与饭店星级相适应，数量应充裕，供应要及时，安全与卫生有保障。

（3）服务用品质量

服务用品是指餐饮部在提供服务过程中供服务人员使用的各种用品，如餐饮部的托盘等，它是提供优质服务的必要条件。服务用品要求品种齐全、数量充裕、性能优良、使用方便、安全卫生等。

3. 劳务服务质量

劳务服务质量主要体现在服务水平上，而服务水平又是检验服务质量的重要内容。餐饮部服务水平主要包括礼貌礼节、职业道德、服务态度、服务技能、清洁卫生、服务项目、服务效率等方面。其具体要求是：

（1）礼貌礼节

礼貌礼节是以一定的形式向他人表示尊重、欢迎、友好的一种态度和意愿。礼貌礼节是整个服务水平中最重要的部分，因为它是宾客在接受服务时首先接触到的。礼貌礼节是人际关系的润滑剂，它反映了一个饭店的精神文明和文化修养，体现了饭店及员工对宾客的基本态度。要求饭店服务人员具有端庄的仪表仪容、文雅的语言谈吐、得体的行为举止、殷勤的态度等。

饭店及餐饮业是礼貌行业，全体员工在接受行业培训时必须进行礼貌礼节的培训。餐饮服务也应该有礼貌礼节的规范。礼貌礼节既要充分尊重各个国家、各个地区的风俗习惯，又要保持我国的民族传统和习惯。

（2）职业道德

餐饮服务中要求服务人员应遵循“热情友好，宾客至上；真诚公道，信誉第一；文明礼貌，优质服务；不卑不亢，一视同仁；团结协作，顾全大局；遵纪守法，廉洁奉公”的旅游职业道德规范，具体要求是敬业、勤业和乐业。

（3）服务态度

餐饮服务态度是指餐饮服务人员在对客服务过程中体现出来的主观意向和心理状态，其好坏是由员工的主动性、创造性、积极性、责任感和素质高低决定的。具体要求是：

①真诚。

这是餐饮服务人员对宾客服务的基本态度。

②主动、热情、周到的服务。

第一，外在形象、语言谈吐、营造的气氛都是良好的服务态度的体现。

第二，服务在宾客开口之前。餐饮服务要主动在前，恰到好处。要做到这一点，一方面服务规程要尽量规定得详细周到，把主动服务列入规程；另一方面是培养全体员工的主动服务精神，随时能提供宾客需要的恰到好处的服务。

第三，服务周到，能站在宾客的立场上设身处地多为宾客着想。宾客在外旅居会需要些什么样的服务应尽量为宾客考虑到。

（4）服务技能

餐饮服务技能是指餐饮服务人员在提供服务时显现的技巧和能力，其高低取决于服务人员的专业知识和操作技术。掌握餐饮服务技能和提高服务技术是对餐饮部每位员工的基本要求，服务技术过硬才能使服务达到标准，保证服务质量。餐饮服务人员要对业务十分熟悉，对宾客的各种心理有比较清楚的了解，充分发挥自己对客服务的才能而使服务更富有感染力。服务技能主要有：接待技能、语言技能、动作表情、推销技能、应变技能、化解矛盾技能等多方面的技能。

（5）清洁卫生

清洁卫生是餐饮业务工作的重点，也是服务质量的重要内容。卫生状况不仅直接影响到宾客的健康，也反映了餐饮部的管理水平和企业素质。餐饮部应严格执行清洁卫生标准，高标准、严要求，严把食品饮料卫生关，确保餐酒具用具卫生、员工个人卫生符合规定的要求，并满足国家对环保方面的要求。

（6）服务项目

餐饮部所能提供服务项目数量的多少，反映了饭店餐饮的档次水平和餐饮服务质量的高低。餐饮部的服务项目可归为两类：一类是基本服务项目，即在饭店服务指南中或在服务规程中有明确的规定的对每个宾客几乎都要发生作用的那些项目；一类是附加的服务项目，是指由宾客临时提出的，不是每个宾客都需要的服务项目，即我们平时所说的超规程服务的那些项目。随着现代生活水平的提高，人们的需求也在不断扩大，服务项目也随之增多。餐饮服务项目要能千方百计地去适应和满足宾客的需要。

（7）服务效率

服务效率是指在服务过程中的时间概念和工作节奏。它应根据宾客的实际需要灵活掌握，要求在宾客最需要某项服务之前即时提供。因此，服务效率并非仅指快速，而是强调适时服务。

餐饮服务效率有 3 类：一类是用工时定额来表示的固定的服务效率，如宴会摆台工时等。一类是用时限来表示的服务效率，如中餐宴会一般在开宴前 15 分钟左右摆上冷盘等。一类是有时间概念，但没有明确的时限规定，是靠宾客的感觉来衡量的效率，如在餐厅点菜后，多少时间上菜。服务效率不仅是服务质量的组成部分，还直接影响餐饮部的效益。

除了服务效率外，餐饮部还需提高工作效率。餐饮工作效率是餐饮部内部工作的时间频率，它同样会影响服务质量，也关系到餐饮部员工的精神面貌。工作效率有涉及宾客的，如餐饮部内部业务表单的传递、宾客投诉上报、菜单的内部传递等；也有不涉及宾客的而纯粹是内部的工作。不论哪一类工作效率都必须是快节奏的。

4. 卫生质量

卫生质量是餐饮服务质量的关键性问题。卫生是客人到餐饮部消费的第一需要，不管餐饮部各方面工作做得多好，卫生出了问题将会前功尽弃。餐饮部卫生的要求是：

（1）食品卫生

食品卫生质量关乎客人的身体健康，餐饮部在运营过程中，应严格执行食品卫生“五四制”，严把食品卫生质量关，杜绝因食品卫生问题引起的客人食物中毒事件的发生。凡因食品卫生问题发生的事故，都应作重大事故处理。

（2）用具卫生

餐饮部要制定各类用品的卫生规范，严格按照食品卫生“五四制”的规定和要求，餐具、茶具、酒具坚持做到一洗、二刷、三冲、四消毒，服务用具洁净无污痕、无油滑感；服务人员使用的清洁工具用品等也要严格遵守卫生规范。

（3）环境卫生

客人消费场所及餐饮公共场所都要有严格、具体的卫生标准，且保证这些场所的卫生工作达到标准并落实到人；环境卫生采取“四定”办法（即定人、定物、定时间、定质量），餐厅每天整理卫生，地面、墙壁、天花板无灰尘、蜘蛛网，无污迹、水渍、脱皮现象，无卫生死角，每日吸尘，保持地面整洁、美观；门窗、玻璃无污点、无印迹，台布、口布无污渍，绿植无枯叶、无垃圾，卫生间专人负责打扫，清洁无异味。

（4）员工卫生

餐饮部员工应持证上岗，定期体检；各岗位均应有个人卫生规范要求，每位员工应按卫生规范保持个人卫生，养成良好的卫生习惯，个人卫生做到“四勤”（即勤洗手、剪指甲，勤洗澡、理发，勤洗衣服、被褥，勤换工作服），个人仪表符合饭店规定。

（5）操作卫生

餐饮部员工要严格执行食品卫生“五四制”的有关规定和要求，严把菜品卫生质量关；在服务过程中要养成良好的卫生习惯，服务操作过程严格按规范进行，防止污染。

（6）环保工作

饭店及餐饮部应采取措施做好环保工作，按国家及环保部门对环保的要求，使饭店及餐饮部的环保能达标，尽量减少对饭店的各种污染，特别要保持空气的清洁。

5. 服务环境质量

服务环境质量是餐饮服务质量的重要组成部分。良好的服务环境可以给客人带来感官上的享受和心理上的满足。餐饮服务环境质量是由建筑、装饰、陈设、设施、灯光、声音、颜色以及员工的仪表仪容等因素构成的。对餐饮服务环境质量的要求是：

①餐饮建筑物的结构良好，并有一定的特色。

②餐饮建筑、装饰材料的选用必须符合饭店等级。

③餐饮服务设施和服务场所的布局要合理，并便于到达。

④餐饮的装饰布置，如照明和色彩等应营造氛围，并充满情趣，富于特色。

⑤用餐安全有保障。

⑥卫生令人放心，如餐饮部各处地方洁净无尘，餐酒具严格消毒，员工仪表仪容端庄得体等。

⑦餐饮部外部或周围环境整洁、干净。

第二节　餐饮服务质量管理与控制

服务质量是饭店生存的根本所在。对于餐饮部而言，服务质量的好坏，将直接决定餐饮部客源的多少和经济效益，故此，餐饮部必须切实采取有效措施，提高自身的服务质量水平。

餐饮部要提高服务质量水平，就必须对人、财、物等各项资源进行有效管理，从而提高餐饮部的经济效益、社会效益和环境效益，进而促进饭店的生存和发展。

一、餐饮服务质量管理的意义

1. 服务质量管理是饭店生死存亡的关键

被誉为“现代饭店之父”的美国人斯塔特勒先生曾经这样说过：“饭店从根本上说，只出售一样东西，那就是服务。”服务是饭店餐饮部的立足之本，服务质量是关系到饭店及餐饮部生死存亡的大事，服务质量的高低将会直接影响到饭店餐饮部经营的好坏。罗斯德恶性循环理论告诉我们：当服务标准降低时，会引起客人的不满，导致客人需求衰退，饭店利润减少，无力进行投资，从而使服务标准更为降低。因此，要想破解罗斯德恶性循环，必须要提高服务标准。而要做到这一点，就必须制定服务质量标准，收集服务质量信息，加强餐饮服务人员的培训，提高员工素质，从而提高餐饮部的服务质量水平，进而保证和扩大饭店客源，使饭店立于不败之地。

2. 服务质量管理是饭店激烈竞争的根本

随着市场经济的发展，饭店以及餐饮部之间的竞争越来越激烈。从根本上来讲，饭店竞争的实质其实就是服务质量的竞争。为此，必须加强服务质量的管理，保证和提高饭店的服务质量水平，这样就能够巩固现有客人，赢得潜在客人，获得忠诚客人，从而促进实现饭店以及餐饮部的经济效益、社会效益和环境效益，最终使饭店在激烈的市场竞争中取得一席之地。

3. 服务质量管理是饭店长远发展的保障

客源就是财源。饭店想要获得长远发展，就必须培养自己的忠诚客人。通常情况下，维持一位老客人的成本，只有争取一位新客人成本的 1/5。忠诚客人会重复购买饭店的产品或服务。而且，忠诚客人会带来许多潜在客人。研究表明，一个忠诚客人平均可以影响到 25 个潜在客人的购买行为。如何培养忠诚客人，则取决于饭店的服务质量水平，必须借助于饭店服务质量管理。饭店不仅要在硬件上不断更新设施设备，引进高智能、高知识、高科技的先进产品，更要在管理上创出品牌、创出特色，切实提高饭店管理人员和服务人员的服务意识、服务技能、服务方法、服务态度，这样才能保障饭店的长远发展。

二、餐饮服务质量管理的内容与方法

1. 制定餐饮服务质量标准

服务质量标准是指各项服务的工作程序、所要达到的标准及规格。餐饮部应根据各岗位的运作流程和自身特点，制定出规范化的服务流程和服务标准。这是餐饮服务质量管理的依据和基础，是餐饮服务得以实现的基本保障，同时也是餐饮服务人员服务工作的基本准则和基本目标。

2. 建立餐饮服务质量管理体系

在饭店的服务质量管理体系中，针对饭店的五级管理体制，饭店总经理全面负责饭店服务质量管理工作，再由部门经理、主管、领班具体负责各自部门、各自区域、各自班组的服务质量管理工作，从而形成全方位、立体式的管理网络，及时发现问题、解决问题，进而提高饭店的整体服务质量水平。

作为饭店重要职能部门的餐饮部，应根据自身的运营特点和具体实际，建立起一整套完备而又健全的服务质量管理体系，从而使餐饮服务质量管理有据可依、有章可循。

3. 进行餐饮服务质量管理培训

餐饮服务质量的培训，可以更新服务人员的服务理念，可以树立服务人员的服务意识，可以提高服务人员的服务技能，可以改善服务人员的服务方法，从而全面提高餐饮部的服务质量水平。

4. 采取餐饮服务质量管理方法

采取行之有效的管理方法，是成功实现餐饮服务质量管理的前提和保证。餐饮部只有采取有效的服务质量管理方法，才能真正全面改善和提升餐饮的服务质量，进而实现餐饮部经济效益、社会效益和环境效益三统一的目标。

目前，饭店及餐饮部常用的服务质量管理方法有：全面质量管理法、PDCA 循环法、“零缺点”管理法、标杆管理法、现场巡视管理法、竞赛评比管理法等。

三、餐饮服务质量的控制

1. 餐饮服务质量控制的基础

要进行有效的餐饮服务质量控制，必须做好以下三项基础性工作：

（1）制定餐饮服务质量标准

餐饮服务质量标准是指餐饮各项服务工作应达到的规格、程序和标准，是餐饮部各岗位员工必须遵守的服务准则，也是餐饮管理人员监督、检查的依据。

进行餐饮服务质量控制，首先必须制定餐饮服务质量标准，用服务程序来统一各项服务工作，使之达到服务质量标准化、服务工作程序化。

（2）必须收集服务质量信息

餐饮部管理人员应了解和掌握服务的实际效果如何，即宾客是否满意，以及服务中存在的问题，从而制定出改进和提升服务质量的具体措施。

餐饮服务质量信息的收集主要来自于3个方面：一是管理人员依据餐饮服务质量标准，在走动管理过程中发现的问题；二是来源于一线服务人员；三是来源于客人。

（3）必须抓好员工培训

餐饮企业之间服务质量的竞争主要就是人才的竞争、员工素质的竞争。因此，餐饮部应重视和加强对员工的培训，通过培训，强化员工的服务技能，丰富员工的业务知识，激发员工的潜能，充分调动员工的积极性和创造性，不断提高员工素质，保证对客服务质量。

2. 餐饮服务质量控制的方法

根据餐饮服务工作的特点，通常将餐饮服务质量控制分为3个阶段，即预先控制、现场控制和反馈控制。

（1）餐饮服务质量的预先控制

所谓预先控制，就是为使服务结果达到预定的目标，在开餐前所做的一切管理上的努力。预先控制的目的是防止开餐服务中所使用的各种资源在质和量方面产生偏差。

餐饮服务质量的预先控制主要是做好人力资源的预先控制（如开餐前对员工仪表仪容的检查）、物质资源的预先控制（如开餐前准备好各类餐用具）、卫生质量的预先控制（如开餐前对卫生的全面检查）和事故的预先控制（如开餐前餐厅管理人员与厨师长的信息沟通、联系）四个方面。

（2）餐饮服务质量的现场控制

所谓现场控制，是指营业期间餐饮管理人员在现场监督正在进行的餐饮服务，使其规范化、程序化、标准化，并迅速处理和解决意外事件。

餐饮服务质量的现场控制主要是做好这几个方面的控制工作，即服务程序的控制、服务技能的控制、上菜时机的控制、意外事件的控制、人力控制等。

（3）餐饮服务质量的反馈控制

所谓反馈控制，就是通过服务质量信息的反馈，找出服务工作在各阶段的不足，从而采取有效措施加强预先控制和现场控制，保证和提高服务质量，使宾客更加满意。

餐饮服务质量信息反馈主要来自内部系统和外部系统两个方面，内部系统是指来自管理人员和服务人员的信息，外部系统是指来自就餐客人的信息。餐饮部只有建立和健全这两个信息反馈系统，才能及时、准确地了解和把握服务质量现状，以便“对症下药”，采取切实可行的改进措施，不断提高服务质量。

知识链接

饭店服务质量的黄金标准

黄金标准一：凡是客人看到的必须是整洁美观的；

黄金标准二：凡是提供给客人使用的必须是有效的；

黄金标准三：凡是提供给客人使用的必须是安全的；

黄金标准四：凡是饭店员工对待客人必须是亲切礼貌的。

案例分析

全面质量管理的成功秘诀

——美国里兹－卡尔顿饭店管理公司（The Ritz-Carlton）

帕特里克·梅恩（Patrick Mene）是里兹－卡尔顿饭店公司的质量总监，在 3 年之前他就负责推广和协调公司的全面质量管理工作。

帕特里克·梅恩曾经加入过凯悦旅馆（Hyatt Hotels）、威斯汀国际旅馆（Westin International）和奥姆尼旅馆（Omni Hotels）。他拥有旅馆管理方面的全面知识，从经营、餐饮到管理培训。

按照梅恩先生的观点，里兹－卡尔顿饭店全面质量管理成功的秘诀在于：授权（Empowerment）、互助合作工作（Teamwork）、反馈（Feedback）、供应商也参加全面质量管理工作（Suppliers，Too）、人力资源管理（Human Resources）、考核（Appraisal）。

梅恩先生说，全面质量管理的要点之一就是授给每一位员工及时解决宾客的问题的权力。梅恩解释说："我们宁愿服务员当场立即解决客人的问题，而不愿意让问题留下来以后让营销总监来解决。我们认为存在一个'1—10—100'的法则。其含义是：你今天纠正错误可能只需花费1美元，你留到明天去纠正就会花费10美元，如果留到以后去解决就要花费100美元。"

梅恩先生认为全面质量管理的要点之二是互助合作地进行工作。他说：我们在每一层都设立质量管理小组来共同发现问题和解决问题，并制定防止它们再发生的措施。每一个成员都承担责任，管理者像教练员，培训每一成员掌握如何进行工作的方法。我们甚至将不同部门的人放在一个质量管理小组里，讨论如何改进整个饭店的质量管理工作，以培养大家具有整体的互助合作精神。

梅恩先生说全面质量管理的要点之三是要及时反馈质量信息，进行改进。他说，我们要大大减少循环时间，这是指认识宾客需要、满足这种需要间隔的时间。要实现使宾客成为100％的回头客的目标。

值得注意的是，里兹－卡尔顿饭店不直接以客房出租率这一传统的目标为经营目标，而是建立以最有效率的制度使宾客满意的目标。梅恩先生认为，里兹－卡尔顿饭店公司的逻辑是：高质量的服务与设施，自然将产生良好的财务成果。虽然公司不知道这样做是否能保证获得最高的平均房价和出租率。

梅恩先生说全面质量管理的要点之四是要求供应商也加入全面质量管理的行列。里兹－卡尔顿饭店公司对供应商发放证书，只有最能满足公司质量改进需要的供应商才能获得证书。对供应商的考查由采购者、会计人员、宾客共同进行，涉及100个问题。

梅恩先生认为全面质量管理的要点之五是人力资源管理。强调人力资源管理人员与经营业务管理人员要融为一体，共同对员工的挑选录用、入店教育、岗位培训和考核评价及发放证书负责。

梅恩先生认为全面质量管理的要点之六是考核。他说，我们要求人们对他们所能控制的事情负责。评价依据最重要的黄金标准进行。一旦员工被授予了培训合格证书，我们就采用重新确认员工合格证书的方式来进行考核，这样就使培训成为一种与认证相结合的持续的过程，以培养员工不断进取和完善的精神。

思考题

1. 什么是餐饮服务质量?
2. 餐饮服务质量的内容都包括哪些方面?
3. 餐饮服务水平主要包括哪些方面，具体要求是什么?
4. 餐饮服务质量管理的意义是什么?
5. 简述餐饮服务质量管理的内容与方法。
6. 餐饮服务质量控制的基础是什么?
7. 餐饮服务质量控制的方法有哪些?
8. 预先控制的内容是什么?

第12章 控制成本

知识目标

1. 知道餐饮成本的概念；
2. 了解和掌握餐饮成本的分类；
3. 熟知餐饮成本的特点；
4. 了解餐饮成本核算、成本控制、人工成本的内容；
5. 掌握净料成本、低值易耗品的核算方法；
6. 知道餐饮成本控制的程序；
7. 了解并掌握人工成本的影响因素以及控制方法。

能力目标

1. 知道餐饮成本的概念、分类及特点；
2. 会计算净料率，懂得餐饮成本的核算方法；
3. 懂得餐饮成本的控制方法。

实训任务

1. 调查当地1~2家五星级饭店，了解其餐饮主要成本的核算方法；
2. 调查当地1~2家五星级饭店，了解其餐饮成本控制的基本环节与控制措施。

教学方法

理论讲授+饭店案例

准备工作

本次课所需教学用具包括教案、课件、饭店案例等。

操作要点

餐饮成本控制是餐饮经营管理的重要内容。由于餐饮成本结构制约着餐饮产品的价格，而餐饮的价格又影响着餐饮的经营和餐厅上座率，因此，餐饮成本控制是餐饮经营的关键。在餐饮经营中，保持或降低餐饮成本中的生产成本和经营费用，尽量提高食品原料成本的比例，使餐饮产品的价格和质量更符合市场要求，更有竞争力，是保证餐饮经营效益、提高餐饮竞争能力的具体措施。

第一节　餐饮成本概述

一、餐饮成本概念

1. 餐饮成本的含义

餐饮成本是指制作和销售餐饮产品所发生的各项费用，它包括制作和销售菜肴的各种食品原料成本，管理人员、厨师与服务人员等的工资，固定资产的折旧费，食品采购和保管费，餐具和用具等低值易耗品费，燃料和能源费及其他支出等。因此，餐饮成本的构成可以概括为 3 个方面，那就是：食品原料成本、人工成本和经营成本。

2. 餐饮成本的分类

餐饮成本的分类方法有很多，根据餐饮产品的构成，可以分为餐饮成本、人工成本和经营费用；从餐饮成本控制角度出发，可将餐饮成本分为控制成本、标准成本和实际成本等。有些饭店管理人员认为，在固定成本和变动成本之间，还应当有半变动成本。

（1）食品成本

食品成本指制作菜肴的各种食品原料成本，它包括主料成本、配料成本和调料成本。主料成本常常是菜肴中占有主导地位原料的成本，有时，菜肴以主要原料名称而命名，如牛排里面的牛排成本、鸡丁里面的鸡肉成本；配料成本是菜肴中各种配菜的成本，如鲍鱼中的煲汤材料，鸡丁里的青菜粒、腰果等的成本；调料成本指菜肴中的各种调料成本或调味汁的成本，如油、盐、味素、调味酒等的成本。

（2）人工成本

人工成本指参与餐饮产品生产与销售（服务）的所有管理人员和员工的工资，具体包括餐厅经理和总厨的工资，主管、领班、厨师、服务员的工资，采购、财务、后勤人员和辅助人员的工资。

（3）经营费用

经营费用指在餐饮产品生产和经营中，除食品原材料与人工成本以外的成本，主要包括房屋的租金，生产和服务设施与设备的折旧费（即固定资产的折旧费），燃料和能源费，餐具、用具和低值易耗品费，采购费，绿化费，清洁费，广告费，交际和公关费等。

（4）固定成本

固定成本指在一定的经营范围内，成本总量不随餐饮产品生产量或销售量的增减而成正比例变动的成本，也就是说，不论菜肴的生产量和销售量高或低，这种成本都必须按计划支出。例如，菜肴生产和经营设备的折旧费，建筑物、机械设备、运输设备的折旧费、大修理费，餐厅和厨房的经营生产管理费，厨师的工资等。但是，固定成本也并不是绝对不变的，当菜肴经营的数量和水平超出餐厅和厨房的现有经营和生产能力时，餐厅和厨房就需要购置新设备，招聘新的管理人员，这时，固定成本会随菜肴生产量的增加而增加。正因为固定成本在一定的经营范围内保持不变，因此，当销量增加时，单位餐饮产品所负担的固定成本会相对减少。

（5）变动成本

变动成本指成本总量随着菜肴的生产量或销售量的变动而按比例增减的成本。当餐饮产品生产量和销售量提高时，变动成本总量就会高，如食品原料成本、临时职工的工资、能源与燃料费、餐具与餐巾费用和洗涤费等。这类成本总量随着菜肴的生产量和销售量的增加而增加。但是，变动成本总额增加时，单位菜肴的变动成本保持相对不变。

（6）半变动成本

许多有经验的饭店餐饮管理人员认为，能源费和某些员工的工资应属于半变动成本，这些成本尽管随着餐饮生产量和经营量的变化而变化，但是，这些变化不一定成正比例，例如能源费等；对于职工的工资，在经营高峰期，可以提高职工的工作效率并给他们适当的补贴，而不是再聘请新的管理人员，从而降低人力成本。

（7）可控制成本

可控制成本指餐饮生产和经营人员在短时期内可以改变或控制的某些成本。对餐饮管理人员来说，可控制成本包括食品原料成本、燃料和能源成本、临时工作人员工资、广告与公关费等。通常，管理人员通过变换每份菜肴的份额、配料的种类和规格及它们的数量比例来改变菜肴的成本。同时，加强对食品原料的采购、保管、生产和经营的管理也会使一些经营费用发生变化。

（8）不可控制成本

不可控制成本指餐饮管理人员在短期内无法改变的成本，如房租，固定资产的折旧费、大修理费、贷款利息及正式员工的工资等费用。因此，管理人员要管理好不可控制成本，就必须做好餐饮的经营管理工作，不断开发出受市场欢迎的新菜并做好营销工作，从而减少单位菜肴中的不可控制成本在总成本中的比例。

（9）标准成本

标准成本是根据餐厅过去几年生产和经营成本的历史资料，结合当年的食品原料成本、人工成本、经营管理费用等的变化，制定出每份菜肴的食品成本和总成本。作为企业的标准，这种成本通常称为标准成本，它是餐厅和厨房在一定时期内及正常的生产和经营情况下所应达到的成本目标，是衡量和控制餐厅和厨房实际成本的一种预计成本。

（10）实际成本

实际成本是指餐厅和厨房报告期内实际发生的各种食品成本、人工成本和经营费用，它是餐厅和厨房进行财务成本反映的基础。

二、餐饮成本的特点

根据餐饮成本的构成，餐饮成本的特点是：

1. 在餐饮成本中，可控制成本占绝大部分

餐饮产品成本结构中，占较大比例的是原材料成本。除营业费用中的折旧、大修理费、维修费等是餐饮管理人员不可控制的费用外，其他大部分费用如食品饮料成本，临时工作人员工资，燃料与能源成本，餐具、用具与低值易耗品成本等都是可控制成本，这些成本和费用的多少与管理人员对成本控制的好坏直接相关。

2. 人工成本在餐饮产品成本结构中所占比例大

由于餐饮产品不能大批量地进行机械化生产，而是根据顾客的需要进行小批量加工生产，大部分产品不能储藏，需要由服务员直接向顾客提供服务，因而人工成本大大增加。通常餐厅的级别越高，其人工成本和各项经营费用也越高。

3. 成本泄漏点多

餐饮成本和经营费用的大小受经营管理的影响很大，餐饮成本控制过程涉及许多环节，从采购、验收、入库到贮存、发料、加工切配与烹调、服务、推销、销售控制等过程都可能存在成本泄露的现象，某个环节控制不严都可能导致成本的增加。

第二节　餐饮成本核算

餐饮成本是决定菜肴价格的主要依据，其核算的准确与否直接影响餐饮企业的经济效益。

一、主、配料成本的核算

饭店餐饮部使用的原材料，有不少鲜活品种在烹制前要进行初步加工。在初步加工之前的食品原材料一般称为毛料，而经过屠宰、切割、拆卸、拣洗、涨发、初制等初步加工处理，使其成为可直接切配烹调的原料则称为净料。原料经初步加工后，净料与毛料不仅在重量上有很大区别，而且在价格、等级上的差异也较大。

为了便于计量，确定菜肴或点心的原料成本并定价，目前许多星级饭店和餐饮企业都采用净料成本来计算食品成本。

1. 净料率的概念

净料率是指食品原材料在初步加工后可用部分的重量占加工前原材料总重量的比率，它是原材料利用程度的指标，其计算公式为：

净料率 = 加工后可用原材料重量 ÷ 加工前原材料总重量 × 100%

2. 净料成本的核算

根据原料的具体情况，净料成本的核算有一料一档及一料多档之分。

（1）一料一档的净料成本核算

所谓一料一档是指原料（毛料）经初步加工处理后，只得到一种净料，没有可供作价利用的下脚料。

一料一档的净料成本核算公式为：

净料成本 = 毛料进价总值 ÷ 净料总重量

如果毛料经初步加工处理后，除得到净料外，尚有可以利用的下脚料，则在计算净料成本时，应先在毛料总值中减去下脚料的价值，其计算公式为：

净料成本 =（毛料进价总值 – 下脚料价值）÷ 净料总重量

（2）一料多档的净料成本核算

所谓一料多档是指原料（毛料）经初步加工处理后，得到一种以上的净料。

如果所有净料中只有一种净料的单位成本需要测算，其他净料的单位成本都是已知的，则可从毛料总值中扣除已知净料的总成本，之后再除以该种净料的重量，便可求得它的单位成本。计算公式如下：

该档净料单位成本 =［毛料总值 – 其他各档净料成本总和（含下脚料）］÷ 该档净料总重量

如果所有净料中，有些净料的单位成本是已知的，有些则是未知的，可先把已知部分净料的总成本计算出来，从毛料总值中扣除，然后根据未知净料的重量，依照市场行情逐一确定其单位成本。

（3）成本系数

由于食品原材料中大部分是农副产品，其地区性、季节性、时间性很强，因此，原材料的价格变化很大。每次进货的原材料价格不同，其净料成本也就会发生变化。为避免进货价格的不同而需要逐项计算净料成本，餐饮部可利用“成本系数”进行净料成本的调整。成本系数是指某种食品原材料经初步加工或切割、烹调后所得净料的单位成本与毛料单位成本之比，用公式表示为：

成本系数 = 净料单位成本 ÷ 毛料单位成本

成本系数的单位不是金额，而是一个计算系数，适用于某些食品原材料的市场价格上涨或下跌时重新计算净料成本，以调整菜肴定价，其计算方法为：

净料成本 = 成本系数 × 原材料的新进货价格

二、调味品成本的核算

1. 单件产品调味品成本的核算

单件产品调味品成本也称个别成本，餐饮企业中大多数单件烹制的热菜的调味品成本均属这一类。在核算此类调味品成本时，首先应将各种不同的调味品的用量估算出来，然后根据其进货价格分别计算其金额，最后逐一相加即可。其计算公式为：

单件产品调味品成本 = 单件产品耗用的调味品（1）的成本 + 单件产品耗用的调味品（2）的成本 +……+ 单件产品耗用的调味品（n）的成本

2. 批量产品平均调味品成本的核算

批量产品平均调味品成本也称综合成本，是指批量生产的菜肴或点心的单位调味品成本，餐饮企业中的点心类产品、卤制品等的调味品成本都属于这一类。在核算此类调味品成本时，首先应像单件产品调味品成本核算那样计算出整批产品中各种调味品的用量及其成本。由于批量产品的调味品使用量较大，因此调味品用量的统计应尽可能全面，以准确核算调味品成本，同时也更能保证产品质量；然后用批量产品的总重量来除调味品总成本，即可计算出每一单位产品的调味品成本，其计算公式为：

批量产品的平均调味品成本 = 批量产品耗用的调味品总成本 ÷ 批量产品总量

三、人工成本的核算

人工成本是指一定时期内饭店餐饮部在生产经营中使用劳动力而发生的各项成本费用的总和。

狭义的人工成本主要包括：基本工资、奖金、补贴、各项社会保险、福利费、员工教育费、劳动保护费、工作餐费、制服费、员工住房费和其他人工成本费等；广义的人工成本还包括饭店招聘、解聘员工的费用，以及为员工举办的各种培训、职业教育等。

人工成本主要包括以下几个方面：

1. 工资总额

指餐饮部在一定时期内，以货币或实物形式直接支付给本部门员工的劳动报酬总额，它包括按计时工资率支付的计时工资、按计件单价支付的计件工资、各种经常性奖金、各种工资性质的津贴，以及按国家规定支付给职工的非工作时间的工资。

2. 社会保险

社会保险是一种缴费性的社会保障，资金主要是用人单位和劳动者本人缴纳、政府财政给予补贴并承担最终的责任。社会保险的主要项目包括养老保险、医疗保险、失业保险、工伤保险、生育保险。

3. 福利费

指饭店在工资以外按照国家规定开支的职工福利费用。福利费的开支范围，国家是有明文规定的，主要应用于职工生活困难补助、职工医药费、职工工伤赴外地就医路费以及企业福利部门的各项开支等。

4. 员工培训费

指饭店为员工学习先进技术和提高文化水平等而支付的费用。

5. 劳动保护费

指饭店购买员工实际使用的劳动保护用品的费用，其范围包括：工作服、手套、洗衣粉等劳保用品，消毒剂等安全保护用品，清凉饮料等防暑降温用品等。

6. 员工住房费

指饭店为改善员工居住条件而支付的费用，包括员工宿舍的折旧费（或为员工租用房屋的租金）、企业交纳的住房公积金、实际支付给员工的住房补贴和住房困难补助以及企业住房的维修费和管理费等。

7. 其他人工成本费用

包括工会经费、饭店因招聘员工而实际花费的招聘费、咨询费、外聘人员劳务费，对职工的特殊奖励，支付实行租赁、承租经营企业的承租人或承包人的风险补偿费，解除劳动合同或终止劳动合同的补偿费用等。

四、低值易耗品成本的核算

低值易耗品主要是指企业购置的、在固定资产标准以下，或使用年限 1 年以内的各种用具、家具、器皿以及在经营过程中周转使用的包装容器等。

低值易耗品成本是指自低值易耗品被领用后，在使用过程中不断发生损耗，其价值也随之逐渐减少，这部分减少的价值摊入企业的费用开支。

低值易耗品成本的核算其实就是低值易耗品摊销，方法有：

1. 一次摊销法

一次摊销法是指低值易耗品在被领用时将其全部价值一次摊入费用的方法。采用一次摊销法，核算手续简便，但企业费用负担不均衡，不利于实物管理。这种方法适用于价值低、使用期短、一次领用不多的低值易耗品。

2. 分期摊销法

分期摊销法是指将领用的低值易耗品的价值分期摊入费用的方法。采用分期摊销法使企业的费用负担较为均衡，但核算手续较为麻烦。这种方法适用于单价较高、使用期较长的低值易耗品。

3. 五五摊销法

"五五摊销法"是指企业在低值易耗品被领用时摊销其价值的50%，报废时再摊销剩余的50%的方法，又称五成摊销法。采用"五五摊销法"核算手续简便，但在领用和报废时摊销的数额较大。这种方法适用于领用和报废较均衡的低值易耗品的摊销。

五、其他成本的核算

1. 水、电、燃料费用的核算

实际发生的水、电费可以用水、电的实际消耗量乘以水、电的价格来计算，并需要将实际发生的水、电费随时与水、电费的预算数进行比较，加以控制。

燃料费用是指生产经营耗用的煤气、天然气、液化气、燃油等各种燃料的支出。具体核算某一餐饮产品消耗的燃料费用时，是以该产品原料成本乘以确定后的成本燃料率，即为该餐饮产品消耗的燃料费用。计算公式为：

$$\text{成本燃料率}=\frac{\text{一定时期烹饪燃料费用总额}}{\text{一定时期原材料成本总额}}$$

$$\text{某产品燃料费用}=\text{某产品原材料成本}\times\text{成本燃料率}$$

2. 固定资产维修费用的核算

固定资产维修费用的预算额可按照营业收入的一定比例来测算，即按照维修费用率（维修费用占营业收入的比例）来测算。计算公式为：

$$\text{维修费用}=\text{营业收入}\times\text{维修费用率}$$

3. 固定资产折旧费用的核算

（1）固定资产折旧的主要影响因素

以下因素影响固定资产的折旧：

①固定资产原值。

是指购建或取得固定资产时所发生的全部支出，又被称为原始价值。原值是确定固定资产折旧额的基础。

②固定资产的预计净残值。

是指固定资产报废时所取得的残值收入减去清理费用后的余额。财务制度规定固定资产的净残值率按原值的 3%~5% 确定。

③固定资产预计使用年限。

是指在正常情况下，固定资产可以使用的时间。

饭店应当根据固定资产的性质和使用情况，合理确定固定资产的使用年限和预计净残值。固定资产的年限、预计净残值一经确定，不得随意变更。

（2）固定资产折旧费用的核算

固定资产折旧费用的基本计算公式如下：

$$固定资产折旧额 = 计提基础 \times 折旧率$$

第三节　餐饮成本控制

餐饮成本控制关系到餐饮产品的规格、质量和价格，关系到餐饮部的营业收入和利润，同时，也关系到客人的利益及满足客人对餐饮质量和价格的需求，从而促进餐饮产品的销售。因此，餐饮成本控制在餐饮经营和管理中有着举足轻重的作用。

一、餐饮成本控制的含义和特点

1. 餐饮成本控制的含义

餐饮成本控制是指在餐饮生产经营中，管理人员按照餐厅规定的成本标准，对餐饮产品的各成本因素进行严格的监督和调节，及时揭示偏差并采取措施加以纠正，以将餐饮实际成本控制在计划范围之内，保证实现企业成本目标。

此外，现代餐饮成本控制还包括控制餐饮食品的成本，使之不低于相同级别的餐厅的食品成本。同时，控制餐饮经营费用，使之不高于相同级别的餐厅，以提高餐厅在市场上的竞争力。

2. 餐饮成本控制的特点

餐饮成本形成的全过程包括食品原料的采购、验收、贮存和发放，菜肴的加工、烹调和销售（服务）等。餐饮成本控制贯穿于它形成的全过程，即凡是在餐饮制作和经营成本形成的任何过程中影响成本的因素，都应成为餐饮成本控制的内容。所以，餐饮成本的控制点较多，而每一个控制点都应当有自己的控制措施，否则，这些控制点便成了泄露点。

二、餐饮成本控制的程序

控制餐饮成本的基本环节和步骤主要是：

1. 制定标准成本

在餐饮成本控制中，首先应当制定生产和经营餐饮产品中的各项标准成本。标准成本是对各项成本和费用开支所规定的数量界限。此外，制定出的标准成本必须有竞争力。

2. 实施成本控制

实施成本控制就是依据餐饮部制定的标准成本，对餐饮成本形成的全过程进行监督，并通过餐饮部每日或定期的成本与经营情况报告及管理人员现场考查等信息反馈系统及时揭示餐饮成本的差异。

实行成本控制不能纸上谈兵，一定要落实在实践上，管理人员不能只看报表，一定要对餐饮产品的实际成本进行抽查和定期评估。

3. 确定成本差异

成本差异是标准成本和实际成本的差额。管理人员通过对餐饮产品的制作和销售中的实际成本和标准成本的比较，计算出成本差额（包括高于实际成本或低于实际成本两个方面），并分析差异的原因和责任，以便为消除这种成本差异做好准备。

此外，本饭店的食品成本低于市场上同级别饭店的食品成本，或本饭店的餐饮经营成本高于同行业的水平，也属于成本差异，饭店必须及时消除这种差异，否则，会导致经营失败。

4. 消除成本差异

针对成本差异，餐饮管理人员和厨师长通过组织职工挖掘潜力，提出降低或改进成本或修订原来的标准成本的建议，或对成本差异的责任部门和个人进行相应的考核和奖罚等，使他们重视成本控制，并加强生产和经营的管理，以使实际成本尽量接近标准成本。

三、餐饮成本控制内容

餐饮成本控制主要包括食品原料成本控制、人工成本控制、其他成本控制三个方面。

1. 食品原料成本控制

（1）食品原料成本的构成

食品原料成本是菜肴的主要成本，包括主料成本、辅料成本和调料成本。

①主料成本。

主料成本是指菜肴的主要原料成本。不同的菜肴主料也不同，某些菜肴中的主料可以是一种食品原料，而某些菜肴中的主料可能由两种或更多种类的食品原料构成。

②辅料成本。

辅料成本又称配料成本。辅料是菜肴中的辅助原料，在菜肴中起着衬托主料的作用。辅料成本是不可忽视的成本，它在中西餐菜肴成本中都占有一定的比例。

③调料成本。

调料成本是指菜肴中的调味品成本。调味品在菜肴中起重要的作用，它关系到菜肴的味道。调料成本是餐饮部的一项重要开支，它的重要性不仅表现在对菜肴的作用，还表现在它的成本数额有时会超过主料。

（2）食品原料成本控制的主要环节

食品原料成本通常由食品原料的采购量和消耗量两个因素决定，因此，食品原料成本控制的主要环节包括两个方面：食品原料的采购和食品原料的使用。

①食品原料的采购控制。

食品原料的采购控制是食品成本控制的第一个环节。食品原料的采购，首先应符合菜肴的质量要求，然后是价廉物美。应本着同价论质、同质论价、同价同质论费用的原则，合理选择食品原料。要严格控制因生产急需购买高价食品的原料，并且应从管理制度上规定食品原料的采购价格，控制食品原料采购的运杂费。要做好这项工作，采购部门或采购者应尽量在餐厅所在地采购，就近取材，并减少中转环节，优选运输方式和运输路线，提高装载技术，避免不必要的包装，降低食品原料采购的运杂费，并应控制运输途中的消耗。要严格控制食品原料的保管费用，健全食品原料的入库手续，合理储备，防止积压、损坏、腐烂和变质，避免或减少库存损失。

②食品原料的使用控制。

食品原料的使用控制是食品成本控制的第二个环节。对于食品原料的消耗量控制，常采用的方法是：厨房根据食品原料的消耗定额填写领料单，厨房在规定的限额内领用一定数量的食品原料。此外，厨师长还要控制食品原料的使用情况，及时发现原材料超量和不合理使用情况。一旦发现问题，管理人员应当分析原因，采取有效措施，及时纠正。

为了不断掌握食品原料的使用情况和做好食品成本控制，管理人员和厨师长应实施日报和月报食品成本制度，必要时要求厨房按工作班次填报，通过这种形式，对食品成本进行控制。

2. 人工成本控制

人工成本控制就是对餐饮生产和经营总工时和工作人员的工资总额控制。现代化的餐饮经营和管理应从实际生产和技术出发，充分挖掘职工潜力，合理地进行定员编制，控制非生产和经营用工，防止人浮于事，以定员、定额为依据控制餐饮生产和经营职工人数，使工资总额稳定在合理的水平上。

（1）人工成本的影响因素

影响饭店人工成本高低的因素包括外部和内部两个方面。

①外部因素。

影响人工成本的外部因素主要是：

A. 劳动力市场的供需关系与竞争状况。

劳动力价格（薪酬）受供求关系的影响，一般而言，供大于求时，劳动力价格会下降；供小于求时，劳动力价格会上升。

B. 当地生活水平。

这个因素从两层意义上影响饭店的薪酬政策：一方面，生活水平高了，员工对个人生活期望也就高，无形中对饭店造成一种偏高的薪酬标准的压力；另一方面，生活水平高也可能意味着物价指数要持续上涨，为了保持员工生活水平不致下降及购买力不致降低，饭店也不得不定期向上适当调整薪酬水平。

C. 国家的有关法令和法规。

薪酬管理与法律、法规和政策有着密切联系，法律、法规和政策是薪酬管理的依据，对饭店的薪酬管理行为起着标准和准绳的作用，如最低工资制度、个人所得税制度等。

②内部因素。

影响人工成本的内部因素主要是：

A. 食品原材料加工、烹制工作量。

厨房初加工的品种、数量、规格、时间，使用一些方便食品或半成品原料，以及厨房原料的来源（包括最简单的调味品、乳品等），客前烹制的菜品数量等，直接影响着加工、烹制工作量和成本。如果餐厅购买现成制作好并预先分好份额的原材料，只需要极少的制作工夫，或只需要在销售前加热即可，那么就只需要较少的职工，也不需要什么厨师；如果所有购进的原料都需要进行复杂的粗加工，那么就需要较多的人工，还需要较高水平的厨师，需要专业的采购人员、验收人员，同时还增加了对管理人员的要求。饭店若要减少人员的设置，则可以减少加工环节和加工程度，多使用已加工好的半成品。

B. 菜点品种数量。

餐饮部提供的菜点品种数量需要根据餐厅实际接待能力来确定。菜点品种较少的餐厅，只需要较少的烹调和服务人员，而且节省原料的采购和保管人员；反之，就需要较多的人员。

C. 厨房、餐厅的布局。

厨房的设计布局是否合理将直接影响餐厅的人力成本，如果厨房的设计布局不合理，则厨师在工作中的行走距离过长，会增加体力和时间消耗，降低生产效率。

D. 机械化程度。

购置现代化设备如和面机、绞肉机、洗碗机等机械设备，可节约人力。添置电脑等设备可减少用工人数等，从而节约人力成本。

E. 服务方式。

不同的服务方式所需的劳动力成本各不相同，服务程度低的如自助餐、快餐需要较少的服务员，对服务技术的要求也较低；反之，服务程度高的、服务程序复杂的就餐服务，如桌餐服务、宴会派菜服务就需要较多的服务员，同时对服务员的技能要求也较高。因此，研发自助服务的产品可使饭店减少人员的编制。

F. 菜点的销售量。

由于菜点的固定成本（如房租和人员工资等）较大，菜点销售量越高，每份菜点分摊的人工成本就越低。

G. 培训。

员工对工作程序、工作技能的掌握直接影响到员工的工作质量和工作效率，培训的效果越好，实际工作中体现出来的效果就越好，人力成本也就越低。从长远的发展角度考虑，重视员工培训是饭店降低劳动力成本、增加盈利的重要途径。

（2）人工成本的控制

①用工数量控制。

在人工成本控制中，首先是对用工数量的控制，也就是对工作时间的控制。

A. 科学制定劳动定额。

劳动定额是指餐饮员工在一定营业时间内应提供的服务或应生产制作的餐饮产品数量。

员工人数的安排除了与营业量、营业时间、餐厅的营业面积、服务方式、上座率等有关外，还与劳动定额有关，劳动定额决定应配备的员工数，即需要的员工数 = 就餐人次数 / 劳动定额。

B. 合理排班。

饭店应针对每日营业的高峰和清淡时段客源变化情况以及供餐时间不连贯的特点，合理排班。

一是采用分班制，即安排员工在上午工作几个小时、下午工作几个小时，在餐厅不营业或营业清淡的时间可以不安排或少安排员工上班。但是每天最多分两班。

二是利用临时工。餐厅中有许多工作属非技术或半技术工种，可以雇用临时工，这样可减少人工成本。但为了保证服务和产品质量，必须以正式工为主，即使雇用临时工，也最好保持相对稳定的雇佣关系，这样可以保证人员来源和服务质量的稳定性。

②工资总额控制。

为了控制好人工成本，管理人员应控制好饭店的工资总额，逐日地按照每人每班的工作情况进行实际工作时间与标准工作时间的比较和分析，并做出总结和报告。

3. 其他成本的控制

主要包括低值易耗品成本的日常控制、燃料与能源成本控制、其他成本控制几个方面。

（1）低值易耗品成本的日常控制

低值易耗品成本的日常控制主要是通过将实际消耗与期初预算相比较，分析差异，提出改进措施来进行。

低值易耗品在使用过程中，允许有一定范围的合理损耗，但超出合理损耗，饭店必须查明原因。

$$合理损耗 = 当期营业收入 \times 合理损耗率$$

（2）燃料与能源成本控制

燃料与能源成本是菜肴生产和经营中不可忽视的成本，尽管它在一般菜肴中可能占有很少的比例，但是，它在一个餐厅的经营中，仍然占有一定数额。

控制燃料与能源成本主要是制定厨房节能措施，教育和培训全体职工，使他们重视节约资源，养成节约的好习惯，懂得节约燃料和能源的方法。管理人员还应当经常对职工的节能工作和效果进行检查、分析和评估，并提出改进措施。

（3）其他成本控制

除上述成本外，餐饮生产和经营成本还有许多项目，如固定资产的折旧费、设备的保养和维修费、排污费、绿化费及因销售发生的各项费用等。这些费用中有的属于可控成本，有的属于不可控成本。这些成本费用的控制方法只有通过加强餐饮的日常经营管理才能实现。

● 知识链接

运用ABC分析法进行低值易耗品成本控制

ABC 分析法是根据事物在技术和经济方面的主要特征进行分类、排队，分清重点和一般，有区别地实施管理的一种分析方法。由于它把分析的对象分成 A、B、C 3 类，所以称为 ABC 分析法。

ABC 分析法在低值易耗品成本控制中的具体运用步骤如下：

第一步：计算每一种低值易耗品在一定时期内（一般是 1 年）的金额。

第二步：按照金额由大到小排序，并列成表格。

第三步：计算每一种低值易耗品金额占低值易耗品总金额的比例。

第四步：计算累计比例。

第五步：进行分类。按照事先测定好的标准，把最重要的低值易耗品列为 A 类，把一般重要的列为 B 类，把最不重要的列为 C 类，并画图表示出来。

ABC 分析法

类别	占低值易耗品品种总数的比例	占低值易耗品总金额的比例
A 类	5%~15%	60%~80%
B 类	20%~30%	20%~30%
C 类	60%~80%	5%~15%

第六步：对 A 类低值易耗品实施重点规划和控制，对 B 类低值易耗品进行一般管理和控制，对 C 类存货只进行按总额管理和控制。

案例分析

饭店餐饮成本分析

餐饮成本情况：某饭店 2011 年 4 月餐饮营业成本合计 44.48 万元，当月收入合计 95.87 万元，综合成本率 46.41%。其中：

中餐厅（含宴会）：本月食品成本合计 6.90 万元，收入合计 17.89 万元，成本率 38.56%；

西餐厅（含 BBQ）：本月食品成本合计 36.77 万元，收入合计 74.88 万元，成本率 49.10%；

餐饮酒吧：本月吧台综合饮品成本 0.81 万元，收入合计 3.10 万元，综合成本率 26.13%。

餐饮成本分析：

（1）中餐厅（含宴会）成本分析

本月食品成本率 38.56%，对比上月食品成本率下降 13.79 个百分点，对比协议最高成本指标降低 1.39 个百分点。中餐厅（含宴会）客人消费人次数 2895，对比上月（3125 人次）下降 7.3 个百分点；食品平均消费水平 61.80 元 / 人次，对比上月下降 26.71 个百分点。

本月成本差异分析：①本月业主在中餐厅宴请成本金额为 1.31 万元，影响成本率 7.3 个百分点；②重大影响成本率项目：中厨房本月每日厨房采购金额合计 9.80 万元，占当月发生成本总额的 141%，影响成本率为 54.8%；③本月累计动态成本率为 48.32%，中厨房本月期末盘存仍显示存货金额偏高，主要体现为贵重干货“燕鲍翅类”合计库存金额 10.62 万元；④宴会厅本期无食品收入。

（2）西餐厅（含 BBQ）成本分析

本月食品成本率 49.10%，对比上月上升 6.21 个百分点，对比协议最高成本指标高 9.1 个百分点。西餐厅的主要生产创收来源于饭店住店客人房含早餐（西式自助早餐 53.53 万元）和巴西烧烤 15.59 万元的收入，房含早餐的收入合计占西餐厅食品净收入的比重为 71.49%（上月 67%），西餐散点销售（本月 5.75 万元）对比上月（6.16 万元）有下降趋势。

本月成本差异分析：①全月累计动态成本率 52.35%（上月为 43.90%），西厨房全月累计领购成本 32.46 万元，影响成本率为 43.34%；②本月果篮赠送制作总计 57 个，发生扣减成本为 617.4 元；③本月业主在西餐厅与巴西烧烤发生宴请成本合计为 1054.4 元，影响成本率 0.14 个百分点。

综合上月及本月食品生产成本实际情况分析，中西厨房在每日厨房采购与存货成本上有压缩的弹性。

（3）建议

①合理控制进货与存货量，避免占用饭店流动资金；②加强提高厨房粗加工的出成率及废脚料用作临时菜出品；③西餐早餐机动、合理调配出品。

附注：由中厨房调至西厨房及巴西烧烤的成本已划分清楚，本月合计调拨金额 3.89 万元（上月 1.46 万元）。

思考题

1. 什么是餐饮成本？主要包括哪些？其特点是什么？

2. 餐饮成本核算的具体内容包括哪些方面？

3. 净料成本如何计算？

4. 简述低值易耗品的核算方法。

5. 餐饮成本控制的程序包括哪些环节？其内容涉及哪些方面？

6. 人工成本都包括哪些方面？影响人工成本的因素是什么？如何进行人工成本控制？

主要参考文献

1. 杜建华．饭店概论［M］．北京：高等教育出版社，2016.

2. 杜建华．酒店餐饮服务技能实训［M］．北京：北京交通大学出版社，2013.

3. 杜建华．酒店餐饮服务技能实训［M］．北京：清华大学出版社　北京交通大学出版社，2012.

4. 赵庆梅．餐饮服务与管理［M］．上海：复旦大学出版社，2015.

5. 江小蓉．餐饮服务与管理新编［M］．北京：旅游教育出版社，2012.

6. 张水芳．餐饮服务与管理［M］．北京：旅游教育出版社，2012.

7. 国家旅游局人事劳动教育司．餐饮服务与管理［M］．北京：旅游教育出版社，2004.

8. 杨靖筠．餐饮服务与管理［M］．北京：知识出版社，2010.

9. 巩隽，邢夫敏．餐饮服务与管理［M］．北京：冶金工业出版社，2008.

10. 赵莹雪．餐饮服务与管理项目化教程［M］．北京：清华大学出版社，2011.

11. 李洋，陈瑞萍．餐饮服务与管理［M］．北京：现代教育出版社，2011.

12. 王琳，谭白英．饭店管理实务［M］．武汉：武汉大学出版社，2004.

13. 童霞．中餐厅摆台技能实训［M］．北京：机械工业出版社，2012.

14. Anthony J.Strianese Panmela P.Strianese. 著，南仲信，译，余炳炎，朱承强，主审．餐厅与宴会管理［M］．北京：高等教育出版社，2004.

15. 苏北春．餐饮服务与管理［M］．北京：人民邮电出版社，2008.

16. 杨靖筠．餐饮服务与管理［M］．北京：知识出版社，2006.

17. 韩鹏．餐饮服务与管理［M］．北京：北京理工大学出版社，2010.

18. 何丽萍 . 餐饮服务与管理［M］. 北京：北京理工大学出版社，2017.

19. 林莹，毛永年 . 西餐礼仪［M］. 北京：中央编译出版社，2009.

20. 张秋永，谭聿芯 . 最受欢迎的西餐［M］. 北京：中国纺织出版社，2012.

21. 薛永刚 . 图说餐饮管理［M］. 北京：人民邮电出版社，2011.

22. 魏晓楠，陈丽宇 . 中餐服务与管理［M］. 浙江：浙江大学出版社，2016.

23. 赵庆梅 . 餐饮服务与管理［M］. 上海：复旦大学出版社，2011.

24. 李勇平 . 餐饮服务与管理［M］. 大连：东北财经大学出版社，2010.

25. 李贤政 . 餐饮服务与管理［M］. 北京：高等教育出版社，2010.